ROSA & RÓNAI

ROSA&

RÓNAI

O universo de Guimarães Rosa por Paulo Rónai, seu maior decifrador

ORGANIZAÇÃO
Ana Cecilia Impellizieri Martins
Zsuzsanna Spiry

Bazar do Tempo

Este livro foi revisado segundo o Acordo Ortográfico da Língua Portuguesa de 1990, em vigor no Brasil desde 2009.

EDITORA Ana Cecilia Impellizieri Martins
ASSISTENTE EDITORIAL Catarina Lins
REVISÃO Ana Lúcia da Silva Kfouri, Elisabeth Lissovsky
PROJETO GRÁFICO Victor Burton
DIAGRAMAÇÃO Thiago Lacaz
IMAGEM DA CAPA Poty Lazzarotto

CIP-Brasil. Catalogação na Publicação
Sindicato Nacional dos Editores de Livros, RJ

R675r
Rónai, Paulo (1907-1992)
Rosa e Rónai: o universo de Guimarães Rosa por Paulo Rónai, seu maior decifrador / Paulo Rónai; organização Ana Cecilia Impellizieri Martins, Zsuzanna Spiry. Rio de Janeiro: Bazar do Tempo, 2020. 304 p.
ISBN 978-85-69924-80-7
1. Rosa, João Guimarães, 1908-1967. Campo geral - Crítica e interpretação. 2. Literatura brasileira - História e crítica. I. Martins, Ana Cecilia Impellizieri. II. Spiry, Zsuzsanna. III. Título.
20-65478 CDD: 809.09 CDU: 82.09

Camila Donis Hartmann, bibliotecária CRB 7/6472

BAZAR DO TEMPO
Produções e Empreendimentos Culturais Ltda.
Rua General Dionísio, 53, Humaitá
22271-050 Rio de Janeiro RJ
contato@bazardotempo.com.br
bazardotempo.com.br

"Saiu a terceira edição do nosso *Primeiras estórias*, e lendo-o de novo, impresso, exultei mais ainda com seu estudo, poderoso. Minha gratidão é imensa. Todos que o leem, também, têm palavras sinceras de admiração e louvor. (...) Eu sei que a divulgação de seu trabalho vai fazer muitíssimo, não só para o *Primeiras estórias*, mas para todos os meus livros. Obrigado!"

Guimarães Rosa em carta a Paulo Rónai, 1966

"O que você me escreveu, a respeito de 'Campo geral', comove-me; sério. Grata está a minha alma."

Guimarães Rosa em carta a Paulo Rónai, 1967

Sumário

Estas estórias { 1969

Ave, palavra { 1970

Vária

Seleta Guimarães Rosa { 1973

Samuel Titan Jr.

Um leitor ideal

"Quem mói no asp'ro não fantasêia", declara Riobaldo, a certa altura de *Grande sertão: veredas*, rememorando a vida aventurosa e violenta que levara quando jagunço. O sentido é claro: as tribulações não deixam tempo para o devaneio, a imaginação, a fantasia; toda atenção deve se voltar para o real, presente ou iminente – para a ameaça. Em tempos como os que correm, tão obscuros e tão decisivos para o nosso devir, seria difícil discordar. Ainda assim, releiamos mais de perto o dito de Riobaldo: a concisão verbal é admirável; o verbo *moer* é usado em modulação metafórica, com feição intransitiva, e o verbo seguinte, *fantasiar*, conjugado caprichosamente, dá vontade de sorrir; o tom é lapidar, sentencioso, quase proverbial, como tantas vezes Riobaldo sabe ser e, mais que isso, gosta de ser; e, por último, os provérbios não são, como sugeria Walter Benjamin, uma forma de narrativa em miniatura? Se for assim, haverá mais em jogo na frase do que a camada evidente deixa ver de primeira. Como se, numa espécie de paradoxo performativo, o gesto verbal de declarar a moratória da fantasia não saberia ou não poderia dispensar a mesma; como se, afinal, as tais tribulações não tivessem como anular o exercício da fantasia, antes a nutrissem e a solicitassem: na ausência dela, não haveria como formular o sentido do real.

Se me detenho sobre esse quase-provérbio tirado do romance de

Guimarães Rosa, é porque ele me parece propiciar uma chave valiosa para a leitura de *Rosa & Rónai*. Quando chegou ao Brasil, em 1941, Paulo Rónai deixara quase tudo para trás: a família e a noiva, a carreira docente que já iniciara e as ambições literárias que nutria em sua Budapeste natal. Não terá sido o único letrado judeu a sofrer tal destino: para citar um único exemplo da mesma geração, basta lembrar de Anatol Rosenfeld, que abandonou um doutorado na Alemanha para salvar a pele e ganhar a vida como fosse possível no Brasil. Mas decerto foram muitos os anônimos e as anônimas que, uma vez deste lado do oceano, viram-se obrigados a cuidar apenas da mais estrita urgência material, não encontrando forças para reatar com o élan intelectual ou criativo que os movia anteriormente. Seja como for, não foi esse o caso de Rónai. Numa terra em que "as vocações se improvisavam"[1], não se desviou de sua própria vocação de *homme de lettres*. Mal tocou terra, começou a escrever, lecionar, compilar, anotar, traduzir – e basta ler os ensaios de *Como aprendi o português e outras aventuras* para atestar que, com os anos, chegou a ser um notável estilista em português do Brasil. É difícil imaginar quanta energia e determinação foram necessárias para tudo isso.[2] Mas, além da história de superação do imigrante, o que nos interessa aqui é que Rónai tenha sabido fazer o muito que fez sem nunca tirar a literatura do centro de suas atenções e de sua vida. Vale sublinhar: não num espírito de negação do vivido ou de adesão cega a um universo familiar mas devoluto, e sim num espírito de encontro, de um *Encontro com o Brasil*[3] mediado pelas letras. Rónai "moeu no asp'ro", viveu "no meio do redemunho", mas, longe de se calar (e o silêncio é um elemento recorrente em muitas histórias de imigrantes, particularmente entre os que escaparam ao genocídio), porfiou em recriar, pelo exercício da fantasia e da imaginação, um mundo habitável e dotado de sentido.

Se não me equivoco, isso não teria sido possível sem a certeza íntima de que a língua e a literatura não são em nada "acessórias" face a um real tido, ele sim, por "substancial". Sem jamais descambar para

1 A expressão é do próprio Rónai, no prefácio a sua tradução francesa das *Memórias de um sargento de milícias*, publicada no Rio de Janeiro, em 1944, pela editora Atlântica – e lançada na França apenas em 2017, pelas Éditions Chandeigne, sob o título de *Histoire d'un vaurien*.

2 Mas pode-se fazer alguma ideia por meio de sua recente biografia, assinada por Ana Cecilia Impellizieri Martins, *O homem que aprendeu o Brasil* (Todavia, 2020).

3 Título de outro de seus admiráveis livros de ensaios, publicado originalmente em 1958.

mistificação, Rónai viveu a linguagem como um poder propriamente demiúrgico, e não é de surpreender que cite Vilém Flusser (outro imigrante transplantado para o Brasil) a propósito da capacidade da linguagem de criar o real. Desde muito jovem, aprender línguas estrangeiras deve ter lhe parecido idêntico a adentrar mundos antes insuspeitos – e não aprender uma língua deve ter sido sinônimo de renunciar a todo um âmbito da vida, cerrado para sempre.[4] Essa vertente da sensibilidade de Rónai explica sua adesão precoce e longeva à obra e à figura de Balzac, tema de sua tese de doutorado na Hungria e objeto de seus esforços editoriais no Brasil, onde coordenou nossa primeira edição integral d'*A comédia humana*. Com efeito, para fazer a crônica e capturar as linhas de força da sociedade francesa pós-napoleônica, o romancista francês lançava-se não ao registro factual, mas à criação de um universo vasto e populoso, em cuja dinâmica alucinada os leitores de largo fôlego haveriam de descobrir a cifra do real. Ora, esse mesmo traço também explica, a meu ver, muito do interesse de Rónai por um outro escritor-demiurgo, em princípio muito distinto e distante de Balzac, mas talvez *pas tant que ça* – refiro-me, já se adivinha, a Guimarães Rosa.

Não há dúvida de que havia muito mais a aproximar os dois homens, como a leitura vasta e o talento para as (muitas) línguas. Havia em Rónai, por exemplo, uma espécie de talento para a amizade, que o tornou muito próximo e querido de figuras muito variadas da cena literária de então. Mas quero crer que, no centro de tudo, havia uma confluência fundamental no que diz respeito às potências da linguagem e da imaginação mitopoética. Rosa fez do sertão mineiro e nordestino um universo tanto familiar como singular – mas, decisivamente, um universo a que só se ganha acesso por meio de uma invenção verbal sem par, que exerce encantamento na mesma medida em que clama por decifração miúda e graúda. No centro da invenção rosiana, por sua vez, há um poderoso veio alusivo, que cita sem avisar, mistura línguas e convoca as tradições e os estratos literários mais diversos para a composição de suas narrativas, e por meio do qual o vasto *mar de histórias* da tradição universal vem alimentar o curso d'água, a *vereda* sertaneja.[5]

4 Leia-se, a respeito, o divertido e crucial ensaio "As línguas que não aprendi", recolhido em *Como aprendi o português e outras aventuras* (1956).

5 Eu me refiro, é claro, a *Mar de histórias*, a magnífica antologia do conto universal ▶

Vistas as coisas a essa luz, Rosa parece encontrar em Rónai seu *leitor ideal*, ao mesmo tempo que a formação e os acidentes "asp'ros" da vida deste último parecem se encaixar e ganhar razão de ser: o filho do livreiro de Budapeste, o leitor onívoro, o filólogo formado na escola da estilística, o literato poliglota que um dia resolveu aprender português, o judeu cosmopolita e fugitivo – todas as facetas de Rónai confluem e contribuem para essa nova *persona*. O resultado desse encontro é a admirável sequência de ensaios críticos, escritos ao longo de três décadas, quase sempre no calor da hora, e agora reunidos num volume único graças aos bons cuidados de duas mulheres de letras, Zsuzsanna Spiry e Ana Cecilia Impellizieri Martins. Os leitores e as leitoras deste livro formarão, naturalmente, as mais diversas opiniões sobre este ou aquele ensaio, esta observação ou aquela interpretação; mas estou seguro de que todos e todas estarão de acordo em conceder a Rónai o lugar que lhe cabe como um dos grandes leitores da obra de Rosa, como um desses que – à maneira de Antonio Candido, Manuel Cavalcanti Proença, Walnice Galvão, Benedito Nunes ou Davi Arrigucci Jr. – fazem vibrar mais forte e ressoar mais alto a obra do escritor brasileiro.

Samuel Titan Jr. é professor de teoria literária e literatura comparada na Universidade de São Paulo (USP) e tradutor.

▸ que Rónai organizou com seu grande amigo Aurélio Buarque de Holanda. Mas vale igualmente lembrar sua participação na edição brasileira de outra obra "oceânica", *Literatura europeia e Idade Média latina*, de Ernst Robert Curtius, publicada pelo Instituto Nacional do Livro em 1957, numa co-tradução de Rónai e Teodoro Cabral.

Zsuzsanna Spiry

Nas veredas da amizade

"Não estava preparado para sobreviver a Guimarães Rosa", confessa publicamente Paulo Rónai, em março de 1968,[1] passados quatro meses da morte do amigo. Sua partida tinha lhe causado espanto e imensa dor. Como se sabe, Guimarães Rosa faleceu repentinamente três dias após sua posse como imortal, na Academia Brasileira de Letras, em novembro de 1967. Nesse mesmo artigo, Rónai nos conta que apesar de todo indivíduo ser único,

> [...] poucas pessoas, talvez nenhuma, lembravam essa verdade com tamanha força como João Guimarães Rosa. Os testemunhos publicados depois de sua morte repentina refletiam, todos, como que um sentimento de desorientação, de pânico ante o irreparável. Desejaria ter-lhes acrescentado o meu depoimento, e, no entanto, senti-me inibido de fazê-lo.

Por sorte, no artigo sobre *Tutaméia*, que integrava essa mesma coletânea, Paulo Rónai explica a razão da ausência: a inibição em tornar pública sua dor tão profunda. Foram precisos alguns meses para que ele conseguisse externar seus sentimentos.

Na tentativa de remediar seu pesar, Rónai busca refúgio no

1 Ver p. 149, artigo "Os prefácios de *Tutaméia*", *Correio do Povo*, 2 mar 1968.

trabalho: "Aqui está, porém, o último livro do escritor, *Tutaméia*, publicado poucos meses antes de sua morte, a exigir leitura e reflexão". Tentativa infrutífera, confessa Rónai um pouco mais adiante.

> Por mais que procure encarar como mero texto literário, desligado de contingências pessoais, [a obra] apresenta-se com agressiva vitalidade, evocando inflexões de voz, jeitos e maneiras de ser do homem e amigo. A leitura de qualquer página sua é um conjuro.

Em meio à descrição da discussão que tivera com o autor sobre o título do livro *Tutaméia*, que contradizia seu significado dicionarizado, Rónai nos dá mais detalhes sobre o tipo de amizade que o unia a Guimarães Rosa.

> Em conversa comigo (numa daquelas conversas esfuziantes, estonteantes, enriquecedoras e provocadoras que tanta falta me hão de fazer pela vida afora), deixando de lado o recato da despretensão, ele me segredou que dava a maior importância a este livro, surgido em seu espírito como um todo perfeito.

Apesar de normalmente se sentir constrangido de falar em público sobre suas questões pessoais, Rónai não hesitou em lamentar o quanto lhe fariam falta as conversas com o amigo recém falecido. É bem provável que o desejo de lhe prestar uma homenagem falasse mais alto que a marcante discrição pessoal.

Naquela conversa, ao questionar o amigo sobre a segunda parte do título do livro – *Tutaméia, terceiras estórias* – "por que terceiras se não houve segundas?", Rónai recebe uma resposta que testemunha a personalidade de Guimarães Rosa. "E o que diz o autor?" pergunta Rónai. "O autor não diz nada" – respondeu ele com uma risada de menino grande, feliz por ter atraído o colega a uma cilada.

Mais adiante, Rónai conta como Guimarães Rosa, faceiro, lhe mostrou o sumário do volume para ver "se eu lhe descobria o macete", já que os títulos aparentemente estavam arrumados em ordem alfabética. "Olhe melhor", disse Guimarães Rosa, "há dois que estão fora da ordem". Ao ser perguntado sobre a razão daquilo, o escritor, brincalhão, antegozando a perplexidade de seus críticos, responde: "Senão eles achavam tudo fácil". E Rónai explica que o pronome "eles", naturalmente, se referia aos críticos. E termina o parágrafo comentando: "Dir-se-ia até que neste volume quis, adrede, submetê-los a uma verdadeira corrida de obstáculos."

Segundo as palavras de Rónai na obra *Seleta Guimarães Rosa*, tal como ele próprio, que se deleitava com a palavra escrita, que transformou a proximidade etimológica entre saber e sabor num método de trabalho, mesclando erudição com o prazer de compartilhar esse saber com seus pares e leitores em geral, Guimarães Rosa espreitava com "[...] malícia brincalhona as reações da crítica a certas inovações explosivas, assim como exultava ante a agudeza de alguns intérpretes que conseguiram lhe captar as mensagens, muitas vezes propositadamente veladas."[2]

Uma das coisas que chama a atenção quando se quer compreender a conexão entre Guimarães Rosa e Paulo Rónai é a quantidade de afinidades que existia entre esses dois intelectuais que tinham praticamente a mesma idade: Rónai nascera em abril de 1907 e Guimarães Rosa em junho de 1908. Eles se conhecerem em meados dos anos 1940, quando Rónai foi ao Ministério de Relações Exteriores em busca de ajuda para salvar a família que havia ficado na Hungria. O encontro entre os dois acabou dando início a uma profunda amizade. Curioso é que até pouco tempo antes do lançamento do primeiro livro de Rosa, *Sagarana*, em 1946, Rónai nem suspeitava de que aquele jovem diplomata se dedicasse às letras.

O amor pelas línguas é um dos elos que os unia, assim como a paixão pela literatura. Guimarães Rosa era um poliglota, conforme contou a uma prima que fora entrevistá-lo, e revelou que falava

> português, alemão, francês, inglês, espanhol, italiano, esperanto, e um pouco de russo; leio: sueco, holandês, latim e grego (mas com o dicionário agarrado); entendo alguns dialetos alemães; estudei a gramática: do húngaro, do árabe, do sânscrito, do lituânio, do polonês, do tupi, do hebraico, do japonês, do tcheco, do finlandês, do dinamarquês; bisbilhotei um pouco a respeito de outras. Mas tudo mal. E acho que estudar o espírito e o mecanismo de outras línguas ajuda muito à compreensão mais profunda do idioma nacional. Principalmente, porém, estudando-se por divertimento, gosto e distração.[3]

2 Ver artigo "Perfil de João Guimarães Rosa", p. 243.

3 Não é difícil encontrar informações biográficas sobre Guimarães Rosa na internet. Este depoimento está disponível em ‹www.releituras.com/guimarosa_bio_imp.asp›. Acesso em jan 2020.

Rónai, professor catedrático de francês no tradicional Colégio Pedro II, no Rio de Janeiro, também lecionava latim e italiano, e começou sua carreira de tradutor muito jovem, em Budapeste, traduzindo poetas latinos e gregos para húngaro, sua língua materna. No total, ao longo de sua vida, Rónai trabalhou no universo de nove línguas, lecionando, traduzindo, produzindo uma série de dicionários, livros didáticos e gramáticas. Era verdadeiro erudito, como disse Cecília Meireles, no prefácio de *As cartas a um jovem poeta*, de Rilke,[4] onde se refere a Rónai como "poliglota e erudito já incorporado às letras brasileiras", apenas doze anos após a sua chegada ao Brasil Ao lado dessa intensa produção, Paulo Rónai encantava leitores com textos de crítica literária que publicava nos maiores jornais de seu tempo.

Além do gosto por línguas, ambos também acreditavam na força do conto como gênero literário. No ensaio "Pequena palavra" com o qual presenteou o amigo com o prefácio para a sua *Antologia do conto húngaro*, originalmente publicada em 1958, Guimarães Rosa destacava:

> Paulo Rónai nos entrega, num dos gêneros mais próprios para pôr à vista e em perspectiva as características de uma ambiência humana e a compleição anímica de um povo – o conto – um válido panorama, retrato multiforme, corte transversal bem realizado.

Ao comentar sobre a centralidade do gênero conto quando se quer conhecer um povo, Guimarães Rosa revela que sua amizade com Rónai "veio de um mútuo apreço de espíritos". Do lado de Guimarães Rosa, esse apreço estava expresso na confiança em Paulo Rónai, na sua visão, opinião e leitura. Várias vezes, no livro que versa sobre a correspondência entre Guimarães Rosa e seus tradutores,[5] em vez de dar sua própria opinião para sanar a dúvida de um ou outro tradutor, Rosa prefere recorrer ao amigo: "mas vamos ver o que Paulo Rónai falou sobre isso", e cita trechos das análises críticas de Rónai sobre suas publicações.

4 RILKE, Rainer Maria. *Cartas a um jovem poeta*, tradução de Paulo Rónai, e *A canção de amor e de morte do porta-estandarte Cristóvão Rilke*, tradução de Cecília Meireles. Porto Alegre: Globo, 1953, 1ª ed. (tradução do original alemão).

5 (1) *João Guimarães Rosa: correspondência com seu tradutor alemão Curt Meyer-Clason (1958-1967)*. Rio de Janeiro: Nova Fronteira, 2003. (2) *João Guimarães Rosa: correspondência com seu tradutor italiano Edoardo Bizzarri*. 3ª ed. Rio de Janeiro: Nova Fronteira, 2003. (ver p. 109)

Já Rónai, ao explicar sua intenção com a *Antologia do conto húngaro*, diz que

> Nasceu este volume do desejo de contar ao Brasil, minha pátria de adoção, a Hungria, país onde nasci e me criei.... Não sendo, porém, nem ficcionista, nem historiador, nem sociólogo, lembrei-me de oferecer uma imagem daquela terra longínqua da Europa através de uma seleção de contos. Menos objetiva do que o poderia ser o panorama mostrado numa monografia, talvez essa imagem não seja menos real. [...] Deve-se, pois, procurar neste livro um retrato poético da Hungria.

Aliás, quando a *Antologia* de Rónai foi lançada, a surpresa da crítica ao se deparar com o inédito prefácio de 25 páginas assinado por Guimarães Rosa foi tamanha que gerou incontáveis artigos e comentários nos jornais da época. A repercussão perdurou por anos, como lemos na resenha de Franklin de Oliveira à *Seleta Guimarães Rosa*, publicada por Rónai quinze anos depois: "Se algo há a lamentar neste analecto, é a não inclusão do prefácio que Rosa escreveu em 1956 precisamente para a *Antologia do conto húngaro*, organizada por Rónai, prefácio que além de constituir autêntico ensaio de teoria literária, ilumina os processos criativos do autor de *Corpo de baile*, sendo essencial à compreensão da estilística roseana".[6]

Rónai também analisa a habilidade de contista de Guimarães Rosa, por exemplo no texto que o leitor encontrará na página 213, em que conclui pela universalidade de sua escrita, à primeira vista aparentemente regionalista.

> Os produtos da literatura regional conseguem sair de um âmbito circunscrito somente quando a universalidade de sua psicologia lhes infunde validez geral. Os camponeses de Grazia Deledda, os pescadores de Giovanni Verga desempenham, ante o fundo da paisagem sarda ou siciliana, papéis do drama humano que são de todos os tempos e de todas as latitudes pelo que os seus conflitos íntimos têm de comum e de convincente. Da mesma forma, o ódio, o amor, o arrependimento das personagens de *Sagarana*, seus planos baldados pela fatalidade, tocam a sensibilidade dos nacionais de qualquer país.

6 "Advertência à geração tatibitate", de Franklin de Oliveira. *O Globo*, 28 jul 1973.

Com o tempo, os textos críticos de Paulo Rónai passaram a integrar todas as edições dos livros de Guimarães Rosa, como prefácio, posfácio ou nota explicativa, como o leitor poderá constatar ao consultar a tabela da fortuna crítica de Paulo Rónai sobre Guimarães Rosa, na página 283 a seguir.

No início dos anos 1970, Rónai, que também foi um editor muito atuante, dirigiu a Coleção Brasil Moço – Literatura Viva Comentada, para a qual convidou especialistas em literatura brasileira, notadamente professores universitários, para que organizassem os volumes que seriam consagrados "à obra de um escritor importante, vivo" do cenário brasileiro, já que nossa literatura havia alcançado "nível e fama internacionais". Apesar de o foco da coleção ser voltado para os escritores vivos do início dos anos 1970, no volume consagrado ao amigo, Rónai explica que a "coleção não poderia dispensar um volume dedicado a João Guimarães Rosa", cuja elaboração o nosso crítico reservou para si mesmo. No capítulo que chamou de "Perfil de João Guimarães Rosa", também aqui incluído, à página 243, Rónai pinta um tal quadro pessoal do escritor que somente um amigo próximo poderia ter feito.

> Os que o conheciam no desempenho de suas funções de diplomata relatam que as exercia até nos menores detalhes com meticulosa inteligência e eficiente paixão. Os que tiveram a sorte de privar de sua amizade confirmam que praticava essa arte com todos os requintes da sensibilidade e gentileza. Os que apenas cruzavam com ele, num ou noutro encontro casual, lembram-lhe a finura, o tato, a graça do espírito. Era um raro exemplar de homem civilizado, companheiro sedutor, conversador cativante.

Mais adiante, a identificação intelectual entre ambos também fica patente, para confirmar que o "mútuo apreço de espíritos" não era observação infundada. No citado perfil, constatamos que o quadro que os outros pintaram de Rónai não difere muito do quadro que ele mesmo pinta de seu amigo:

> Foi também o nosso escritor um espécime notável de estudioso, de humanista no melhor sentido da palavra. Bebia saber em todas as fontes... sua memória prodigiosa... sentia atração especial por idiomas... sentia latim a fundo... E lia sofregamente literatura...

É curioso ler Rónai falando do amigo quase com os mesmos termos que poderíamos usar para descrevê-lo. O que determina uma verdadeira amizade? Como mensurá-la? A resposta encontrei na dedicatória presente em um volume que Rónai ofereceu ao amigo, uma cópia da tese que preparou para participar do concurso que iria transformá-lo em professor catedrático de francês no tradicional Colégio Pedro II, no Rio de Janeiro. Com sua letra inconfundível, escreve Rónai:

UM ROMANCE DE BALZAC:
A PELE DE ONAGRO

A Guimarães Rosa,
o amigo, a quem tanto devo,
o artista, a quem tanto admiro,
o crítico, em quem tanto confio,
com afetuosa amizade
Paulo Rónai

Rio,
18. VI. 1952

Foi assim, a partir de uma bela amizade e também do amor pela literatura e pelas línguas, que nasceram esses ensaios que temos a alegria de apresentar em conjunto pela primeira vez.

TEXTOS E ESTUDOS DE

Paulo Rónai

Trajetória de uma obra

Estratégia da imortalidade

Contrariamente à maioria dos escritores brasileiros, que estreiam cedo, João Guimarães Rosa apareceu bastante tarde na vida literária: tinha trinta e oito anos quando da publicação de seu primeiro livro, *Sagarana*, que já o apresentava na plenitude de seu talento e lhe granjeou elogios unânimes da crítica. Mas só os deuses da mitologia antiga nasciam adultos, de posse de todos os seus atributos; Palas Atena saiu armada da cabeça de Zeus. O amadurecimento dos mortais é processo bem mais trabalhoso, e o caso de Guimarães Rosa não constituiu exceção à regra.

Na verdade, contos dele começaram a aparecer na revista *O Cruzeiro* desde 1929, sem ser notados. Em 1936 ganhou o prêmio de poesia da Academia Brasileira de Letras em circunstância excepcionais, com o volume de versos *Magma*. Entretanto, preferiu que este livro ficasse inédito. Em 1938 concorreu ao Prêmio Humberto de Campos, da Livraria José Olympio Editora, com *Sagarana*, coletânea de nove novelas, tendo conseguido o segundo lugar, mas não a

* Texto de Paulo Rónai, escrito para a obra *Seleta Guimarães Rosa*. Rio de Janeiro: Livraria José Olympio Editora, 1973. (N.O.)

publicou senão oito anos depois, completamente remodelada. Além de circunstâncias exteriores (foi nesse período que o diplomata João Guimarães Rosa passou mais tempo fora do Brasil), a longa demora da publicação era devida também a autodisciplina e cálculo. O ficcionista quis esmerar os seus trabalhos, cozinhá-los ao máximo e só lançá-los depois que estivessem no "ponto". Acertou em cheio. O Brasil reconheceu nele um de seus grandes escritores, ao mesmo tempo continuador e renovador da arte de contar, e esperou ansioso uma nova manifestação de sua parte.

Em vez disso, houve uma pausa de dez anos que chegou a intrigar leitores e críticos. Só admitindo uma estratégia consciente podemos compreender o lançamento em 1956 de não um, mas de sete romances (que qualquer outro escritor teria lançado em livros separados), nos dois volumes monumentais de *Corpo de baile*. Se o nosso autor tivesse assumido o grave risco de ser esquecido, unicamente para preservar a unidade da obra, não a teria, a partir da terceira edição, dividido em três volumes de títulos diferentes (*Manuelzão e Miguilim; No Urubuquaquá, no Pinhém; Noites do Sertão*). É mais provável que quisesse subjugar os leitores simultaneamente pela qualidade e pela quantidade, arremessando-lhes de uma vez uma Suma inteira, atirando-os num verdadeiro labirinto. Deu-lhes as chaves dos corredores – algumas epígrafes tiradas de escritores místicos – mas não lhes indicou as competentes fechaduras.

Aí seria editorial e logicamente natural que deixasse tempo à crítica e ao público para digerirem o substancial alimento. Entretanto poucos meses depois, no mesmo ano, lançou sua obra mais vasta, *Grande sertão: veredas*, o "primeiro romance metafísico da literatura brasileira" (José Carlos Garbuglio). A complexidade estrutural desse imenso edifício, sua exuberância de materiais, a inesgotável opulência do visto e do vivido, a poderosa simbologia apoiada numa realidade observada com inexcedível fidelidade e o tratamento revolucionário da linguagem suscitaram entusiasmo e resistências, desencadeando verdadeira batalha em volta da obra. Dessa refrega o autor ficou totalmente ausente, deixando que seus livros militassem por ele: e tão sábio se mostrou este cálculo que, após a fulgurante conquista do público internacional, graças a resenhas de críticos notáveis e a traduções nas principais línguas de cultura (que se sucediam apesar de inicialmente reputadas impossíveis), a oposição interna se dissipou.

Depois de ter dado de si, por meio dessa dupla façanha, a imagem de um escritor de fecundidade espantosa, ou de alguém que tivesse uma pressa extraordinária em dar o seu recado, João Guimarães Rosa fez esperar o seu novo livro por seis anos. Reconhecido como mestre do romance e da novela, timbrou em mostrar-se em *Primeiras estórias* um dominador de um terceiro gênero intrinsecamente diferente: o conto. Vinte e uma narrativas breves, independentes entre si, feitas de elementos heterogêneos, com dosagem insólita do lírico, do épico e do especulativo, vazadas numa linguagem cada vez mais pessoal e hermética, vieram provocar outra vez o leitor anteriormente conquistado, exigindo a sua adesão a um novo Guimarães Rosa.

A terceira e última pausa foi menos completa e menos sigilosa que as anteriores. Consagrado pela celebridade, o ficcionista teve de atender a solicitações da imprensa periódica, publicando em semanários e diários trabalhos menores, cujas dimensões (mas apenas as dimensões; o teor ficava cada vez mais esotérico) deixava determinar pelos órgãos de transmissão. Quarenta destes escritos formariam o volume *Tutaméia*, em 1967. Mas por que os chamou de "terceiras estórias", se não houve segundas? Dir-se-ia que, supersticioso, quis outorgar-se a obrigação e a possibilidade de publicar mais um volume de contos, que seriam então as "segundas estórias". Mas antevendo seu fim próximo, parece não ter acreditado muito nesse volume. É o que fazem supor os quatro prefácios de *Tutaméia*, em que, pela primeira vez, fez revelações íntimas sobre si mesmo e a gênese de suas obras, ditando uma profissão de fé e uma arte poética. Comunicados por meio de rodeios, voltas e perífrases, sob forma de alegorias e parábolas, esses quatro prefácios constituem na verdade um único posfácio, não a *Tutaméia*, mas a toda a obra.

Assim, embora não parasse de separar outros trabalhos, inéditos ou já publicados em revistas e jornais, de burilá-los, de refazê-los para outros livros eventuais, João Guimarães Rosa, pelo sim e pelo não, deixou um conjunto fechado de cinco obras, com as contas feitas e as lições tiradas.[1] De onde concluo que a sua estranha estratégia literária não visava apenas efeitos editoriais e publicitários. Havia nela também uma espécie de jogo, talvez de esconde-esconde, com o destino, parceiro trágico e brincalhão.

1 Nem por isso seus amigos podemos deixar de cumprir a obrigação de editar o que ficou reunido em suas pastas. Daí tiramos até agora o material dos livros póstumos *Estas estórias* e *Ave, palavra*, publicados, respectivamente, em 1969 e 1970.

Sagarana

Em sua obra de estreia, publicada após demorado processo de amadurecimento e depuração, revista, retalhada e podada, o escritor – dissemos – já se apresentava com um conjunto harmonioso de dotes. Nas nove narrativas extensas do volume refloresceram as melhores tradições da arte de contar. Todas elas empolgam por enredos conduzidos com mão de mestre por uma sucessão ascendente de emoções; todas comportam episódios de palpitante interesse, retratos de tipos estranhos, registro de costumes pitorescos, cenas de força patética. Nas mãos do autor o gênero mostra-se de extrema flexibilidade, adaptando-se ao assunto, ao tom, às exigências da estória.

A melhor exemplificação disto encontra-se, talvez, em "O burrinho pedrês", iniciada de maneira vagarosa, numa profusão de anedotas e historietas que parecem atravancar o livre curso da ação. Mas o assunto – a viagem de uma boiada que avança por etapas, para, recomeça, desvia-se do caminho reto – exigia essa maneira de contar. A coloquialidade do tom disfarça o que a estrutura tem de intrincado. Nas cenas sucessivas predomina a presença ora dos boiadeiros, ora dos bichos; os bois e, especialmente, um burrinho, cujos periódicos desaparecimentos e voltas marcam as etapas da história. "A gente segue a esperteza mansa do bicho, a sua finura de instinto e de inteligência que o faz poupar-se, furtar-se a choques e maus pisos e, por fim, orientar-se e salvar-se numa cheia onde os cavalos se afogam, carregando um bêbado às costas e ainda outro náufrago enclavinhado no rabo" (Oscar Lopes). Estávamos preparados a uma catástrofe que desse solução ao conflito de dois inimigos irreconciliáveis; porém, numa reviravolta que, mais que simples expediente técnico, decorre de uma visão do mundo, sobrevém outro desfecho, igualmente trágico e verossímil, mas totalmente inesperado.

Duelo, pode ser considerada como outro exemplo da harmonização da intriga e da estrutura. As fases de uma caçada humana determinam o ritmo da narrativa, pontuada por pausas naturais. A história ganha nova dimensão depois da morte de um dos dois protagonistas, quando a julgávamos terminada, e encerra-se de modo surpreendente, embora inteiramente plausível.

Em "A hora e vez de Augusto Matraga" (aproveitada depois com êxito pelo cinema) a conversão do valentão arrependido divide-lhe o drama pelo meio: as tentações enfrentadas e vencidas depois de sua reforma íntima são os degraus sucessivos de sua trágica ascensão.

Nessas narrativas e mais duas, uma viagem serve como que de fio condutor. Ótima fórmula regionalista, que capacita o autor para levar-nos a percorrer cenários variados, pôr-nos em contato com personagens típicas, fazer-nos ver a fauna e a flora da terra.

Rotularemos então o João Guimarães Rosa deste livro de regionalista? Alguns críticos o fizeram, procurando filiá-lo a predecessores como Afonso Arinos, Hugo de Carvalho Ramos, José Américo de Almeida. Mas os mais perspicazes hesitaram, porque, não obstante a exuberância da paisagem, cada uma das peças se constituía num ou em vários dramas psicológicos.

Embora revelando-se pintor exímio de sua terra e de sua gente (cujos traços, cores e aromas armazenara maravilhosamente em sua prodigiosa memória para descrevê-los com amorosa minúcia) tampouco pode o autor ser qualificado de prosador realista. O lirismo de novelas como "São Marcos" e "Minha gente" ou a estilização de "Conversa de bois" (em que o narrador onisciente reproduz os pensamentos embrionários não apenas de um pobre menino ignorante e explorado, mas também dos bois, seus amigos) adverte o leitor de que não viaja na companhia de um mero costumbrista. Ora distanciando--se do ambiente, ora identificando-se com ele, o "estreante" nunca se desfaz de um humorismo ao mesmo tempo crítico e cúmplice, cruel e terno, e surpreendentemente compatível com uma atmosfera mágica.

A opulência da linguagem deliciou leitores e crítica. O novo prosador conhecia a fundo a língua literária e a popular, fundindo-as num amálgama particularmente feliz. Alguma vez, porém, deixava entrever que não se contentaria por muito tempo com os recursos existentes: o próprio título, *Sagarana*, fundia hereticamente elementos heterogêneos, o "*saga*" escandinavo ("lenda") e o "*rana*" indígeno ("espécie de"), anunciando a revolução que se preparava. A declaração de amor às palavras raras e sonoras em "São Marcos" valia como outro indício.

Corpo de baile

Dez anos depois, os resultados da revolução acenada surgiram nesta obra prodigiosa, que de chofre atirava o leitor no labirinto de que já falamos. É verdade que epígrafes tiradas de Plotino e de Ruysbroeck, tão inesperadas ao limiar de um conjunto de romances regionais, punham-no de sobreaviso. O título dava a entender a existência de ligações íntimas entre as peças de um conjunto, de um plano oculto que as unia; as epígrafes exortavam à procura de um ou vários sentidos escondidos.

O livro tinha nada menos de sete romances inseparavelmente ligados ao cenário mineiro de imensos chapadões semidesertos, vastos horizontes e feéricos espetáculos naturais em perpétua mudança, que infunde em seus habitantes atração pelo mistério e pelo sobrenatural, temores vagos, crenças e superstições estranhas, medos cósmicos. O autor geralmente escolhe como personagens indivíduos marginais e por isso pouco modificados pelo convívio social, mais acessíveis às forças invisíveis do ambiente: crianças, loucos, mendigos, cangaceiros, vaqueiros. Eles é que formam o elenco num teatro onde não há separação completa entre palco e plateia, autor e personagens. O mais das vezes conhecemo-los em momentos de crise quando, acuados pelo amor, pela doença, ou pela morte, desesperadamente procuram tomar consciência de si mesmos, de compreenderem o sentido de sua vida.

Quem tenta resumir qualquer uma dessas extensas narrativas, perceberá logo as dificuldades da tarefa. Por mais que se esforce, não conseguirá encerrar num esquema a riqueza dos motivos, o emaranhamento de fios, a secção de planos múltiplos. "Uma estória de amor", por exemplo, relata uma festa de Manuelzão, chegado de menino desamparado a encarregado de uma fazenda. Já no fim da vida, impelido pela ânsia de perpetuar-se, inaugura com um banquete a capela que acaba de construir. Em trilhos quase paralelos correm a ação exterior (a sequência da festa, a chegada dos convidados, o cerimonial do banquete, o seu decurso) e a íntima (o embate de inquietações surdas no espírito tosco do anfitrião, torturado por ideias de vida falha, solidão, morte próxima). Depois, as duas linhas convergem para um remate brusco: da boca de um velho mendigo brota uma canção épica, milagre cuja vaga intuição integra a atmosfera da festa e apaga os tristes símbolos da frustração de Manuelzão: o riacho que secou, o *cavour* que ele almejou por toda a existência e que estava fora da moda, quando, afinal, ele se achou em condições de adquiri-lo.

Peça não menos sugestiva é "O recado do morro", onde testemunhamos a gênese de outra canção no decorrer de uma expedição (mais uma das suas mágicas viagens pelo sertão). O núcleo da canção brota do espírito perturbado de um louco, é alimentado e desenvolvido pela cooperação casual de outros alucinados e é acabado por um bardo popular que lhe dá forma e sentido. A viagem da comitiva e o nascer da canção operam-se simultaneamente e a conclusão desta prefigura o fim trágico daquela. Um recado infralógico da atmosfera e da paisagem transmuda-se em verso através da cooperação de uma sequela de anormais, de senso embotado, mas de sentidos apurados.

A menção de apenas dois romances não significa menosprezo pelos cinco outros, apenas decorre do fato de estarmos restritos à mera amostragem pelos limites deste estudo. Esta *Seleta* traz trechos de uma terceira estória, "Campo geral", talvez suficientes para gravar na memória a singela figura do menino Miguilim, mini poeta plantado por um capricho do destino num campo agreste do sertão, mas que apenas faz pressentir a perturbadora riqueza de motivações que tece em seu redor o ambiente que o cria e amolga.

Se os temas e os ambientes do livro ampliavam e prolongavam os de *Sagarana*, suas inovações estilísticas eram ainda mais radicais. Era impossível não perceber que se tratava dos produtos de consciente pesquisa formal, uma estonteante experimentação criadora que, de início, perturbou muita gente. Era fenômeno inédito aquele estilo nitidamente "oral", mas que não correspondia *in totum* à expressão de nenhuma região, nenhuma classe e nenhuma época, sendo uma mistura personalíssima e inimitável de artifício e de espontaneidade.

Haurindo a duas mãos na rica fonte da língua popular de Minas Gerais, João Guimarães Rosa estende a aplicação dos processos de derivação e das tendências sintáticas do povo, muitas delas nem registradas, e cria uma língua própria, de grande força envolvente. Obedecendo ora à exigência íntima de uma expressividade e matização infinitas, ora a um sensualismo brincalhão que se compraz em novas sonoridades, submete o idioma a verdadeira atomização. A invenção de onomatopeias sem conta, a livre permutação de prefixos verbais, a atribuição de novos regimes, a ousada inversão das categorias gramaticais, a multiplicação das desinências afetivas são algumas dessas fecundas arbitrariedades que, mais de uma vez, se abonam na prática de outras línguas, cujas reminiscências o poliglota nem sempre soube ou quis reprimir. A falta de dissociação entre autor e personagens faz com que complicados conteúdos intelectuais venham a revestir-se de modismos populares. Palavras mortas ressuscitam, outras, vivas, são submetidas a transformações violentas, novas surgem revelando falhas até então despercebidas da língua ou sugerindo a existência de noções, sensações e fenômenos ainda não incorporados em nossa percepção.

Grande sertão: veredas

Vindo logo depois de *Corpo de baile*, completou a impressão avassaladora de poderosa originalidade e grandeza isolada do autor, confirmando-lhe a posição excepcional dentro da ficção brasileira e mesmo universal. A leitura destas maciças páginas sem índice nem capítulos, nem sequer espaços claros entre os blocos compactos de preto no branco, exige esforço não pequeno, mas "raras vezes um esforço de leitura terá melhor compensação" (Oscar Lopes). Sai-se do livro com a impressão de se ter participado não só da vida aventurosa do herói, mas também da alegria criadora do autor.

Era preciso advertir o leitor para que não se deixasse vencer pelas dificuldades iniciais da abordagem. Ressaltam as da linguagem, condensada, elíptica, tipicamente regional e profundamente pessoal, frequentemente enigmática; é substancialmente a de *Corpo de baile*, só que desta vez concorre também para construir a personalidade de um único herói, contador de sua própria história, e assim torna-se fator primordial da composição.

Vários exegetas repararam nessa predominância da linguagem que transcende a importância instrumental para virar matéria-prima. "Ele redimiu o estilo do romance, e conseguiu com que a sua prosa não fosse apenas o gaguejar de uma narração: mas ela própria realidade, ela própria autenticidade, ela própria uma parte fundamental e inseparável da realidade romanesca", afirmou a esse respeito o crítico Adolfo Casais Monteiro. Outros comentaristas chegaram a conclusão idêntica. "Nunca entre nós... ofereceu uma obra tamanha virtuosidade e um tão fértil terreno linguístico – uma tão completa e minuciosa exploração do discurso em todas as suas múltiplas facetas. Por isso – e embora o Sr. Guimarães Rosa não se afaste um só momento do sertão – a sua realidade pode dizer-se que é a linguagem", afirma Olívia Krähenbühl. E nove anos depois de *Grande sertão: veredas*, numa das poucas entrevistas extensas que concedeu a um jornalista, Rosa afirmou ao alemão Günter W. Lorenz: "Só se pode renovar o mundo renovando a língua".

Mas também o processo narrativo, sinuosíssimo em vez de linear, requer um período de adaptação. O narrador parece experimentar vários rumos, marcar passo, voltar ao ponto inicial, partir de novo por outro atalho. "Temos uma narrativa em vaivém, em ziguezague", nota José Carlos Garbuglio, "que se estabelece pelo fluxo incontrolável da memória onde um fato aciona a alavanca de outro que aflora por uma ordem de importância interior". Para outro intérprete da obra "o seu fim está no começo e o começo no fim e ambos poderiam ser encontrados em qualquer parte do livro" (Milton Vargas). De repente, após uma travessia do rio São Francisco, o autor nos faz desembocar numa estrada real, de horizonte dilatado, por onde a história se desenrola ampla, épica, irresistível, levando de roldão qualquer estranheza ou resistência.

Daí em diante, os mistérios do princípio elucidam-se progressivamente, as digressões revelam-se começos de rotas convergentes, episódios que pareciam deslocados se reatam ao tronco da narração, alusões obscuras ganham caráter de antecipação e presságio. Descobrir tais entrelaçamentos é um dos altos prazeres da leitura.

O romance é, à primeira vista, a história da luta sangrenta entre dois bandos de jagunços no Sul de Minas. "Porém, não se trata de livro nem realista nem pitoresco, embora pitoresco e realismo nele se encontrem a cada passo; mas de um livro carregado de valores simbólicos, onde os dados da realidade física e social constituem ponto de partida", escreve com acerto Antonio Candido. O mesmo autor chama a atenção para o fato de os jagunços do livro não serem meros salteadores, mas revestirem as feições de paladinos medievais.

A significação do título se aclara sucessivamente por diversos trechos do romance, onde encontramos o narrador empenhado em definir o termo "grande sertão" que, além de conteúdo geográfico bem nítido, para ele tem ainda outros conteúdos vagos e amplos. Essas definições vão do estritamente mesológico ao simbólico: nelas a narrativa sai mais de uma vez do tom reprodutivo, e o narrador cede a palavra ao romancista. Para quem nele nasceu e viveu e com ele se identificou, o "sertão" acaba sendo toda a confusa e tumultuosa massa do mundo sensível, caos ilimitado de que só uma parte ínfima nos é dado conhecer, precisamente a que se avista ao longo das "veredas", tênues canais de penetração e comunicação. Assim o sinal – : – entre os dois elementos do título teria valor adversativo, estabelecendo a oposição entre a imensa realidade inabrangível e suas mínimas parcelas acessíveis, ou, noutras palavras, entre o intuível e o conhecível; e também, segundo me confirmou certa vez o próprio autor, entre o inconsciente e o consciente.

A forma do romance – uma única narrativa, do fim ao começo, feita pelo fazendeiro Riobaldo, ex-jagunço, a um forasteiro – não é casual, mas está organicamente ligada ao próprio assunto. Uma história dessas só pode ser contada pelo protagonista e em primeira pessoa. A indecisão do começo, em que lembranças fragmentadas se sucedem ao sabor das associações, corresponde à hesitação do narrador, que só depõe as reservas depois de ver fixo o interesse do ouvinte, o qual não somente desiste da intenção de prosseguir viagem no mesmo dia, mas anota a relação em sua caderneta.

Contudo, o ouvinte permanece invisível do princípio ao fim, e sua presença se percebe apenas pelas apóstrofes do narrador. Esse recurso fértil confere à narração estilo oral e dramaticidade direta, e permite a Riobaldo esmiuçar com toda meticulosidade suas lembranças mais secretas. O ensaísta Dante Moreira Leite, que interpreta o monólogo de Riobaldo como sessão psicanalítica, afirma que "o romance somente adquire sentido diante do interlocutor".

Espantado com a própria comunicabilidade, Riobaldo tenta justificá-la muitas vezes, e essas tentativas constituem outro *leitmotiv*, tão importante como as definições de "sertão". Segundo ele mesmo afirma, narra a vida para no fim consultar o interlocutor: "Quero armar o ponto num fato, para depois lhe pedir um conselho". Esse conselho, porém, não chega a ser pedido. Riobaldo pretende também relatar o passado para que o forasteiro explique: "Conto ao senhor é o que eu sei e que o senhor não sabe; mas principal quero contar é o que eu não sei se sei, e que pode ser que o senhor saiba". Mas não se dá oportunidade ao forasteiro para tal explicação e, aliás, Riobaldo sabe que "a vida não é entendível". Afinal de contas, faz a confissão para si mesmo, querendo "decifrar as coisas que são importantes" e preservá-las do esquecimento. "Não gosto de me esquecer de coisa nenhuma. Esquecer, para mim, é quase igual a perder dinheiro". Mas a vontade de lembrar, em Riobaldo, é mais que simples saudade de velho. Desejando reconstituir o seu passado, ele está movido pelo anelo confuso de reafirmar a unidade do seu eu, de sentir que efetivamente desempenhou algum papel ativo nas vicissitudes da própria existência.

Sim, porque precisamente no tocante a isso é que é atormentado por contínuas dúvidas. No cerne mesmo de sua vida há um segredo a que faz alusões incessantes, mas que não se atreve a enfrentar de vez, e do qual se acerca a meias palavras, criando no espírito do ouvinte uma expectativa ansiosa. Suas contínuas indagações sobre a existência do Diabo, a natureza e o poder dele, preparam-nos para algum mistério espantoso. Quando afinal vem a revelação, embora pressentida, não deixa de transtorná-lo, a ele e a nós. Tornam-se então compreensíveis todas as especulações metafísicas do ex-jagunço, à primeira vista descabidas: se na solidão de sua velhice ele refez todas as suposições dos teólogos, todas as teorias da demonologia – chegando a intuir no conceito do diabo a mera concretização de um aspecto da alma humana – foi por tratar de assunto seu familiar, intimamente pessoal. O mito atávico do pacto com o demônio é revivido nele sob forma convincente, como experiência possível dentro da nossa realidade.

Corolário do pacto são os acontecimentos inesperados e favoráveis que lhe corroboram a validade no espírito de Riobaldo. Chega a sentir-se onipotente, dono do universo, e então entra a vacilar, a dar passos em falso, a não saber o que fazer e a sentir uma terrível insatisfação. O poder chega num momento em que de nada serve: quando desaparecem os obstáculos à sua inconfessável paixão por seu companheiro Diadorim – moça disfarçada em homem mas cuja verdadeira identidade só lhe é revelada depois que ela morre – desaparece também o objetivo dessa paixão.

Em redor de um mito universal, Guimarães Rosa conseguiu edificar obra de valor também universal com elementos locais. O seu Riobaldo, ente inculto, mas dotado de imaginação e poesia, ao passar revista aos acontecimentos de sua vida acidentada, enfrenta seguidamente todas as contingências do ser – o amor, a alegria, a ambição, a insatisfação, a solidão, a dor, o medo, a morte – e relata-as com a surpresa, a reação fresca de quem as experimentasse pela primeira vez no mundo, reinventando as explicações dos filósofos numa formulação pitoresca e ingênua. Como Miguilim, Lélio ou o velho Camilo, em *Corpo de baile*, o jagunço Riobaldo também é trabalhado por inquietações que o fazem sentir a vida diversamente ("Um sentir é do sentente, mas outro é do sentidor"), e, em sua linguagem pitoresca de semianalfabeto, descerrar abismos de psicologia e metafísica.

Mas todas as audácias da construção, toda a riqueza do conteúdo filosófico, seriam apenas jogos de inteligência se o sertão de Guimarães Rosa não fosse também, além de símbolo, realidade viva e concreta, com seus bichos, plantas, gentes e superstições admiravelmente descritos; se a narração de Riobaldo não fosse, além de uma teia engenhosamente urdida, um tecido de casos, encontros, acontecimentos e cenas de insuspeita autenticidade porque vistos de seu ângulo de jagunço; e se a intervenção do sobrenatural não fosse tramada com arte das mais sutis, de modo que nunca entra em choque com o realismo psicológico. A existência do Diabo ou a crença na existência dele ("Não é, mas finge de ser") são explanações igualmente válidas para o destino de Riobaldo.

Primeiras estórias

Depois de inovar os gêneros da novela e do romance, com *Primeiras estórias* (1962), João Guimarães Rosa estreou no conto. Talvez seja essa coletânea de vinte e um contos o mais labiríntico de seus livros. A perspectiva, a atmosfera e a temperatura emocional mudam com cada peça do volume; mas, ainda assim, observa-se nele uma notável unidade, provinda de uma concepção personalíssima da vida e da arte. Simplificando, poder-se-ia dizer que são relatos de milagres, contanto que se entenda o termo como designativo de acontecimento muitas vezes íntimo, indefinível e impreciso. Mesmo as narrativas mais anedóticas prolongam-se num plano outro que não o real. Quase todas são pluridimensionais, carregadas de significado oculto, rodeadas de um halo de religiosidade. Os cenários são os mesmos ou semelhantes aos de *Corpo de baile*, esboçados com poucos toques incisivos; a paisagem fica reduzida e a iluminação cai toda sobre as personagens, seres acessíveis ao chamado do irracional, e por isso quase todos loucos ou crianças. A variedade da perspectiva e do enfoque conferem às estórias descomunal riqueza de cambiantes. Mais de uma vez um elemento suplementar de mistério, a identidade do narrador e sua personalidade revelam-se aos poucos e desempenham papel no deciframento da mensagem. Como em *Sagarana*, frequentemente o autor encaminha a narração através de engenhosos suspenses para uma catástrofe que deixa de se produzir, sem por isto frustrar a expectativa do leitor.

O tratamento da linguagem mostra cada vez mais a experimentação consciente. As inovações do autor, além de tentar esgotar a infinita riqueza do real, procuram catar-lhe facetas até agora não identificadas, ainda à espera de denominação; elas golpeiam o leitor e inculcam-lhe, por assim dizer, uma percepção nova. Não obstante a sua oralidade, ela se torna rebuscada, lúdica, musical, elástica, fluida, ela própria uma criação autônoma. Seus materiais, em fusibilidade permanente, mudam de forma e de função, resultando disso um barroquismo inédito, provocador e, às vezes, perturbador. O autor trabalha com métodos de cineasta: embora sabendo que somente uma parte de seus flagrantes será percebida pelos espectadores na rápida sucessão das imagens, nem por isso deixa de trabalhar os seus menores efeitos.

Tutaméia

Último livro do autor, foi publicado em 1967, poucos meses antes da sua morte. É um conjunto de quarenta e quatro contos pequenos, quatro dos quais desempenham também o papel de prefácios. É nestes que, pela primeira vez, Guimarães Rosa condescende em explicar-se; mas, como que arrependido ao mesmo tempo de romper um longo silêncio, envolve as suas confidências em tantos véus de circunlóquios e metáforas que essa auto interpretação acaba por tornar o livro ainda mais hermético. Aí encontramos uma definição do conto-anedota, que, na opinião do autor, melhor se cristaliza em redor de um núcleo absurdo; lemos uma apologia zombeteira da linguagem criadora; através de um incidente tão comum como a volta de um bêbado para casa assistimos à incessante transformação dos fatos do ambiente por uma imaginação desencadeada; e finalmente somos informados do inconformismo que o escritor, desde criança, testemunhou em face do bom senso caseiro; do estado mediúnico em que compôs algumas de suas obras; de forças indefiníveis disfarçadas em acasos que influíram em fatos decisivos de sua vida.

Nas histórias propriamente ditas, o tamanho reduzido (imposto pela revista em que saíram primeiro) obrigou o contista a excessiva concentração. São episódios cheios de carga explosiva, retratos que nos obrigam a reconstituir os dramas que moldaram os traços dos originais, romances em potencial comprimidos ao máximo. Fiel ainda desta vez aos cenários das obras anteriores, isto é, aos da sua infância, faz caber neles a angústia existencial das personagens e a sua própria. É naquele ambiente de agreste e dramática beleza que o inexistente entremostra a sua vontade de encarnar-se, que aquilo que não é passa a influir no que é, que o que poderia ter sido modifica o sentido do que houve. Isso num estilo que tira seus processos da fala sertaneja, propensa ao lacônico e ao sibilino, ao pedante e ao sentencioso, ao subentendido e ao elíptico, ao enfático e ao colorido;

que vai buscar o seu léxico num estoque enorme de regionalismos, arcaísmos, latinismos, plebeísmos e brasileirismos, completando-o por criações de cunho individualíssimo; e que se inova, sobretudo, por ousadias sintáticas e capazes de sugerir o que não é dito num jogo de anacolutos, reticências e omissões.

Os livros póstumos

Depois da morte inesperada do escritor, a sua editora publicou mais dois dos seus livros, cujos planos João Guimarães Rosa deixara preparados. Ainda assim e com toda a sua riqueza de conteúdo, eles não apresentam a unidade orgânica característica dos livros publicados em vida do autor.

Desconhecemos a data exata de todos os escritos enfeixados em *Estas estórias*; em todo o caso, pode haver um intervalo até de vinte anos entre alguns deles. Um ou vários faziam parte do *Sagarana* primitivo, o que concorrera ao Prêmio Humberto de Campos, em 1938, mas foram omitidos na edição lançada em 1946; só depois de decorridos vinte anos ou mais foram alguns, intensamente retrabalhados, julgados dignos de publicação (em revistas), ao passo que outros viriam à luz pela primeira vez neste volume que acabou saindo como póstumo. Apesar da forçosa falta de unidade (o seu estilo num quarto de século passou por verdadeira revolução), há peças poderosas na coletânea: além de "Bicho mau" (aqui reproduzido[2]), "Páramo" ou "Meu tio o Iauaraté" bastariam para perpetuar o nome do novelista. O volume é completado por uma preciosa reportagem. "Com o vaqueiro Mariano", que relata uma das expedições do escritor à cata de material.

Por sua vez, *Ave, palavra* é uma miscelânea de escritos de muitos gêneros que vão da reportagem à poesia, da reminiscência à vinheta, do comentário de notícia ao relatório de viagem, oscilando entre o depoimento sério e exercício lúdico, a nota de diário e a ficção. São meia centena de peças de tom, alcance e peso diferentes, algumas de interesse apenas documental, enquanto outras – como as inseridas

2 Rónai está se referindo à *Seleta Guimarães Rosa*. (N.O.)

na *Seleta*: "Uns inhos engenheiros",[3] "As garças"[4] e "Minas Gerais"[5] – verdadeiras páginas antológicas.

Há grande expectativa em relação à publicação das cartas de Guimarães Rosa, que, a julgar pelas amostras, constituirão documento de valor inestimável.[6]

3 Ver p. 275. (N.O.)
4 Ver p. 276. (N.O.)
5 Ver p. 273. (N.O.)
6 Paulo Rónai trabalhou longo tempo na organização da correspondência de Guimarães Rosa com escritores brasileiros, trabalho que, no entanto, não foi finalizado. (N.O.)

Sagarana { 1946

A arte de contar em *Sagarana*

Para muitos escritores fracos, o regionalismo é uma espécie de tábua de salvação, pois tem a ilusão – e com eles parte do público – de que o armazenamento de costumes, tradições e superstições locais, o acúmulo de palavras, modismos e construções dialetais, a abundância da documentação folclórica e linguística suprem as falhas da capacidade criadora. Pelo contrário, para os autores que trazem uma mensagem humana e o talento necessário para exprimi-la, o regionalismo envolve antes um obstáculo e uma limitação do que um recurso. A riqueza léxica, em particular, longe de constituir um atrativo – a não ser para os estudiosos da língua – torna a obra menos acessível à maioria dos leitores. Quanto ao material folclórico, este significa uma perpétua ameaça de desviar a narração, tolher o enredo, quebrar o ritmo. Dir-se-ia que o escritor regionalista precisa de menos valor que os outros para se fazer tolerar, porém de maior originalidade para alcançar o êxito e a admiração.

Em *Sagarana*, J. Guimarães Rosa afronta todos esses empecilhos. Apresenta-se como o autor regionalista de uma obra cujo conteúdo

Texto originalmente publicado no jornal *Diário de Notícias*, 11 jul 1946. Incluído nas edições de *Sagarana* a partir da 3ª edição. Rio de Janeiro: Livraria José Olympio Editora, 1951. Posteriormente publicado em *Encontros com o Brasil*, de Paulo Rónai (1958). (N.O.)

universal e humano prende o leitor desde o primeiro momento, mais ainda que a novidade do tom ou o sabor do estilo. O leitor vindo de fora, por mais integrado que se sinta no ambiente brasileiro, não pode estar suficientemente familiarizado com o rico cabedal linguístico e etnográfico do país para analisar o aspecto regionalista dessa obra; deve aproximar-se dela de um outro lado para penetrar-lhe a importância literária.

A arte de contar, no antigo sentido da palavra, que evoca as poderosas narrativas do século passado e, mais longe ainda, as caudalosas torrentes da épica antiga, está-se tornando rara. Apesar ou em razão do número enorme de narrativas breves que se publicam, encontram-se com frequência cada vez menor novelas e contos que nos comuniquem um frêmito ou nos arranquem um grito de admiração. Os desesperados esforços de renovação que caracterizam o gênero de algum tempo para cá geram fórmulas mais de uma vez surpreendentes e inéditas, mas dificilmente despertam emoções profundas.

As nove peças que formam o volume *Sagarana* continuam a grande tradição da arte de narrar. O gênero peculiar do autor é, aliás, a novela, e não o conto. A maioria das narrativas reunidas no livro são novelas, menos por sua extensão relativamente grande do que pela existência, em cada uma delas, de vários episódios ou "subistórias", na expressão do escritor, aliás sempre bem concatenados e que se sucedem em ascensão gradativa. O gênero, em suas mãos, alcança flexibilidade notável, modifica-se conforme o assunto, adapta-se às exigências do enredo. Pois esta maleabilidade é justamente uma das características da novela moderna.

"O burrinho pedrês", por exemplo, é de todas as narrativas aquela cujas partes, de início, parecem mais desconjuntadas. Contém uma série de historietas e anedotas que não fazem avançar a ação central. Mas é esta a espécie de narração exigida pelo assunto, a viagem de uma boiada que prossegue por etapas, para, recomeça, se desvia. Todos os episódios, finalmente, concorrem para criar uma atmosfera única, caracterizada pela predominância da vida animal, em volta da qual evolve todo aquele pequeno mundo nômade do Major Saulo e seus boiadeiros. Aqui a forma parece ter nascido e crescido com o assunto. A construção da novela obedece toda ela a uma arte consciente que se disfarça sob um ar de naturalidade, mas se revela não somente no aumento progressivo da tensão, senão também nos periódicos desaparecimentos e voltas do burrinho pedrês. Note-se que de todas as possíveis atitudes para com o seu protagonista animal o autor adota a mais plausível: a da observação feita por fora, com uma mistura de realismo e ironia que humaniza a personagem sem recorrer a artifícios antropomórficos.

Patenteia-se nesta novela um dos processos característicos da técnica de Guimarães Rosa, decorrente, aliás, de sua concepção do mundo e do destino: intensificar a tensão, aproximando o leitor de um desfecho trágico previsto. De repente, verifica-se algum acontecimento brusco – mas sempre verossímil – que traz desenlace diferente do esperado; diferente, mas não menos patético. Espera-se em "O burrinho pedrês" um assassínio, que todos os indícios fazem prever... e sobrevém um desastre de proporções maiores, que resolve a tensão por um cataclismo imprevisto. Combinam-se, assim, os efeitos da surpresa e da unidade.

Aplicação ainda mais perfeita deste processo observa-se em "A hora e vez de Augusto Matraga", a novela talvez mais densa de humanidade de todo o volume. A vida retraída do valentão arrependido, que depois de ter sido deixado como morto pelos capangas do adversário, levou anos a restaurar a saúde do corpo e a amansar o espírito sedento de vingança, inspira ao leitor uma inquietação crescente. Treme-se por esta alma perdida e reencontrada, que por fim só escapará à tentação da desforra por outro ato louco de valentia que o redime, mas ao mesmo tempo o aniquila.

Aparentada a essas duas novelas é a intitulada "Duelo". Aí a série de emboscadas em que dois adversários procuram acabar um com outro parece primeiro terminar pela morte cristã de um deles, colhido e consumido por insidiosa doença. Mas o moribundo conseguiu transmitir o seu ódio como herança a um seu protegido, e, pela mão deste, depois de morto, matará o rival sobrevivente.

Talvez nem seja justo falar em técnica, pois nos dois últimos casos, pelo menos, o desenlace, por mais inesperado que seja, decorre necessariamente dos caracteres. O contista recria com extraordinária plasticidade caracteres primários como Augusto Matraga ou, no "Duelo", Cassiano Gomes, concentrados em torno de um único sentimento, que se transforma em sua razão de ser no objetivo de toda a sua existência.

Apesar de uma ironia fina que oscila num ritmo tão pessoal entre o humor e o cinismo, o autor mantém-se imparcial para com as suas criaturas. Tem-se a impressão, às vezes, de que adota a respeito delas os sentimentos do ambiente e as admira ou despreza de acordo com esses sentimentos, partilhando das simpatias e antipatias dos comparsas. Na realidade, trata-se apenas de mais um meio para criar atmosfera. O escritor conserva-se algo distante das personagens, e quando se apressa em adotar algum julgamento cômodo sobre elas, não sabemos com certeza se não o faz para se divertir à custa do leitor. Veja-se o trecho em que conta a morte edificante de Cassiano Gomes. Depois de deixar tudo o que tem a um pobre caboclo de quem se tornara o benfeitor, este "tomou uma cara feliz, falou na mãe, apertou nos dedos a medalhinha de Nossa Senhora das Dores, morreu e foi para o céu". Sim, mas ao seu protegido, além dos cobres, deixou também a obrigação de uma vindita.

Nas novelas de atmosfera trágica de Guimarães Rosa respira-se um fundo desânimo, talvez por ser a conclusão tão fatal, tão sem recurso. Esse acabamento absurdo e, ao mesmo tempo, irrespondivelmente explicado, dos destinos individuais, faz entrever abismos tão abruptos como aquele que se abre debaixo da Ponte de São Luís Rei, no romance de Thornton Wilder.

Estas mesmas novelas possuem credibilidade logo à primeira vista, mais um sinal por que se reconhece a obra de ficção de real valor. Credibilidade na ficção não envolve a exatidão e a verossimilhança de todos os pormenores; apenas uma certa sugestão que leva o leitor a não preocupar-se em verificar-lhes a consistência, compenetrado por essa verdade condensada que só por acaso a vida alcança. Pirandello ter-se-ia felicitado de um achado como este, em que o autor soube formular com bastante pitoresco uma das regras essenciais da arte: "E assim se passaram pelo menos seis anos ou seis anos e meio, direitinho deste jeito, sem tirar e nem por, sem mentira nenhuma, porque esta aqui é uma história inventada e não é um caso acontecido, não senhor."

Uma quarta novela, "A volta do marido pródigo", representa gênero inteiramente diverso. Aqui as fases sucessivas do enredo fragmentado servem para dar um duplo retrato, extremamente vivo e divertido, de um malandro atraente, representado simultaneamente como tipo e como indivíduo. Talvez seja este o conto em que o autor melhor realiza a tarefa de caracterizar ao mesmo tempo o ambiente e as personagens pelo halo de simpatia irresistível e imerecida que rodeia estas últimas.

A superstição, um dos mais importantes elementos de quantos concorrem para a construção do universo do contista, fornece a duas narrativas o assunto central. "Corpo fechado", história de um feitiço, e admirável de unidade e composição. Pouco nos importa, para a verdade íntima do conto, se é o feitiço que opera, ou a fé que nele depositam os protagonistas; o essencial é a presença permanente da magia em que vítima e feiticeiro acreditam da mesma forma. Talvez seja esta a razão de o leitor sentir-se menos convencido pelo conto "São Marcos", em que o contista, apresentando-se em primeira pessoa como objeto de um ato de feitiçaria, nos força a perguntarmos a nós mesmos se ele, autor, acredita na magia ou não, dúvida que soube artisticamente eludir nos outros contos.

"Minha gente" confirma a impressão de que o talento narrativo de Guimarães Rosa é essencialmente impessoal: ao lado de retratos excelentes, como o do enxadrista viajante, e da pintura maliciosamente viva de uma eleição no interior, a história de amor contada em primeira pessoa parece um tanto convencional (com uma leve reminiscência, talvez, de *Cabocla* ou de *Prima Belinha*, de Ribeiro Couto).

"Sarapalha" representa, a meu ver, em todo o volume, a única vitória do regional sobre o humano: a descrição de uma região destruída pelas febres avulta sobre o conflito passional das duas personagens, que valem mais como componentes da paisagem que como verdadeiros atores.

"Conversa de bois", finalmente, representa ainda outro tipo, o do conto inteiramente estilizado, com bichos que falam e raciocinam, quase numa atmosfera mítica de balada escocesa. Se as grandes novelas do volume não nos tivessem exalçado as exigências, entregar-nos-íamos sem reservas ao encontro desta forte narrativa. Elas, porém, nos habituaram a uma mistura tão feliz de visão realista e de expressão algo estudada, que nos custa admitir uma modificação da dosagem a favor do elemento artificial.

Vocação épica de excepcional fôlego, o autor dar-nos-á decerto algum romance em que seu dote de criar e movimentar personagens e vidas se manifeste ainda mais à vontade. Por enquanto, aguarda-se com natural curiosidade a publicação de seu volume de versos, premiado já em 1936 pela Academia Brasileira de Letras e que ficou escondido ainda mais tempo que *Sagarana*. Que formas revestirá o lirismo num poeta tão visceralmente narrador?

Chegando ao fim destas breves considerações, percebemos o que elas têm de ilusório. O exame unilateral de um livro tão rico de conteúdos e significações como este há de deixar uma impressão falsa. É sobretudo quase impossível falar desta obra abstraindo-se o aspecto da expressão verbal, que nela é de excepcional importância. O autor não apenas conhece todas as riquezas do vocabulário, não apenas coleciona palavras, mas se delicia com elas numa alegria quase sensual, fundindo num conjunto de saber inédito arcaísmos, expressões regionais, termos de gíria e linguagem literária. O que nos vale é que *Sagarana* já deu ensejo a análises agudas, extensivas a todos os seus aspectos; por outro lado, é desses livros em que cada leitor faz necessariamente novas descobertas.

Corpo de baile { 1956

Rondando os segredos de Guimarães Rosa

Aparece no segundo livro de João Guimarães Rosa uma árvore gigante, o Buriti-Grande, epônimo de uma fazenda e de um dos contos da coletânea, ponto de referência e sinal de demarcação, emblema e símbolo. "O Buriti-Grande ia para o céu – até setenta ou mais metros, roliço a prumo – inventando um abismo."

Assim a personalidade singular do autor há de marcar a nossa paisagem literária. Ao caracterizar a personagem vegetal, está definindo uma das funções, talvez a mais importante, da própria arte.

Inventor de abismos, o autor de *Corpo de baile*, localiza-os em broncas almas de sertanejos, inseparavelmente ligadas à natureza ambiente, fechadas ao raciocínio, mas acessíveis a toda espécie de impulsos vagos, sonhos, premonições, crendices, vivendo a séculos de distância da nossa civilização urbana e niveladora. São almas ainda não estereotipadas pela rotina, com receptividade para o extraordinário e o milagre. O escritor enfrenta-as em geral num

Texto originalmente publicado como "O segredo de Guimarães Rosa", *O Estado de S. Paulo*, 10 jun 1956; e como "Rondando os segredos de Guimarães Rosa", *Diário de Notícias*, 10 jun 1956. Também como introdução de *Corpo de baile*. Rio de Janeiro: Livraria José Olympio Editora, 1956. Posteriormente publicado em *Encontros com o Brasil*, de Paulo Rónai (1958). (N.O.)

momento de crise, quando, acuadas pelo amor, pela doença ou pela morte, procuram desesperadamente tomar consciência de si mesmas e buscam o sentido de sua vida.

Esses abismos inventados dão reais calafrios. No fundo deles se vislumbram os grandes medos atávicos do homem, sua sede de amor e seu horror à solidão, seus vãos esforços de segurar o passado e dirigir o futuro.

Nas obras de Guimarães Rosa, tais sentimentos plasmam a mente de personagens marginais, imperfeitamente absorvidas pelo convívio social ou nada tocadas por ele: crianças, loucos, mendigos, cantadores, prostitutas, capangas, vaqueiros. Eles é que formam o corpo de baile num teatro em que não há separação entre palco e plateia. O autor e as personagens nunca são completamente distintos. Usam a mesma língua, a ponto que volta e meia aquele passa a palavra a estas sem que se note qualquer mudança de plano. Tal praxe não somente não conduz à limitação do registro das notações, mas, por um milagre de arte, confere-lhe amplitude raras vezes atingida em qualquer literatura.

É pela segunda vez que o autor dá um mergulho no mesmo universo. Dez anos depois do memorável êxito de *Sagarana*, espanta-nos com a fecundidade desse intervalo, que poderia ter enchido de publicações periódicas, pois as sete grandes novelas de *Corpo de baile* dariam perfeitamente outros tantos volumes. Mas Guimarães Rosa aceitou o risco de sair do cartaz por um decênio para não sacrificar a unidade do seu livro.

Insensível a conveniências editoriais, o escritor pouco se preocupa em ir ao encontro dos hábitos do público. Arremessa aos leitores, de uma só vez, uma suma inteira; lança-os, em vez de num caminho reto, num verdadeiro labirinto; e, se lhes dá algumas chaves – epígrafes tiradas de Plotino e Ruysbroeck, tão inesperadas no limiar de uma coleção de novelas regionais – deixa-os procurar as fechaduras a que elas se aplicam. E mesmo que eles tenham compreendido a unidade essencial do conjunto e a importância igual das diversas partes, mesmo que tenham percebido a razão de ser do título e a presença permanente de símbolos poéticos nessas narrativas telúricas, ainda terão de resolver inúmeros enigmas que se lhes armam a cada passo. Com estes a sagacidade do autor parece querer selecionar o seu público a fim de, depois, compensá-lo regiamente do esforço despendido.

É Ruskin quem fala dessa "reticência cruel no coração de homens sábios que lhes faz sempre esconder o seu pensamento mais profundo. Eles não no-lo comunicam sob forma de ajuda, mas sob forma de recompensa, e querem ficar certos de o merecermos antes de nos permitirem que o alcancemos".

Nos dois índices da obra, as partes desta são ora qualificadas de poemas, ora de contos e romances. Serão poemas, enquanto todas trazem significações subjacentes. A distinção entre conto e romance tampouco obedece ao critério habitual da extensão; antes corresponde a um grau maior ou menor de conteúdo lírico: ao subordinar os primeiros ao título de "parábase", o autor, com esse termo da comédia grega, adverte-nos de que é neles que se deverá procurar a sua mensagem pessoal. Isto posto, ainda será mister decifrar essa mensagem.

Como os grandes poemas clássicos, *Corpo de baíle* está cheio de segredos que só gradualmente se revelam ao olhar atento. A própria unidade da obra é um deles. Ela não é apenas geográfica e estilística, como parece à primeira vista. Conexões de temática, correspondências estruturais, efeitos de justaposição e oposição integram-na, mas os leitores têm de os descobrir um a um. Talvez ninguém consiga, nesse pormenor, desemaranhar totalmente o jogo complexo das intenções do autor – mas o que cada um desvendar será o suficiente para intensificar o prazer da peregrinação por esse mundo denso de novidades.

Outra barreira que o leitor tem de romper é a do estilo. Guimarães Rosa joga com toda a riqueza da língua popular de Minas, mas é fácil perceber que não se contenta com a simples reprodução. Aproveitando conscientemente os processos de derivação e as tendências sintáticas do povo, uns e outros frequentemente ainda nem registrados, cria uma língua pessoal, toda dele, de espantosa força expressiva, e que há de encantar os seus lexicógrafos. Obedecendo ora à exigência íntima da matização infinita, ora a um sensualismo brincalhão que se compraz em novas sonoridades, submete o idioma a uma atomização radical, da qual só encontraríamos precedentes em Joyce ("O mato – vozinha mansa – aeiouava." "Dava-se no ar um visco, o asno de uma moemoência, de tudo que a mata e o brejão exalassem." "Nos campos havia 'frechechéu e tiroteio'; no alto, 'o milmilhar das estrelas do sertão'"). A invenção de onomatopeias sem conta, a livre permutação de prefixos verbais, a atribuição de novos regimes, a ousada inversão das categorias gramaticais, a multiplicação das terminações afetivas, são algumas dessas fecundas arbitrariedades que se abonam mais de uma vez na prática de outras línguas, cujas reminiscências o poliglota nem sempre soube ou quis reprimir. A falta de separação entre personagens e autor faz que complicados conteúdos intelectuais venham a revestir-se de modismos populares e a cheirar a preciosismo ("Para ele, aproximar-se dali estava sendo talvez o repensado contra curso de uma dúvida, pelo azado desatinozinho que o destino quer"). Como quem vence uma aposta, o autor esconde, aqui e ali, nas meditações de seus sertanejos, um pensamento de Platão ou de Plotino ("Aquele bezerro carnara dava gastura, de se reparar, era um nojo, um defeito do mundo. Como se um erro tivesse falseado seu ser, contra a forma, que devia ser de molde para ele, a ideia para um bezerro belo: não podido pois ser realizado"). Mistura personalíssima e inimitável de artifício e espontaneidade, o estilo de Guimarães Rosa pede que se lhe dê um crédito de confiança para restituí-lo com juros.

Feita essa advertência ao leitor, deixemo-lo entrar no primeiro cenário do livro em "Campo geral", um recanto oculto da roça, com seu emaranhado de conceitos, atos e ritos, costumes rudes e paixões selvagens. Por um achado notável, penetramos nele guiados por um menino de oito anos, nascido no próprio ambiente, e que o aceita com inteira naturalidade. Numa reprodução mágica da visão infantil, episódios insignificantes criam volume e acontecimentos trágicos se reduzem a meras impressões. Sob nossos olhos maravilhados, o menino Miguilim cresce, incorpora as lições das plantas e dos bichos, absorve a sabedoria do irmão menor, e vem-se desenvolvendo dia a dia, no meio dos segredos inquietantes do mundo dos adultos, mas impressionando-se sobretudo com milagres que só para ele existem: o papagaio pronunciando pela primeira vez o nome do irmão meses após a morte deste, um par de óculos dando à vida nova dimensão e sentido.

Esses milagres não são o privilégio das crianças. Adultos que ainda carregam consigo restos da alma infantil chegam a cruzá-los às vezes, e em circunstâncias das mais imprevistas. Daí, em "A estória de Lélio e Lina", a inverossímil aventura do vaqueiro Lélio na fazenda do Pinhém, de onde ele sai raptando uma velha senhora que poderia ser sua mãe, e a quem só o ligam laços de simpatia. No tecido grosso e palpável de uma história toda real – com desfile de vaqueiros de diversos tipos, cenas da vida pastoril, as fases da adaptação de Lélio a seus novos camaradas, as suas experiências sexuais – o episódio feérico dessa extraordinária amizade entre a velha sábia e folgazã e o jovem pastor de imaginação quimérica se destaca sem nada grotesco ou absurdo, com uma naturalidade serena.

Como num *pendant* à atração espiritual que aproxima Lélio de dona Rosalina, o valentão Soropita, herói de "Dão-Lalalão", arde numa paixão sombria, carnal, inextinguível, praticando desatinos, procurando atingir desvairadamente o cerne do próprio desejo. Apesar de uma porção de crimes na consciência, vive rico e estimado no lugarejo onde se recolheu, e gozaria de paz perfeita se não houvesse a ameaça constante de ressurgir o passado não dele, mas da mulher, antiga meretriz de Montes Claros, desencadeando ferozes ciúmes retroativos. O encontro de um velho amigo, a quem a seu pesar se sente compelido a exibir a felicidade, envolve-o num conflito dilacerador e o faz resvalar vertiginosamente rumo a um novo drama, evitado no último instante por um acaso. Mas sente-se que a história não acabou.

Tal sensação, temo-la também na última página de "Buriti", a única narrativa em que pessoas de classe superior se envolvem na vida dos Gerais, e acabam subjugadas pelo sortilégio. Quatro personagens de inesquecível relevo – o fazendeiro, a filha, a nora, o vizinho – após os esforços desesperados de uma longa resistência se veem arrastados por sentimentos elementares e incontroláveis. A história, contada primeiro como reminiscência de um visitante, depois como experiência de uma das protagonistas, ganha extrema plasticidade pela mudança do ponto de vista.

Há em todos esses "romances" uma incontável população de comparsas, figuras excêntricas, esquisitões, perfeitamente individualizados, que lamento não poder sequer enumerar aqui, e que dão ao livro o colorido, o movimento e a graça grotesca de quadros de Breughel e de Cranach.

A linha simbólica é predominante nos "contos", onde o enredo propriamente dito serve antes de acompanhamento. Assim em "Uma estória de amor", em que se conta a festa de Manuelzão, chegado de menino pobre a encarregado de fazenda. Já no fim da vida, impelido pela vontade de se perpetuar, constrói ele uma capela e inaugura-a com um banquete. Em trilhos paralelos correm as duas ações: a exterior, constituída pela sequência da festa, a chegada dos convidados, o cerimonial do banquete; e a íntima, o embate de inquietações surdas no espírito frusto de Manuelzão, torturado por ideias de vida falha, solidão, morte próxima. As duas ações chegam a remate no eclodir inesperado, na boca de um velho mendigo, de uma epopeia, milagre cuja vaga intuição integra o sentido da festa e apaga os tristes símbolos da vida incompleta de Manuelzão: o riacho que secou, o *cavour* que ele almejou por toda a existência e que estava fora da moda quando, afinal, se achou em condições de adquiri-lo.

Em "O recado do morro", testemunha-se a gênese de uma canção que se cristaliza imperceptível e acessoriamente no decorrer de uma expedição científica. Brotada de um germe caído no perturbado espírito de um louco, alimentada e desenvolvida pela colaboração ocasional de outros lunáticos, acaba nas mãos de um bardo popular que lhe dá forma e sentido. A viagem da comitiva e o nascimento da canção operam-se simultaneamente, e a conclusão desta prefigura o fim trágico daquela. Um recado infralógico da atmosfera e da paisagem transmuda-se em verso através da cooperação de uma sequela de anormais, de senso embotado, mas de sentidos apurados.

Deixei para o fim "Cara-de-Bronze", o menor e o mais difícil dos três "contos", em que se multiplicam as armadilhas e os contornos de uma história são apenas esboçados. Chegado à fazenda do Urubuquaquá, um forasteiro se esforça para compor, com os depoimentos fragmentários dos vaqueiros, o retrato do velho fazendeiro apelidado Cara-de-Bronze, o qual, doente recluso em seu quarto, administra a sua propriedade. Nenhuma das qualidades da personagem invisível – nem sequer o nome – deixa de provocar apreciações contraditórias, fazendo entrever em plano mais geral a impossibilidade de um conhecimento objetivo da realidade humana. Outro mistério que intriga ao enigmático Moimeichêgo (e ao leitor também) é a natureza da missão confiada por Cara-de-Bronze a um vaqueiro escolhido com cuidado, o qual volta à fazenda depois de prolongada ausência. De suas respostas às perguntas dos camaradas se depreende que a sua missão, cujo sentido ele intui sem poder defini-lo, consistiu em trazer ao moribundo paralítico uma multidão de observações aparentemente desconexas e frívolas de seu antigo mundo, elementos que lhe permitissem reconstruir para o seu próprio uso a realidade íntima do passado, uma visão poética do seu universo. O material reunido pelo emissário é de uma riqueza disparatada e barroca, transborda do texto da história e se espalha por uma série de notas.

Essa figura mal esboçada grava-se entre todas na alma do leitor: do mesmo modo que ela, o próprio autor, feiticeiro disfarçado em diplomata, em escritor, em homem de sociedade, encerrado entre as paredes da sua repartição, da sua casa, da sua classe, delega para o cenário de sua adolescência não um emissário, mas cem – a turba multicor das personagens de *Corpo de baile* – a fim de que lhe tragam os ingredientes indispensáveis à recomposição daquela paisagem. Já sabemos que, graças aos milagres constantes de uma memória excepcionalmente fecunda e criadora, elas se desincumbem a contento de sua difícil tarefa, a busca do tempo perdido, causa e fim de toda poesia verdadeira.

Notas para facilitar a leitura de "Campo geral", de J. Guimarães Rosa

O que é narrado nesta novela é a história de um menino de oito anos, do interior do Brasil, até o momento em que é levado para a cidade a fim de ali frequentar uma escola e aprender um ofício. Contada na terceira pessoa, a história é, entretanto, apresentada do ponto de vista desse menino, Miguilim: o leitor percebe a realidade como é vista pelos olhos dele. Criança de forte curiosidade e sensibilidade aguda, Miguilim, em busca de respostas às muitas perguntas que lhe fervilham no íntimo, pouca orientação recebe de seu ambiente primário e tosco. É ele mesmo que tem de interpretar o mundo com o auxílio da própria inteligência intuitiva, partindo das noções fragmentárias que lhe inculcou o meio, e de formular o sentido de suas experiências para si mesmo na linguagem concreta e colorida que lhe foi naturalmente transmitida. A maior vitória do novelista consiste em ter conseguido reconstituir o mundo íntimo de Miguilim sem inquiná-lo de noções e representações alheias à sua idade e ao seu meio, fazendo-nos

Texto produzido por Paulo Rónai durante a temporada em que lecionou na Universidade Flórida, (Gainesville, EUA) em 1967. Para a produção do artigo, contou com uma série de explicações do próprio Guimarães Rosa, enviadas por carta (hoje parte do acervo de Paulo Rónai). O texto foi publicado na revista *Matraga – Revista do Programa de Pós-Graduação em Letras da Uerj*, ano 9, nº 14. Rio de Janeiro: Caetés, 2002. (N.O.)

sentir o ingênuo frescor de suas descobertas e os espantos que acompanhavam a sua penetração progressiva no universo turvo dos adultos.

A realidade projetada a nossos olhos nesta novela é o presente vivido por Miguilim a partir dos seus oito anos e que vai evoluindo com ele durante um ano ou dois, enquanto os seus antecedentes vêm sendo relatados casualmente, à guisa de reminiscências, no decorrer da narrativa, e suas relações familiares são esclarecidas aos poucos através das situações a que assistimos. Evitando uma síntese retrospectiva, o autor prefere integrar-nos progressivamente e com o máximo de naturalidade num contexto familiar, regional e social. Exige-se assim, é verdade, um esforço inicial maior da parte do leitor, mas este é compensado por um quadro de insuspeitada riqueza e intensidade da vida num cantinho perdido de Minas Gerais.

O cenário é a fazenda do Mutum, longe de qualquer centro habitado, autossuficiente por força das circunstâncias e à sua maneira, conservadora de formas de vida e hábitos ancestrais, de métodos de trabalho primitivos, de um cerimonial *sui generis*, de um vetusto código de ética, de resíduos disparatados de religião e crendices. Dela tiram seu sustento o arrendatário, sua família e seus empregados, ocupados em parte nos afazeres caseiros, em parte em trabalhos de criação e agricultura. Note-se a galeria numerosa dessas personagens, todas trabalhadas em relevo, caracterizadas com traços individuais:

O arrendatário Nhô Berno (Bernardo Caz) e sua esposa Nhanina; seus filhos Liovaldo, Miguilim, Dito e Tomèzinho e suas filhas Drelina e Chica; os parentes tio Terêz (irmão do pai), tio Osmundo (irmão da mãe) e vovó Izidra (tia da mãe); os empregados: vaqueiros Saluz e Jé, a velha negra Mãitina, a cozinheira Rosa, a Maria Pretinha; as visitas de fora: seo Deográcias e o filho Patori, seo Aristeu, o menino Grivo, seo Luisaltino, o Dr. José Lourenço.

Poder-se-ia apresentar uma relação extensa de bichos igualmente individualizados, cada qual com o seu nome, sua fisionomia e seu caráter: cachorros, gatos, touros, bois, vacas, bezerros, tamanduás, tatus e micos, aves e pássaros, que desempenham papel na história. Até as plantas possuem personalidade, tendo, além do nome, da cor e do perfume, virtudes medicinais e mágicas.

A educação inteiramente empírica ministrada aos meninos ao deus-dará pelos pais, os parentes e os criados é completada pelas lições hauridas inconscientemente no convívio constante dos bichos e das plantas, pela contemplação direta dos fenômenos da natureza, exuberante e brutal. Ela envolve experiências e observações diretas, assim como tradições e superstições transmitidas, gestos rituais, práticas profiláticas e expiatórias.

Mas no seu trabalho de exploração do mundo Miguilim só pode contar com um único aliado, o irmão menor Dito, seu confidente e amigo. Dotado de inteligência precoce, quase que de sabedoria infusa, o Dito, graças à intuição e à meditação, sabe contornar os perigos vindos do mundo dos adultos com verdadeiro senso diplomático. Quando morre acidentalmente todos lhe ressentem profundamente a perda, mas ninguém tanto como Miguilim. É, de toda a família, ele que entende e absorve melhor a mensagem do irmãozinho morto ("A gente pode ficar sempre alegre, alegre, mesmo com toda coisa ruim que acontece acontecendo"...) e é para ele que a lembrança do Dito opera milagres, o último dos quais, a simpatia do médico vindo de fora, é chamado a mudar-lhe todo o destino graças à descoberta de sua miopia e à sua ida à cidade.

Outro acontecimento importante na vida do Miguilim é o drama conjugal de seus pais. É ele que mais sofre com os atritos entre o pai ciumento e histérico e a mãe bonita e leviana; tentando proteger a esta incorre na raiva e na cólera daquele. Oscilando entre o respeito filial e o ódio ao pai, Miguilim sabe, entretanto, resistir à tentação de se fazer aliado do tio Terêz contra ele; sozinho, sem o auxílio de ninguém, sabe escolher entre o bem e o mal no momento da provação. Tenta ao mesmo tempo resolver por si só outros problemas maiores: o da justiça e da injustiça, o da vida e da morte, o do amor, o de Deus. Místico em potencial, Miguilim, quando sob a ameaça de doença grave, chega a concluir um pacto com Deus, graças ao qual, pelo menos no seu entender, logra escapar ao perigo.

A vida que decorre em redor de Miguilim não é menos movimentada e densa do que aquela que lhe tumultua na alma. Tecida dos mil acontecimentos da rotina diária, é entremeada de episódios dramáticos, visitas inesperadas, notícias perturbadoras. A fusão da realidade exterior e da interior está perfeita.

No momento em que deixa a fazenda para ir estudar na cidade, a iniciação de Miguilim está terminada. Romperam-se todos os laços que o prenderam ao Mutum: morreu o irmãozinho e confidente, morreu também o pai que o atraía e repelia; foi-se Vovó Izidra que representava a única orientação ética; e a próxima união da mãe e do tio, apesar da ternura que sente por ambos, inspira-lhe uma sensação de desconforto indefinível. Ao pôr os óculos que lhe receitou Dr. José Lourenço, não vai apenas enxergar melhor, mas ganhará uma visão nova do mundo.

Nesta nota apenas se tenta acenar a riqueza quase inesgotável de conteúdos e motivações encerrada nesta novela. A sua opulência em matéria de expressão não é nada menor. Flagrantes esplêndidos da linguagem popular e da linguagem infantil, exploração de todas as virtualidades da língua, criações novas para alargar a escala dos recursos de expressão fundem-se num estilo inconfundivelmente pessoal. Visto o grande número de elementos não registrados pelos dicionários da língua e de compreensão nem sempre fácil, arriscamos por nossa parte mais de uma explicação ou interpretação analógica. Nos casos mais difíceis não hesitamos em recorrer ao próprio autor que se pôs à nossa disposição com extraordinária generosidade, dando ele mesmo por carta as definições cabíveis, seguidas desta observação:

> Naturalmente nas respostas acima você só tem o resíduo lógico, isto é, o que pode ser mais ou menos explicado de expressões que usei justamente por transbordarem do sentido comum, por dizerem mais do que as palavras dizem; pelo poder sugeridor. Em geral, são expressões catadas vivas, no interior, no mundo mágico dos vaqueiros. São palavras apenas mágicas. Queira bem a elas, peço-lhe.

As observações do autor são precedidas do sinal +.
As nossas conjeturas distinguem-se por um * anteposto.
Para maior facilidade da explicação, dividimos a novela em capítulos.[1]

I. Antecedentes de Miguilim

da p. 5 à antepenúltima linha da p. 11: "Um certo Miguilim... nunca mais se esqueceu."

Miguilim nasceu num lugar chamado Pau-Roxo, à beira do Saririnhém, um "buraco de mato". Guarda a lembrança de uma pedrada que por pouco não o matou e do tratamento estranho, com sangue de tatu vivo, a que o submeteram.

1 As indicações de página referem-se à edição seguinte: João Guimarães Rosa, *Manuelzão e Miguilim*, (*Corpo de baile*, 3ª edição). Rio de Janeiro: Livraria José Olympio Editora, 1964.

Era ainda muito novinho quando a família veio transferir-se para o Mutum. A viagem realizou-se num carro toldado puxado por bois.

Fez a sua primeira viagem aos sete anos: o tio Terêz levou-o ao Sucurijú para ser crismado. Nessa ocasião sentiu saudades do Mutum, sobretudo quando um desconhecido o qualificou de lugar bonito.

Ao voltar, apressa-se em transmitir essa opinião à mãe, que, porém, não lhe partilha o entusiasmo e continua triste. Mas o pai, vendo-o procurar a mãe primeiro, fica com ciúmes e ao ir à pesca com os demais filhos deixa-o em casa de castigo. Quem o consola é tio Terêz que o ensina a armar urupuca.

PÁGINA 5

covoão	baixada forte e estreita
carregar (intr.)	escurecer-se
estiagem	tempo chuvosos e seco depois de período chuvoso
cuspe (ou cuspo)	saliva
minadouro	olho-d'água, quase sempre nascente de ribeirão ou córrego
subir (trans.)	transportar para lugar mais elevado
chapada	planalto

PÁGINA 6

arrocho	pau torto e curto com que se torcem as cordas para apertar fardos, cargas; fig.: aperto, dificuldade.
insofrer (intr.)	*impacientar-se (o Pequeno Dicionário Brasileiro da Língua Portuguesa registra apenas o adj. "insofrido" = impaciente)
calundu	mau humor, irascibilidade
de nada	*De nada servia.
crescer-se	*crescer (= avançar para alguém com modos agressivos)
punir por alguém	bater-se por alguém, tomar-lhe as dores

PÁGINA 7

urupuca	*arapuca (= armadilha)
rei para ser bom	*bom para ser rei
gruziar	+ grugulejar armando roda, como os perus fazem

PÁGINA 8

trem	qualquer objeto
guinchar	soltar guinchos, sons inarticulados
cambão	peça de pau
a bem	+ antes pelo melhor; pois bem
ror	grande porção, quantidade

PÁGINA 9

almécega	resina de aroeira ou de lentisco
neno	+ menino pequeno, de colo
trela	tira de couro com que se prende o cão de caça

PÁGINA 10

rajado	raiado, estriado
reboludo	grosso e de forma arredondada
nhalvo	+ alvo (corruptela)
chovidinhos	+ pintadinhos, como se respingados
rapar	roçar o chão com o pé

PÁGINA 11

mancado	coxo
repuxar	reforçar
cuca	o macho da rola

cuca *cuja depois os outros* tomaram dele	*que os outros depois...

11. Vítima dos ciúmes do pai

da p. 11, antepenúltima linha à p. 26, 1.2: "Pai está brigando... até não ter fim."

Informado pelo irmão menor de que o pai está batendo na mãe, Miguilim corre a defendê-la, leva surra ele próprio e, de castigo, fica sentado no tamborete. Apesar de isto ser proibido, o Dito vem falar-lhe às escondidas trazendo notícias, enquanto a Chica lhe traz água. O tempo está pesado, com ameaça de chuva grossa. O pai, depois daquela explosão de ira, afastou-se. Chega o tio Terêz, Miguilim ouve Vovó Izidra aconselhar-lhe que vá embora para evitar uma desgraça; ela cita o caso de Caim e Abel. Cai uma chuva forte, as crianças vão se deitar; no momento de adormecer, depois de ter cochichado com o Dito, Miguilim vê com surpresa a severa Vovó Izidra vir abençoá-lo. O fim da chuva traz o pai de volta; a ira dele passou, mas a naturalidade não se restabelece entre os adultos. O pai fala em mandar Miguilim aprender leitura.

Entremeadas à narração, lembrança do passado de Miguilim (que certa vez faltou morrer por engolir um osso e foi salvo pela oração e a sua fé), suas relações com os bichos sua curiosidade para desvendar os segredos que o envolvem. Aprende de Mãitina, ex-escrava e considerada pelos da casa como feiticeira, que a avó materna foi mulher da vida. Medos e superstições que o perturbam.

PÁGINA 12

demais da conta	*mais do que deve
arregalar	abrir e esbugalhar muito (os olhos) *patentear
como queimaduras *quantas*	*outras tantas queimaduras
e tanto	*entretanto

PÁGINA 13

esbarrar de	*abandonar
verônica	imagem do rosto do Cristo estampada em metal, medalha
embugalhar	*formar bugalho (= galha, globo)

PÁGINA 14

birra	teima, zanga
encapelar	enfurecer-se
o Dito *vinha desfazendo de conta*	*vinha, mas fingia que não vinha
dechover	*cair com intensidade
jerizado	*cf. jeriza = ojeriza, raiva, ódio
no pé-da-poeira	+ afobados, excitados, enfurecidos
tretar (trans.)	*mostrar (cf. tretear, intr. usar de tretas, ardis, estratagemas)

PÁGINA 15

mariola	biltre, tratante
esbarrar (trans.)	parar, interromper de repente
voroço	*alvoroço
araçariguama	+ lugar no mato onde costumam ajuntar-se, a certas horas, os araçaris; árvore onde pousam de uma vez muitos araçaris
embolatidos	*(amálgama típico do autor) embolados (formando uma bola só) e latindo

PÁGINA 16

com vez disso	*em vez disso
em desde que	*contanto que

qu'é dé	cadé (= que é de, onde está)
querenciar	*indagar
sopressado	muito apressado
casculho	*casca
emprumar	*eriçar

PÁGINA 17

carossa de palha de buriti	+ croça, capa rodada feita de palha, coroça
por conta que	*por isso que

PÁGINA 18

escarreirado	*às carreiras
braviado	feroz, valente
ruma	rima, pilha
gadanhar	arranhar com as unhas
repufar	*(onomatopeia:) fazer pufe
vento *vuvo*	* (talvez, relacionado com o regionalismo vuvu = briga, confusão)

PÁGINA 19

malmente	apenas
estatelar (trans.)	atirar ao chão, deitar por terra
corda-de-vento	*(cf. corda-d'água = chuva forte)
a curto	*frequentemente
a mau	+ feiamente, malmente, ameaçadoramente, de má maneira, de malvado modo
desassisado	louco, desatinado
tão podido miúdo	tão miúdo quanto possível

PÁGINA 20

carrapicho	fruto pequeno, espinhoso ou peludo (que no mato se prende às pessoas e aos bichos)
rente que	*até que (?)
num azado de consolo	*numa espécie de consolo aconchegante
simpatia	benzimento para curar enfermidades
colava nele o peixe daqueles olhos	*aqueles olhos de peixe (cf. p. 7: rei para ser bom)

PÁGINA 21

porqueado	*de maneira porca, inconveniente
estúrdio	fora do comum, extravagante
encalcar	calcar
transmanchar	manchar muito
soflagrar	*pronunciar impensadamente (cf. no soflagrante = no momento mesmo, imediatamente)

PÁGINA 22

despautado	inconveniente
tirar o terço	dizer o terço (terça parte do rosário) em voz alta, para que os outros o repitam
despassar	passar além; *rondar
só pôr sua casa porta a fora	*só queria viver na rua (?)

PÁGINA 23

teiú	lagarto grande
sojigar	subjugar
mor de	*de modo a
lapear	cortar com o chicote ou lapo

PÁGINA 24

a gente pequenas	*(observar a concordância popular)
moame do vento	*o moer do vento
macela	camomila
de em desde por lá	*de longe até lá

PÁGINA 25

angu	massa consistente de farinha de milho (fubá), mandioca ou arroz, com água e sal escaldado a fogo
na hora do angu dos cachorros	*de madrugada (?)
desalíviado	embaraçado
pautas	caligrafia
dobrecer	vergar; *sofrer
assumído	sumido ou vexado, oprimido
tulha	celeiro
ronqueirinha	doença no pulmão do gato

III. Conclui um pacto com Deus

da p. 26, l.3 à p. 37, l.2: "A gente podia ficar... Deus aprovava."

Seo Deográcias, cobrador, curandeiro e homem de muitos outros ofícios, visita o Mutum acompanhado do filho, Patori, e examina Miguilim, cuja saúde dá motivo para cuidados. Declara-o ameaçado de Méctica, deixa algumas ervas para curá-lo. Ao mesmo tempo, seo Berno pergunta-lhe se não quer dar aulas a Miguilim; seo Deográcias sugere que se juntem alguns meninos para formarem uma escolinha.

Depois de sua partida, Miguilim fica aflito com a ideia da morte, procurando em vão quem, entre os adultos, lhe possa valer em seu desespero. Depois de muita reflexão, conclui um pacto com Deus: ou morre em dez dias, ou sara.

Somos informados acessoriamente que o tio Terêz foi morar noutro lugar, a dez léguas do Mutum.

PÁGINA 26

Patori	*(cf. paturi, híbrido de pato com marreca ou vice-versa)
ara	*ora
mais amiúde	mais frequentemente
prosa	conversa
tinha ficado agachado	*(subentenda-se: para satisfazer uma necessidade natural)
carne-de-vento	carne de sol, carne levemente salgada e seca ao sol
uma poca de sal	um pouco de sal (*rodeio arcaico, ainda vivo em Portugal e no Brasil)
tacar	atirar

PÁGINA 27

malino (pop.)	malino
desgovernado	desregrado; *inconveniente
escaramuçar	afugentar
prosear	falar muito, jactar-se

PÁGINA 28

cã (adj.)	encanecida
amarelal	*amarelidão (cf. milho, milharal)
desver	descuidar. não reparar
há-de-ó	*aí está (?)
É só facilitar de beirinha	*Basta descuidar no princípio
malejar	piorar
momo	momice, caretas
brenha	matagal

trís (interj.)	voz imitativa de ruído feito por qualquer coisa que se parte, especialmente vidro
eu vou no papel	*Vou ao papel, escrevo uma carta
tuta-e-meia	ninharia, quase nada (*segundo informação do autor, será este o título de seu próximo livro, um volume de contos)
positivo	mensageiro, portador

PÁGINA 29

cafua	antro, cova, esconderijo
olho-de-boi	arco-íris
Tinha tirado por tino	+ tivera a ideia, deduzira
arujo	fagulha, cisco que caiu na comida
O arujo daquilo	*má notícia, acontecimento ruim (?)
não somava com ralho nenhum	+ não dava importância a, não se importava com
soável risonho	+ com som de riso

PÁGINA 30

aviamentos	acessórios, auxílio, preparo
Seja bom homem	*seria um homem bom
truqueado com tantos remiolamentos	*artificial de tão rebuscado
assisar de	*ter siso para
catrumano	caipira
carreiro	caminho habitual da onça
sumetume	saída de galeria subterrânea
conduzia de	*tinha capacidade para
bicheira	ferida (em animal, causada por bichos)

PÁGINA 31

desbaixar	baixar muito
arlequim	farsante, valentão, brigão *(originariamente nome próprio, de Arlecchino, palhaço da *commedia dell'arte*)
calar	ocultar
assim que trovoava *mais cão*	*mais endiabradamente
desconforme	desmedidamente

PÁGINA 32

versúcia	*manha, solércia
tinha de encalcar de rezar	*tinha de insistir na reza
bago	cada fruto do cacho de uva
descorçoar	perder a coragem
atentado (adj.)	atrevido
desvirar	voltar à posição normal
lagoeiro	depósito de água de chuva
pinotear	dar pinotes (= saltos, pulos, piruetas)
caprichado	*trabalhado com perfeição

PÁGINA 33

sarar com Deus	*sarar com a ajuda de Deus
ocasião (loc. adv.)	*em certa ocasião
deslembra	esquecimento
trempe	arco de ferro que assenta sobre três pés e sobre o qual se coloca a panela de fogo
puxado	construção que prolonga o corpo central da casa
rebaixa	parte mais baixa de uma construção
Tudo tinha tirado a se desviar do avesso	*Voltara tudo outra vez ao estado anterior

sussu	acalanto suave
zuo, zumbo	ruído confuso, rumor
garrou a esbravecer	*desandou a enfurecer-se
danisco	danado, valente

PÁGINA 34

Surtia todas as venetas	*punha à vista todas as maluquices
estipar	+ agredir, irritar, arder
percura	procura
esgraviar	*correr de um lado para outro, dar pinotes
escramuçar	escaramuçar, afugentar
eta	(interjeição que exprime espanto ou admiração)
escarapatear	sapatear, zangar-se vociferando
calunga	divindade secundária do culto banto; boneco, manipanço
trouxar	*atirar
cazumbo	*(PDBLP[2]: cazumbi = zumbi, divindade banto)
decuspir	*cuspir de cima para baixo
em riba	de cima
esparramar-se	*estatelar-se
a mal	+ pior ainda, para mal
derradeiro (adv.)	*ultimamente

PÁGINA 34

supeditar	fornecer, ministrar

PÁGINA 35

sobpor	pôr debaixo: *introduzir às escondidas

2 PDBLP = Pequeno Dicionário Brasileiro da Língua Portuguesa (N.O.)

meizinha	mezinha (remédio caseiro)
judiação	perversidade
derrói no bofe	*rói o pulmão
chega cospe	*chega a cuspir (cf. p. 52: chega desnorteava)
trílique	*(onomatopeia: canto, trinado de ave)
ioioioim	*(onomatopeia)
dar descordo	desmaiar
em mal que	*o mal era que

PÁGINA 36

regalia	privilégio
Ele vai amarrar o gato	*(eufemismo para dizer: ele vai defecar)
céu-de-Lalau	*Inferno(?)
amarguras (adj.)	*amargas
mil	milésimo
folhinha	calendário

IV. Vence a doença

da p. 37, l.3 à p. 48, l.17: "Voltou para junto... tem pé de chacolateira."

Durante os dez dias do prazo estipulado no pacto (cuja solenidade os outros não adivinham), Miguilim procura melhorar, comportar-se bem, não fazer artes, mas não consegue. Rasga a calça e para vergonha sua tem que ficar nu enquanto a consertam.

O pai, agitado e enfurecido por qualquer contratempo, destempera-se cada vez mais. Todos temem-no, menos o Dito que, enfrentando a proibição paterna, manda cortar uma árvore que Miguilim julga agourenta.

Entretanto Miguilim sente-se abandonado, aparta-se com outros, sofre sozinho. Pensa perturbado nos mistérios do sexo. No derradeiro dia do prazo fica de cama, aflito, despedindo de todos em pensamento.

Precisamente nesse décimo dia acontece seu Aristeu passar por lá, consola Miguilim, com suas brincadeiras põe-no em pé.

Acessoriamente é lembrado como o cachorro Gigão salvou certa vez os meninos da fúria do touro Rio Negro; conta-se com que crueldade nhô Berno mata um tatu numa caçada.

PÁGINA 37

Ele se aliviava *qualqual*	*de qualquer maneira
falanfão	*falador (onomatopaico)
uma pessoa *esperdiçada*	+ errada, que diz ou faz coisas sem nexo
costeio	ato de sujeitar o gado ao pasto por algum tempo
requeijão	nata coagulada em massa
sobrechegar	chegar depois
de supetão	repentinamente
sobrestar	parar, deter-se
que quase	*quase
pai de bezerro	*touro
mexida	confusão, rebuliço
árvore-de-tentos	tenteiro, espécie de leguminosa (parece que as frutas desta árvore, os tentos, são usadas em diversos jogos para marcar pontos, ou que as peças que marcam os pontos têm forma de tentos)

PÁGINA 37

bebelambendo	*bebendo e lambendo

PÁGINA 38

birosca	gude
gritar pito	ralhar
exemplar	castigar
ferra	ato de ferrar
nuelo	implume, recém nascido
tretar	usar de treta (ardil, estratagema)

focinheira	correia pertencente à cabeçada e que fica por cima das ventas do animal
sedém	sedenho (crina cortada de que se fazem cordas)
nó-de-porco	+ certo tipo de nó
encambixar	+ certa maneira de subjugar o boi no chão
por mão de	por obra de

PÁGINA 39

acha	pedaço de madeira tosca
garrote	bezerro de dois a quatro anos de idade
castear	tirar casta, procriar
cancreje	+ uma das raças de zebus importadas da Índia (Kankredj), juntamente com o guzerate (Gudjarat), o Gyr e o Nellore
quizílar	zangar-se

PÁGINA 40

O Dito não fosse tão ladino	*se o Dito não fosse tão ladino como era
por uma aguinha branca	+ de maneira alguma, nem de leve
como nem que ele	*como se não fosse ele
sopro	influência, insinuação
sopitar	adormentar, acalmar
cruz!	(interjeição que exprime horror ou escandalizamento)

PÁGINA 41

esparrame	ostentação, exagero, barulho
contraquilha	costelas
sestro	manha, vício, cacoete
quirquincho	* (onomatopeia)

afurcar	caçar com furão, descobrir
sobre ser	*não era apenas grito, mas
tatu-peba	tatu peludo

PÁGINA 42

tatu-galinha	tatuetê, tatu verdadeiro
chuchar	+ espetar
mas, de mal, vinha vesprando a hora	*fazendo véspera, se aproximando, chegando
de siso	sensatamente
não compunha	não conseguia
espandongado	desalinhado, relaxado
tripetrepe	de mansinho, pé ante pé

PÁGINA 43

mangará	ponta terminal da florescência da bananeira
de amarelar	*até deixa-lo amarelo
tourar a vaca	*montar na vaca, trepar
estivado	cheio
atitar	soltar grito agudo, silvar

PÁGINA 44

rapa-cuia	espécie de rã
sorumbo	*canto sorumbático. triste
urubuguaia	*lugar onde se aninham os urubus
a ver	*(era) de se ver
ecar (Minas Gerais)	dar aviso em voz alta
Não dormia dado	*Não dormia continuadamente
sete-estrelo	a constelação das Plêiades
babosa	aloés

cornicha	*(cf. PDBLP[3]: cornicho = vaso corniforme)
gemada	gema de ovo, batida com açúcar e líquido quente

PÁGINA 45

excesso	*acesso
pingo	porção ínfima, *momento
sagaz	(em se tratando de animal) veloz

PÁGINA 46

desinventado de uma estória	*recortado, tirado de uma história
vênia	reverência com a cabeça em sinal de cortesia; mesura
pombinha	1. diminutivo de pomba; 2. chulo: órgão sexual
às aluadas	*(cf. PDBLP: aluado = amalucado; que está no céu)
dividido	*separado

PÁGINA 46

empenar	cobrir de penas, emplumar-se (?)
pá! bosta!	*tiro e queda (?)

PÁGINA 47

trançar	andar continuamente e para diversos lados
desdar	desatar-se, soltar-se
treita	vestígio, rasto
emprazar	ajustar lugar e prazo para encontro
Rei Bemol	*(trocadilho com ré bemol)

3 PDBLP = Pequeno Dicionário Brasileiro da Língua Portuguesa (N.O.)

supria de aceitar (cachaça)	*condescendia em aceitar
ai-de-mim	nome de planta
tirado de quadrilha	*ritmo
tratar com os açucras	*tratar muito bem

PÁGINA 48

a sus	+ subida, aumentada
ter pé de chacolateira	+ expressão depreciativa
você me ensinazinho a dansar?	*você me ensina um pouco a dançar? (mas o diminutivo verbal indica também carinho)

V. É tentado em sua lealdade pelo tio

da p. 48, 1.18 à p. 61, 1.33: "No outro dia... dlim e dlom."

Pela primeira vez Miguilim é encarregado de um trabalho sério, o que lhe dá muita alegria: deve levar a comida para o pai, trabalhando na roça. Mas no meio do mato é surpreendido por tio Terêz, que lhe dá uma carta para mãe dele, pedindo segredo. Sem saber o que fazer, Miguilim não pode pedir conselho a ninguém, nem sequer ao Dito. Os meninos tomam parte na arranhação dos inhames, andam a cavalo. Dito mostra a Miguilim como se abóia; explica-lhe a situação subordinada do pai.

Sem poder desabafar com ninguém, Miguilim pede conselho indiretamente procurando saber de todos o critério de uma ação boa ou má. Reminiscências do menino: como certa vez tentou vencer o medo, entrando no meio de um gado brabo. Revoada de vagalumes. Histórias de caçada do vaqueiro Saluz. Não conseguindo conciliar o sono, Miguilim recorda medos antigos, histórias de fantasmas.

No dia seguinte, enquanto carrega a comida do pai para a roça, procura formular a desculpa que vai dar ao tio Terêz; mas quando este aparece, declara-lhe sem rodeios que não entregou a carta. O tio se conforma, parece até aprovar o comportamento do menino e desaparece.

PÁGINA 48

o Sol chamachando	*brilhando em chamas
grilgril	*(onomatopeia)
seriema	ave (que come cobras)
charneira	+ começo das costas
berne	larva de mosca
punir por alguém	defender alguém
em mal que	+ ruim, mau

PÁGINA 49

em ia contente	*ia-se embora (cf. *ende = ai, e fr. s'en aller)
merecer	*apreciar (?)
grelo	rebento
guaxe	japira (pássaro)
de vezinha	de vez em quando
estúrdio	extravagante
um estádio	um tempinho
curiol	*curió (pássaro canoro)
a para não ter medo de tudo	*(parece advérbio: ora, mas)
nhambu	inambu (ave)

PÁGINA 50

meloso	*(nome de planta) (?)
tranqueira	estacada para cercar
carrapicho	fruto espinhoso de certas plantas que se prende ao corpo dos animais
mais	além disso
coité	cuia
avespa	*vespa

inçoar	*zunir(?)
sem assento	sem descanso
caçar jeito	procurar
jacarandá-tã ou jacarandatã	(árvore)
não progredia de formar palavra	*não conseguia
desexclamava	*exclamava (*des* é prefixo intensificador, como em *desinfeliz*)
em de ouros!	+ felizmente, gloriosamente, festivamente

PÁGINA 51

mais amanhã	*amanhã outra vez
nem paz, nem pôde	*não teve tranquilidade para perguntar, nem pôde fazê-lo
exaparecer	*desaparecer
solar	ficar duro como sola
capeta	diabo
cavacar	cavar
coisas demais de sérias	*demasiadas, enormes demais para serem sérias (?)
em tempo que não te auxiliei?	*então

PÁGINA 52

suspendia um susto na gente	*suspendia a respiração da gente, de susto
chega desnorteava	*chegava a desnortear (cf. p. 34) (*chega* desempenha função adverbial = até desnorteava; emprego semelhante na palavra várias vezes nos livros de José Lins do Rego)
cobre-de-quarenta	antiga moeda de quarenta reis

toda aprumada em sobres	*empertigada festivamente (*sobre*: vela da mais altas do navio)
restilo	aguardente
espertar	estimular chamar
zureta (minas)	genioso, indignado
sesso (pleb.)	nádegas
malefício de ato	*ato maléfico
põe o que põe	*roga a praga que quer
pampa	(cavalinho) de cara branca

PÁGINA 53

cia	+ cilha (= flanco, parte do flanco)
sacudir *os cabos*	+ as patas
charneira	(cf. p. 48)
desde, desde	depois
Devoava uma alegria	*pairava
ivitinga	+ oca, ocra (em tupi: barro branco)
burrar birra	*exibir birra, como o burro
um que outro	um e outro
arubu	*urubu (dissimilação, ao contrário de *urupuca*, em vez de arapuca; cf. p. 7)
envém	*vem chegando
piteira	agave (planta)
de já	*aí (?)
tamboril	planta leguminosa
atroado	desassisado
môo	*mugido
gadame	*o gado, o conjunto dos gados
campeio	campeação, ação de andar a cavalo pelo campo em busca de animais
escandescência (MG)	prisão de ventre, dor de cabeça
aboiar	cantar aos bois

PÁGINA 54

as feições de ser	*em todas as suas manifestações
cainhar	latir dolorosamente
pirraçar	*fazer pirraça
ponto de puxa	+ quando se está limpando o açúcar (no tacho, no fogão), verifica se o "ponto" tirando um pouco de calda na colher de pau e pondo numa vasilha com água fria
geralista	habitante dos Gerais (campos do planalto central)
invocar-se (gíria)	irritar-se
esbarrar de	parar de
bestagem	*besteira, bobagem
o cão que eu furtei!	Furtei coisa nenhuma! (O *cão*, nome do Diabo, serve aqui de advérbio de negação enérgica)
porque não era com ele	porque não se tratava dele

PÁGINA 55

desde (adv.)	*desde então, depois disto
malha (ou *chinquilho*)	jogo que consiste em derribar alguns paus colocados em certa área do terreno, com uma chapa de metal
o Dito, *mais* vaqueiro Saluz	o Dito e
dia de são gambé	*dia fora do comum (cf. dia de são nunca)
a ideia da gente não tinha fecho	*o pensamento não parava
torar volta	fazer um desvio
o fiar dos sanhaços	*o assobiar
chuva *vesprando*	+ aproximando-se
sonejar	ficar sonolento
costear	arrebanhar

PÁGINA 56

sabia que a gente não tivesse medo	*sabia que se a gente...
poeira de boi	*confusão de bois (?)
carregaram com ele	*carregaram no
tiro	*distância a que o coice costuma chegar
de em diante	*daí em diante
se rir seco, sem razão	*divertir-se à toa (?)
Ele bebia um golinho de velhice	*(Isto é, passava por uma experiência de adulto)
honrador	*respeitoso (?)
assoprado solerte	+ entusiasmado, influído, excitado
era que estava para vadiar	*era quem tinha vontade de vadiar
zupa	(voz imitativa de som produzido por marrada)
sobreescurecia	*sobrevinha a escuridão
Devoavam em az os morcegos	+ voavam de cima para baixo, em esquadrão, fileira
o fogo *drala*	*(verbo onomatopaico)
sucedeu um vulto	*apareceu
Xandoca	*nome de pessoa
mãe-da-lua	urutau (ave noturna)

PÁGINA 57

arreganhar	mostrar os dentes com expressão de cólera ou de riso
em beiras	nas margens
suassu-tinga	+ veado campeiro (em tupi: veado branco)
em era	+ erado, adulto
produzia	*representava, contava
maticar	dar sinal latindo
capão de mato	porção de mato isolado no meio do campo

pito	cachimbo
assanhava as sombras	agarrava
mija-fogo	certa abelha silvestre; *(aqui): vagalume
inçame	enxame
uauá	pirilampo, vagalume
luzlino	reluzente
patalar	patear, espernear

PÁGINA 58

transtornar preceito	*contrariar
o Dito resumia de nada	+ era de não se entender
rebuçar-se	disfarçar-se, ocultar-se
sete portelos, as sete partidas	+ expressões vindas de Portugal: os lobisomens tinham de, durante a noite, percorrer esses lugares; Caldas Aulete: *portelo* = portal, cancela, desfiladeiro; partida, cf. correr as sete partidas do mundo = andar por muitas terras, viajar muito

PÁGINA 59

Pitorro	*(cf. *pitorra*, pessoa baixa e gorda)
homem esse assoviava	*esse homem assoviava ou homem que assoviava
veredeiro	homem que vive do cultivo da terra a que se entrega com a maior dedicação
crescendo, de desde	*cada vez mais (?)
transformava um monstro Homem	transformava-se num homem monstruoso
signo-salomão	espécie de talismã ou amuleto, constituído por dois triângulos entrelaçados, formando uma estrela de cinco pontas
desrebentar	rebentar (cf. *desexclamar*, p. 50) em *Grande sertão*
o Menino, o pé-de-pato	o Diabo (cf. seus muitos nomes no PDBLP)

jacular	*proferir uma jaculatória (oração forte e fervorosa)
e não pegava de ver (a ponta)	*não começava de ver
as poucas horas *se agravaram*	*tornaram-se opressivas
passeiro	vagaroso
deu ar	*respirou
por-toda-a-lei	de qualquer maneira
consoante que	*em conformidade com os sentimentos dele
bronho	*bruno, escuro, infeliz
levantar falso	fazer uma acusação falsa
remissão nenhuma por suprir	acudir, servir de auxílio

PÁGINA 60

sem o solto do tempo	*sem tempo pela frente
decifrar	adivinhar, interpretar; *inventar
lealdoso	leal (por analogia de *maldoso*)
com traição maior	?
ousosos	*ousado

PÁGINA 61

desesfogueado	tranquilizado (esfoguear-se = atarantar-se)
caxinguelê	pequeno mamífero roedor, semelhante ao esquilo
azouguear-se	mexer-se de repente
esquilar	*correr como o esquilo
rabãozinho	*(observe-se a coexistência, no mesmo substantivo, dos sufixos aumentativo e diminutivo, este último com nuança afetiva)
meio que era um peso	*vá ver que era um peso (?)

um passarinho cantasse	*como se um passarinho cantasse
dlim e dlom	*(onomatopeia)

VI. Goza breve período de paz

da p. 61, l.34 à p. 70, l.31: "Mas o mato mudava... Era uma lindeza."

Ao levar o almoço do pai para a roça pela segunda vez, Miguilim é assustado por um bando de macacos. Chegam notícias da fuga do Patori, que acaba de praticar um crime de morte. Visitas de um menino pobre e doente, o Grivo, que se torna amigo de Miguilim.

O pai ganha um sócio na pessoa de Luisaltino que primeiro inspira medo a Miguilim, mas depois ganha-lhe a simpatia: ele traz consigo um papagaio falador, ensina os meninos a fazer gaiola. É um período alegre este, tanto mais que o pai e vovó Izidra estão ausentes, o primeiro trabalhando na roça a segunda ajudando num parto.

Diversos acontecimentos do mundo animal. Miguilim dá para contar histórias: é o primeiro sinal do futuro escritor. Cisma com o que acontece em seu redor; com a morte do Patori; e também com o que fica longe: o que é o mar?

Miguilim vê a mãe em longas conversas com Luisaltino: falam dos muitos males provenientes dos casamentos impostos pelos pais a meninas moças.

PÁGINA 62

bicota	beijo com estalo
de sonsagato	+ à sorrelfa, macio e astucioso
um frito de toicinho	+ fritar
no mioloso	na massa macia
a cô	exclamação, interjeição com que os caçadores põem os cães a perseguir a caça
tiçar	*atirar
cereré	*briga, pegadio
assungar	puxar para cima, levantar

PÁGINA 63

(padrinho) *Simão* (gíria)	macaco
defluxo	catarro nasal

PÁGINA 64

esquipou do mundo	fugiu, sumiu

PÁGINA 65

os dentes brancos *se proseavam*	*se exibiam a rir
capanga	bolsa pequena que os viajantes usam a tiracolo
paçoca	carne assada e desfiada, pisada com farinha de milho
adivinhado (subst.)	*presságio, pressentimento, agouro
veio de ficada	veio para ficar

PÁGINA 66

alcândora	poleiro

PÁGINA 67

sovoar	*voar debaixo de
sucruiú	sucuriu, sucuri
sofismado	*complicado
encontro	soldado-do-bico-preto (ave)
sílpingar	salpicar, sarapintar
barba-de-pau	espécie de líquen
cavacar	*cavar muito

PÁGINA 68

poetagem	*fantasia, brincadeira
sombração	assombração
Essas estórias pegavam	criavam raízes, encontravam crédito
ladino	astuto, manhoso; *inteligente
pau-de-pita	espécie de árvore
corguinho	córrego pequeno

PÁGINA 69

raja	lista
tornadiço	desertor
Eta fomos	*(Note-se a primeira pessoa do plural, que parece indicar que o escritor, até agora invisível, está entre as personagens)
lélis	+ intrigas, enredos
lelê	confusão, intriga
candonga	intriga, mexerico
joão-mole (Botân.)	(nome de planta)

VII. Perde o irmão e confidente

da p. 70, l.34 à p. 83, l.23: "Mas vem um tempo... debaixo de sua tristeza."

Ao breve intermezzo de serenidade e paz sucede uma série de desgraças: o cachorro Julim é estraçalhado por tamanduá; Tomèzinho é ferroado por marimbondo; Miguilim tem a mão machucada pelo touro Rio-Negro. Enraivecido, Miguilim implica com o Dito, este, porém, não lhe guarda rancor e vem conversar com ele junto ao tamborete onde ele sofre o castigo imposto por ele próprio. Intrigado com o próprio comportamento, Miguilim medita sobre o problema da maldade.

Dito vai espiar a coruja na casa dele; caça o mico-estrela que fugiu. Enquanto isto, pisa num caco de pote, infecciona o pé. Os remédios caseiros não ajudam. Miguilim passa os dias ao pé da cama do irmãozinho, leva-lhe as notícias de fora, enquanto o presépio está sendo preparado por vovó Izidra em sua ausência. Mesmo doente, o Dito descobre segredos dos adultos, ouve vovó Izidra xingando mãe. Depois de deixar ao irmão uma mensagem de alegria, o Dito morre. O enterro.

PÁGINA 71

o tempo-do-ruim	*período infeliz
estapear	maltratar com tapas
o bandeira	o tamanduá-bandeira
mó de não sofrer	*para não sofrer
que danou chorou	*que chorou como um danado
joão-leite	*suco leitoso de alguma planta
tatarana	*lagarta de fogo (alcunha de Riobaldo em *Grande sertão: veredas*)
mula (de cristal)	monte de sal, em forma de prisma

PÁGINA 72

zapetrape	mãozada, aperto forte da mão do gato
homem de	*capaz de
calango	lagarto verde

PÁGINA 73

endefluxado	constipado, resfriado
boi de lote	boi que pertence a um grupo de sete cargueiros, com um condutor, dos que formam as tropas de carga
os grãos do boi (chulo)	testículos
bronco	rude, tosco, grosseiro, estúpido

PÁGINA 74

corjo	*(cf. corja): canalha
desgramado	destemperado
chiata	graçola, pilhéria
carqueja	*(planta medicinal)
caçar	conseguir

PÁGINA 75

sonhim (Zool.)	sagui
apostemar	supurar
matéria	pus que se forma nas feridas

PÁGINA 76

malacacheta	mica
pacari	(árvore)
lapinha	presépio

PÁGINA 77

cágado	tartaruga de água doce

PÁGINA 79

zarolho	cego de um olho

PÁGINA 83

sojigar	subjugar

VIII. É perseguido pela raiva do pai

da p. 83, l.24 à p. 100, l.23: "Todos os dias que... Doía."

Tomado de imensa saudade do Dito, Miguilim procura perpetuar-lhe a lembrança de alguma maneira, busca-lhe a imagem nas palavras dos outros, inventa cerimônias e ritos comemorativos. Milagrosamente, o papagaio entra a pronunciar o nome do Dito.

O pai cria raiva a Miguilim, leva-o a trabalhar no eito, ralha com ele, exprobra-lhe a burrice em fazer contas, maltrata-o pela sua miopia e chega a dizer-lhe que teria preferido vê-lo morto em vez de perder o Dito.

Uma visita de seo Deográcias faz com que Miguilim tente evocar os lados bons (inexistentes) do Patori também.

O mano Liovaldo, que vive na casa do tio Osmundo, chega em visita. Miguilim sente antipatia por ambos. Enquanto trabalha duro, buscando a lenha longe de casa, levando leite para outra fazenda, e tem que enfrentar pedradas de meninos inimigos, vive tentando lembrar-se do Dito.

Liovaldo bate no meninozinho Grivo, Miguilim castiga-o, mas por sua vez leva uma surra tremenda do pai que por pouco não o mata. Daí em diante ele deixa de gostar do pai que o injustiçou.

Breve trégua: Miguilim passa três dias com o vaqueiro Saluz no campeio. Como ao voltar para a casa não vai tomar a bênção ao pai, este quebra-lhe as gaiolas. Finalmente Liovaldo e o tio vão embora.

Miguilim faz a Deus uma promessa adiantada ao jeito de Dito: só vive pensando nisto enquanto capina.

PÁGINA 85

lisice	*superficialidade, banalidade
consaber	*saber e compartilhar
muito imaginada	*muito cheio de imaginação

PÁGINA 86

grol	*(onomatopeia, imitando o grito do papagaio)

uma póia	+ xingamento tradicional em Minas; Guimarães Rosa não sabe o que significa – mas é considerado muito feio e ofensivo
desabusar	*abusar, injuriar

PÁGINA 87

Mão te tenha!	*Diabos te carreguem! (?)
carapuçudo	*orgulhoso, arrogante, presunçoso
remanchear	remanchar, andar devagar, não fazer nada
estirava nova raiva	*desenvolvia
pitar	fumar

PÁGINA 88

tirana	enxada
panasco	+ bobo, sandeu, idiota
pitosga	míope, de vista curta

PÁGINA 89

tutuca	som surdo de coisa que se espatifa
berimbau	pequeno instrumento sonoro de ferro que se toca segurando-o nos dentes e acionando a lingueta com o dedo indicador
perrengue	fraco, frouxo, desalentado
de trilíz	+ ver o latim (*trilix*, três vezes costurado?)

PÁGINA 93

malino	maligno, travesso, vadio

PÁGINA 94

menino *indicado*	*travesso, danado

PÁGINA 95

mermar	diminuir, vingar
ervado	(animal) que comeu planta venenosa

PÁGINA 96

sedenho	a cauda das redes e o respectivo cabelo
gró	(cf. grol, p. 86)
o a-surdo de boi	+ o rumor surdo, a muda presença
berrante	buzina de chifre, usada pelos boiadeiros
chuá	*barulho

PÁGINA 97

baetão	baeta (= tecido felpudo de lã) grossa; *mas aqui indica cor
àquela parte	*(eufemismo para dizer) ao Inferno
xixilado	sem vergonha, descarado
desquis de estremecer	não quis estremecer

PÁGINA 98

tento	peça (de metal ou de madeira) com que se marcam pontos no jogo
olho-de-boi, maria-preta	(nomes de plantas)
upupar	*upar, levantar bruscamente
embira	casca da embira-branca; casca ou cipó para amarrar

PÁGINA 99

borá	saburá, resíduo do pólen, substância amarela agridoce que se encontra no alvéolo das colmeias
aperrear	perturbar

PÁGINA 100

torar	partir, cortar

IX. Sua doença e sua redenção

da p. 100, l.24 até o fim, na p. 108: "De repente, no outro dia... falava, alto, falava."

Miguilim adoece, fica de cama por muito tempo, quase morre. Descobre com surpresa que o pai se mostra compadecido, procura agradá-lo (provavelmente movido pelo remorso). Mas consegue debelar a enfermidade.

Enquanto convalesce, vem a saber que o pai matou o Luisaltino e fugiu para o mato; e logo depois, que o pai se matou a si mesmo

Visita de seo Aristeu. Miguilim continua melhorando. Tio Terêz reaparece: vai casar com a mãe de Miguilim. Vovó Izidra vai embora em sinal de desaprovação.

Visita do Dr. José Lourenço, que diagnostica a miopia de Miguilim e oferece-se a levá-lo para a cidade não só para comprar-lhe óculos, mas também para metê-lo na escola. Despedidas.

PÁGINA 100

aluir	abalar, mover
tremia invernos	*tremia como no inverno
emborcar	pôr de boca para baixo
cravável	penetrante
agravado	ofendido

PÁGINA 102

seteno	o sétimo dia, em que certas doenças fazem crise
matinada	estrondo, algazarra

PÁGINA 103

mirorό	(nome de planta)
arretriste	*tristeza retrospectiva
oropa	abelha europeia

PÁGINA 104

marruá	novilho que não foi domesticado
sobressarado	*quase curado
tasquinhar	comer com pouco apetite
fumo [funo]	faixa de crepe para luto

PÁGINA 105

mocotó	patas dos animais bovinos, destituídas de casco, usadas como alimento
maneiro	ágil, jeitoso
empinho	+ superposição de em-pé, empinado, empenha e mais a lembrança de *pinhé*, o grito do gavião e uma espécie de gavião

PÁGINA 106

piticego	+ peticego, de vista curta
donazinha	senhorazinha

PÁGINA 107

estrivos em curto	* os estribos levantados
pelego	a pele do carneiro com a lã, que serve de forro no assento, no lombilho

PÁGINA 108

são-josé	nome de planta

Gainesville, 6 de julho de 1967.

Grande sertão: veredas { 1956

Três motivos em *Grande sertão: veredas*

Mal emergido dos dois compactos volumes do *Corpo de baile* e resistindo a custo à vontade de relê-los, eis-me às voltas com uma nova obra do autor, tão substanciosa como aquela, e não menos hirta de obstáculos nem menos rica de compensações. Como prêmio do esforço exigido pela leitura, saímos dela com a impressão de termos participado um pouco da obra de ficção, de termos compartilhado não só as vicissitudes das personagens, mas também a alegria criadora do autor.

Essa impressão faz esquecer de vez o susto que se experimenta à entrada, ao sopesar o volume grosso, bloco maciço, sem claros, sem divisão em capítulos, sem índice. Ainda mais: que vem a ser esse título estranho, com dois pontos no meio? A linguagem condensada, elíptica, regional e individual ao mesmo tempo, embora dentro da linha dos livros anteriores, impõe ao interesse um período de adaptação. Além disso, a história tarda a começar, o narrador parece

Texto originalmente publicado no jornal *Diario de Noticias*, 16 dez 1956, posteriormente incluído em *Encontros com o Brasil*, de Paulo Rónai (1958) e como prefácio nas edições posteriores da obra editada pela Nova Fronteira. Apesar de a 21ª edição da obra, de 2015, da Nova Fronteira, conter o prefácio de Rónai, a edição da Companhia das Letras, de 2019, não inclui o texto. (N.O.)

experimentar vários rumos, embrenha-se num atalho, marca passo, desvia-se, volta ao ponto inicial, recomeça a ação, parece fragmentar-se num labirinto de episódios desconexos. Mas, lembrados de *Sagarana* e *Corpo baile*, confiemo-nos sem reserva ao autor, sigamo-lo por seus caminhos tortuosos: de repente, após uma travessia do rio São Francisco, ele nos faz desembocar numa estrada real, de horizonte dilatado, por onde a história se desenrola ampla, épica, irresistível, levando de roldão qualquer estranheza ou resistência.

Daí em diante, os mistérios do princípio elucidam-se progressivamente, as digressões revelam-se começos de rotas convergentes, episódios que pareciam deslocados se reatam ao tronco da narração, alusões obscuras ganham caráter de antecipação e presságio. Descobrir tais entrelaçamentos é um dos altos prazeres da leitura; assinalá-los, ainda que parcialmente, talvez não seja prestar bom serviço ao autor.

Mas limitarmo-nos a registrar apenas o nosso encantamento ou assinalar a intensidade da nossa emoção seria atitude ainda mais inadequada. "O dever de quem pretende falar ao público nas obras alheias é fazer todo o esforço necessário para entendê-las ou pelo menos determinar as condições e os constrangimentos que o autor se impôs e que se lhe impuseram" – escreve Paul Valéry, acrescentando esta observação que diríamos concernir especialmente aos livros de Guimarães Rosa: "Achar-se-ia então que a clareza, a simplicidade e a abundância resultam geralmente do uso das ideias e das formas existentes e familiares; o leitor se reconhece nelas, às vezes embelecido. Mas os opostos dessas qualidades significam às vezes intenções de um grau mais elevado."

A significação do título se aclara sucessivamente por diversos trechos do romance, onde encontramos o narrador empenhado em definir o termo *grande sertão*, que, além de conteúdo geográfico bem nítido, para ele tem ainda outros conteúdos vagos e amplos. Essas definições vão do estritamente mesológico ao simbólico: nelas a narrativa sai mais de uma vez do tom reprodutivo, e o narrador cede a palavra ao romancista. Para quem nele nasceu e viveu e com ele se identificou, o "sertão" acaba sendo toda a confusa e tumultuosa massa do mundo sensível, caos ilimitado de que só uma parte íntima nos é dado conhecer, precisamente a que se avista ao longo das "veredas", tênues canais de penetração e comunicação. Assim o sinal - : - entre os dois elementos do título teria valor adversativo, estabelecendo a oposição entre a imensa realidade inabrangível e suas mínimas parcelas acessíveis, ou, em outras palavras, entre o intuível e o conhecível.

A forma do romance – uma única narrativa, do fim ao começo, feita pelo fazendeiro Riobaldo, ex-jagunço, a um forasteiro – não é casual, mas está organicamente ligada ao próprio assunto. Uma história dessas só pode ser contada pelo protagonista e em primeira pessoa. A indecisão do começo, em que lembranças fragmentadas se sucedem ao sabor das associações, corresponde à hesitação do narrador, que só depõe as reservas depois de ver fixo o interesse do ouvinte, o qual não somente desiste da intenção de prosseguir viagem no mesmo dia, mas anota a relação em sua caderneta.

Contudo, o ouvinte permanece invisível do princípio ao fim, e sua presença se percebe apenas pelas apóstrofes do narrador. Esse recurso fértil confere à narração estilo oral e dramaticidade direta, e permite a Riobaldo esmiuçar com toda a meticulosidade suas lembranças mais secretas.

Espantado com a própria sinceridade, tenta este justificá-la muitas vezes, e essas tentativas constituem outro *leitmotiv*, tão importante como as definições de "sertão". Segundo ele mesmo afirma, narra a vida para no fim consultar o interlocutor: "Quero armar o ponto dum fato, para depois lhe pedir um conselho". Esse conselho, porém, não chega a ser pedido. Riobaldo pretende também relatar o passado para que o forasteiro o explique: "Conto ao senhor é o que eu sei e que o senhor não sabe; mas principal quero contar é o que eu não sei se sei, e que pode ser que o senhor saiba." Mas não se dá ao estranho oportunidade para tal explicação, e, aliás, Riobaldo sabe que "a vida não é entendível". Afinal de contas, faz a confissão para si mesmo, querendo "decifrar as coisas que são importantes" e preservá-las do esquecimento. "Não gosto de me esquecer de coisa nenhuma. Esquecer, para mim, é quase igual a perder dinheiro." Mas a vontade de lembrar, em Riobaldo, é mais que simples saudade de velho. Desejando reconstituir o seu passado, ele está movido pelo anelo confuso de reafirmar a unidade do seu eu, de sentir que efetivamente desempenhou algum papel ativo nas vicissitudes da própria existência.

Sim, porque precisamente no tocante a isso é que é atormentado por contínuas dúvidas. No cerne mesmo de sua vida há um segredo aterrador a que faz alusões incessantes, mas que não se atreve a enfrentar de vez e do qual se acerca a meias palavras, criando no espírito do ouvinte uma expectativa ansiosa. Suas contínuas indagações sobre a existência do Diabo, a natureza e o poder dele, preparam-nos para algum mistério espantoso. Quando afinal vem a revelação, embora pressentida, não deixa de transtorná-lo, a ele e a nós. Tornam-se então compreensíveis todas as especulações metafísicas do ex-jagunço, à primeira vista descabidas: se na solidão de sua velhice ele refez todas as suposições dos teólogos, todas as teorias da demonologia – chegando a intuir no conceito do Diabo a mera concretização de um aspecto da alma humana – foi por tratar de assunto seu familiar, intimamente pessoal. O mito atávico do pacto com o Demônio é revivido nele sob forma convincente, como experiência possível dentro da nossa realidade.

Corolário do pacto são os acontecimentos inesperados e favoráveis que lhe corroboram a validade no espírito de Riobaldo. Chega a sentir-se onipotente, dono do universo, e então entra a vacilar, a dar passos em falso, a não saber o que fazer e a sentir uma terrível insatisfação. O poder chega num momento em que de nada serve: quando desaparecem os obstáculos à sua paixão por Diadorim, desaparece também o objetivo dessa paixão.

Em redor de um mito universal, Guimarães Rosa conseguiu edificar uma obra de valor universal com elementos indígenas. O seu Riobaldo, esse Fausto sertanejo, ente inculto mas dotado de imaginação e poesia, ao passar revista aos acontecimentos de sua vida aventurosa, enfrenta seguidamente todas as contingências do ser – o amor, a alegria, a ambição, a insatisfação, a solidão, a dor, o medo, a morte – e relata-as com a surpresa, a reação fresca de quem as experimentasse pela primeira vez no mundo, reinventando as explicações dos filósofos numa formulação pitoresca e ingênua. Como Miguilim, Lélio, o velho Camilo em *Corpo de baile*, o jagunço Riobaldo é trabalhado por inquietações que o fazem sentir a vida diversamente ("Um sentir é do sentente, mas outro é do sentidor") e, em sua linguagem pitoresca de semianalfabeto, descerrar abismos de psicologia e metafísica.

Mas todas as audácias da construção, toda a riqueza do conteúdo filosófico seriam apenas jogos da inteligência, se o sertão de Guimarães Rosa não fosse também, além de símbolo, realidade viva e concreta, com seus bichos, plantas, gentes e superstições admiravelmente descritos; se a narração de Riobaldo não fosse, além de uma teia engenhosamente urdida, um tecido de casos, encontros, acontecimentos e cenas de insuspeita autenticidade; e se a intervenção do sobrenatural não fosse tramada com arte das mais sutis, de modo que nunca entra em choque com o realismo psicológico. A existência do Diabo ou a crença na existência dele ("Não é, mas finge de ser") são explanações igualmente válidas para o destino de Riobaldo.

Com tudo isso, só nos referimos por assim dizer às coordenadas que definem a situação de *Grande sertão: veredas* no plano da ficção. Para avaliar-lhe a importância total, falta um estudo das personagens, do ambiente, dos episódios, do estilo, que constituem um conjunto único e inconfundível, algo de real e de mágico sem precedentes em nossas letras e, provavelmente, em qualquer literatura.

Duas traduções de *Grande sertão: veredas*

Parte I

Existem livros intraduzíveis? Todos o são aos olhos do estruturalista: já que o significado das palavras é determinado pelas estruturas que integram, e sendo estas forçosamente divergentes nas diversas línguas, toda tentativa de tradução seria ilusória. Mas ainda quem não subscreva opinião tão intransigente há de convir em que a versão de certos autores parece de antemão condenada ao malogro, ora por oferecerem um conteúdo de uma translucidez cristalina e tão singelo que se esvaece mal se tenta separá-lo da forma congênita, ora por se exprimirem numa linguagem complexa e requintada, hirta de disquisições, matizada de intenções. Exemplos do primeiro caso os poemas do Puchkin ou de Petöfi, que infalivelmente decepcionam o leitor estrangeiro, deixando através da tradução uma impressão falsa de primarismo, e do segundo, as grandes narrativas de Proust, e, mais ainda, de Joyce ou do nosso Guimarães Rosa.

Muitas vezes essa intraduzibilidade é uma prova de autenticidade, um dos sintomas pelos quais se revelam as obras-primas. Só que estas

Textos originalmente publicados no jornal *Diários de Notícias*, respectivamente em 19 set 1965 (Parte I) e em 26 set 1965 (Parte II). (N.O.)

possuem ao mesmo tempo a característica antagônica de sua força de expansão, a qual inevitavelmente suscita tentativas de abordagem.

É o que acaba de ser demonstrado no caso de Guimarães Rosa. Que um romance imenso e denso como *Grande sertão: veredas*, só acessível ao estrangeiro (e mesmo ao brasileiro), mediante sério e persistente esforço, já possua versões completas em francês e inglês, italiano e alemão, sem falar nas versões que estão sendo elaboradas em meia dúzia de outros idiomas, só pode surpreender a quem pensa que só os livros traduzíveis se traduzem.

Tenho em mãos duas dessas versões, a francesa e a alemã.[1] Ambas vencem o primeiro dos testes, o da impressão, de conjunto: impossível terminar-lhe a leitura o da impressão, de conjunto: impossível terminar-lhes a leitura sem que se fique subjugado pela poderosa originalidade da obra. Conhecendo as dificuldades que os tradutores tiveram de vencer, posso calcular o que o trabalho implica de pesquisas, de estudo e de amor. Não será por falta de aplicação que não conseguiram transpor todos os obstáculos de um original, em que dez ciladas se armam em cada página. Ainda que o tradutor se saia com virtuosismo de nove delas, deixar-se-á prender na décima ou, pelo menos, dela sairá arranhado. Um julgamento equitativo do seu trabalho não pode limitar-se a apontar as falhas sem insistir sobre o grande número dos óbices superados.

A ambos os trabalhos os críticos dos respectivos países fazem as referências mais elogiosas; ambos são apresentados pelos seus editores como realizações modelares. A versão francesa saiu numa coleção chamada As Grandes Traduções; a alemã motivou um depoimento encomiástico do editor Joseph C. Witsch.[2] Este, sem nunca ter lido uma linha sequer do autor, deixou-se arrebatar pelo resumo oral que lhe fez do romance o próprio Guimarães Rosa. "Mas quando li a história na tradução produziu-se um segundo milagre. A variante lida estava ainda mais poderosa, mais ingênua, mais perfeita, mas cheia de beleza contraditória; numa palavra, a história lida do jagunço Riobaldo fez empalidecer a história contada."

1 *Grande Sertão. Roman. Aus dem Portugioesischen von Curt Meyer-Clason*. Colônia/Berlim: Kiepenheuer & Witsch, 1964. *Diadorim. Roman traduit du brésilien par Jean-Jasques Villard*. Paris: Editions Albin Michel, 1965.

2 O depoimento consta do precioso folheto de propaganda *Marginalien zu J. G. Rosa Grande Sertão*. Colônia: Kiepenheur & Witsch, lançado para assinalar ao público a importância transcendental de livro.

As dificuldades da tarefa foram sentidas e meditadas pelos dois tradutores. Numa nota introdutória Jean-Jacques Villard analisa os componentes do estilo de Riobaldo, surgidos das raízes da sua personalidade. Meyer-Clason, por sua vez, acha necessário expor[3] os princípios pelos quais se norteou.

O livro, sabemos, reveste todo ele a forma de um monólogo, mas monólogo condicionado pela presença de um ouvinte, espécie de interlocutor mudo que recebe e confissão do ex-jagunço Riobaldo. Sertanejo plenamente identificado com o ambiente, ele se explica explicando o sertão, de fabulosa riqueza de plantas e bichos, de acidentes geográficos e meteorológicos, conservador de formas ancestrais de convívio humano, provocador de mil sentimentos elementares, universo em perpétua gestação. Viajado e vivido, mas pouco civilizado, tem seus laivos de instrução, e de mil fragmentos apanhados em suas andanças compõe a sua linguagem com ênfase e pedantismo intensificados pelo desejo de se alçar ao nível do ouvinte, homem de cidade. Preocupado com problemas de psicologia e de teologia, empenhado em deslindar o próprio labirinto íntimo, analisa-os com sagacidade num vocabulário colorido, preponderantemente concreto; ao mesmo tempo a necessidade de tangenciar tabus éticos e metafísicos encaminha-o para o circunlóquio e a perífrase. Todos esses fatores, e mais o dom épico, um lirismo de ingênuo frescor e a alegria sensual da sonoridade acrescentam-se em sua fala ao fundo sertanejo de modismos, refrões e frases sentenciosas, com a sua sintaxe irregular e elíptica. A frase, frequentemente, em vez de carregar uma mensagem lógica, satisfaz a exigências musicais ou segue rotinas verbais de conteúdo indeterminado, formando um tecido em que o racional e o irracional se entremesclam inextricavelmente.

Pois o tradutor, por dever de ofício, há de desemaranhar tal mescla, propondo a si mesmo a compreensão integral do texto em toda a sua inesgotável riqueza de alusões, associações e sugestões de florescências, enfeites e arabescos. Em que medida os dois tradutores alcançam tal objetivo?

O alemão chegou a realizar, sob esse ponto de vista, verdadeiro milagre. Nas trinta e tantas páginas compactas de sua versão que cotejei com o original, só raramente se encontra uma interpretação duvidosa. Assim "*Nichts mal nichts gleicht dem Teuleli dieser, dier*

3 Ibid.

Sussuarão Wuste, liegt am weitesten weg" é uma variante algo inexata da frase "Nada, nada vezes, e o demo: esse, Liso de Sussuarão, é o mais longe" (p. 36)[4], atribuível talvez a uma distração: o tradutor pode ter lido "é" em vez de "e". (O francês foi menos feliz ainda: "*Non, jamais, c'est le diable. Ce Ras du Sussuarão est le plus grand par là*".) Outro trecho vertido com um quê de arbitrário nos parece este: "*ah, ich habe gelebt, ich habe so vieles wieder erlebt, dass ich mich an die Dinge erinnere, bevor sie geschehen. Verstchen Sie, was ich meine?*"; no original, "Ah, eu estou vivido, repassado. Eu me lembro das coisas, antes delas acontecerem... Com isso minha fama clareia?" (p. 32). (A versão francesa da frase final do trecho é mais próxima: "*Me gloire en devient-elle plus nette?*"). Da mesma forma não concordo com a transposição destas palavras de Riobaldo, por sinal das mais significativas: "O diabo vige dentro do homem, os crespos do homem... Solto por si, cidadão, é que não tem diabo nenhum"; (p. 12), em alemão; "*Aber so allein, als Bürger gleichsam, hat er nichts mit dem Teufel zu schaffen. Garnichts.*" (Tampouco aceitarei a versão de Jean-Jacques Villard, que aplica a palavra "cidades ao interlocutor de Riobaldo: "*Sauf si pour vous, citadin, y a pas de diable, aucun*").

Citemos agora um caso em que os dois intérpretes adotam soluções diametralmente opostas. Por achar que religião nunca é demais. Riobaldo, chegada à velhice, paga ordenado mensal a uma preta rendeira, encarregada de rezar por ele todo dia. Ao contar o fato ao forasteiro, conclui: "Vale, se vale." (p. 18) Meyer-Clason dá a essa frase sentido enfático: "*Es lohnt sich und ob sichs lohnt*" (isto é: "Vale, ora se vale"), Villard sentido cético: "*Ça vaut ce que cela vaut*"; por mim, interpretá-la-ia assim: "Contanto que surta efeito, a reza vale a despesa".

Nos outros casos em que constatei divergência entre os dois tradutores, a razão está do lado do alemão. O francês desorienta-se mais de uma vez especialmente nos pequenos episódios intercalados no meio da narrativa com intuito de exemplificação, de entendimento mais difícil por estarem desligados da ação central. Um deles diz respeito a um tal de Aleixo que mata um mendigo por simples maldade, e depois é castigado em seus filhos, atingidos de cegueira. A Riobaldo, estranhando essa penitência dos filhos inocentes, Compadre Quelemém elucida que eles podem ter espiado malfeitos praticados numa vida anterior. "E o velho assassinado? – eu sei que o

4 Pela data da publicação dos artigos, Rónai deve se referir à segunda (1956, texto definitivo) ou terceira edição (1958) da obra. (N.O.)

senhor vai discutir. Pois, também. Em ordem que ele tinha um pecado de crime, no corpo, por pagar." (p. 14). Só por não perceber a ligação dessa explanação com o imediatamente anterior, pode Villard ter escrito: "*Mais pourtant Alexeio (sic!) avait sur le râble un péché de meurtre à expier.*"

Mais um engano aponta noutro desses exemplos intercalados, o de José Simplício, que teria um diabo à sua disposição. "Por isso dizem também que a besta para ele rupéia, nega de bando, não deixando quando ele quer amontar." (p. 10), que em francês se reduz a isto: "*La brute trime toujours, sans cesse, quand José veut réussir*".

É provável que o tradutor alemão conheça melhor a realidade brasileira do que seu colega francês, o qual às vezes não avalia com exatidão a conotação semântica de certos termos muito comuns. Frequentemente Riobaldo chama o ouvinte de "moço" vocativo de deferência; a palavra, traduzida por "*mon grags*" inculca ao narrador um tom familiar de superioridade, que ele não se permitiria. Outra cincada consiste em qualificar o delegado Jazevedão de "*procureur*".

Mais engenhoso às vezes que Meyer-Clason, o tradutor francês é mais exposto a deslizes; o outro, com uma "*Gründlichkeit*" digna de todo o respeito, penetra mais a fundo. Ainda assim, em matéria de compreensão, Villard chega a um resultado médio mais que razoável. Quanto não deve ser penado para acertar o significado de um vocábulo que não consta de nenhum dicionário, e que o contexto não elucida! Realizações pioneiras, as duas versões que de certa maneira as completam, hão de ajudar não somente os tradutores para outros idiomas, como também o trabalho de exegese, ainda mal começado.

Parte II

Muito já fez o tradutor ao penetrar pelas veredas de João Guimarães Rosa sem se perder no grande sertão; merece nossos aplausos por ter intuído o significado de palavras não dicionarizadas, descoberto o sentido velado de frases elípticas, adivinhado de longe a estranha realidade física e psíquica, espalhada nas quase seiscentas páginas dessa perturbadora e atraente soma brasileira, de irresistível sedução. Mas, com isso, satisfez apenas a primeira, e a menor, de suas tarefas. Resta agora executar a segunda: reconstruir todo aquele universo recalcitrante pelos meios disponíveis de um outro idioma.

A longa fala de Riobaldo, com tanta margem para o irracional, o lúdico, o musical e até o visual, passa forçosamente pelas duas filtragens racionais da interpretação e da transposição. O resultado não pode deixar de perder em sugestividade, pondo a nosso alcance um sertão de fácil acesso, expurgado de seus espinhos e seus mistérios.

Poderemos culpar disso os intérpretes? Nenhum tradutor pode arrogar-se sobre o próprio idioma direitos iguais aos que reivindica Guimarães Rosa. Que é que se exige de uma tradução? Dar a impressão de obra escrita na língua do tradutor: isto é, utilizar os clichês e a retina dessa língua, ainda que se verta um autor que revolucionou o próprio idioma. E assim, na transferência para o alemão ou para o francês, verifica-se a inevitável dissociação dos componentes, aqui ainda mais inseparáveis que alhures: substância e aparência, fundo e forma. E o Guimarães Rosa alemão ou francês, para conquistar o leitor, só pode contar com as luzes que projeta sobre o macrosertão exterior, geograficamente localizado, e o microsertão íntimo, não menos insondável; com a força com que logra interessá-lo na solução de um enigma insolúvel.

Aliás, ainda que os tradutores possuíssem um sexto sentido, infalível em alertá-los cada vez que enfrentam uma expressão individual, uma locução desfeita, uma combinação nova de palavras, como haveriam de encontrar um estilo equivalente em suas próprias línguas? Recorrer a qualquer dialeto existente, alemão ou francês, só faria provocar associações descabidas. Daí o tradutor alemão se resignar ao *Hochdeutsche* (quer dizer: o alemão corrente e correto), uma espécie de língua artística, simples e clara como a palavra falada,[5] e que – em que pesem, suas inegáveis qualidades – dá a impressão de uma linguagem neutra, enfeitada *a posteriori* com o vasto material de uma colheita folclórica. Enquanto isso, o francês recorre a uma fala excessivamente argótica, atrás da qual se entrevê (ou, pelo menos, eu entrevejo) um Riobaldo proletário ou *poilu*. Ambos recuaram ante certo grau de artificialização da linguagem e desistiram de dar aos seus leitores uma ideia de inconformismo linguístico de Guimarães Rosa.

Um dos problemas que lhes pediu uma definição prévia foi a transposição dos antropônimos, alcunhas, apelidos, topônimos e nomes de bichos, de tão grande efeito pitoresco no original:

5 Estou citando outra vez "Marginalien zu J. G. Rosa, Grande Sertão", folheto informativo da editora Kiepenheuer & Witsch.

Meyer-Clason adota uma solução eclética: traduzi-los quando dessassociados de denominações alemães, mantê-los em português nos demais casos. O expediente, em geral aceitável, falha algumas vezes: assim quando se fala num bem-te-vi que persegue Riobaldo como testemunha acusadora, sem dizer ao leitor alemão o que significam os componentes do nome português. Villard por sua vez inclina-se para a tradução de todos os nomes próprios, o que constituiria solução aceitável, se ele não se lembrasse de fazê-la proceder do nome original: "*la* fazenda de Limãozinho, *du Petit Citron*" ou "*la* Serra do Pau d'Arco, *la* Serra *du Bois d'Arc*" e (com erro de interpretação) "*le* Que-Diga, *le Que-J'dis*", praxe de efeito mais que duvidoso.

O que mais desafia os tradutores não são, como se poderia pensar, as divertidas sentenças rimadas nem os mais audazes neologismos léxicos. É de surpreender quantas vezes os dois intérpretes encontram correspondências felizes, verdadeiros achados para transpô-los. Onde a tradução fica impotente é na observância das esquisitices sintáticas, no acasalamento insólito do substantivo e do adjetivo, das derivações incomuns; com outras palavras, não nos pontos culminantes da narrativa, mas no seu escoamento trivial, na sua própria tessitura. "*Sie gewohnten sich daran uns immer als Paar zu sehen*" e "*ils s'habituaient à nous voir ensemble*" são duas frases quaisquer nos respectivos idiomas. "Se acostumavam a ver a gente parmente" (p. 30) é uma frase só de Guimarães Rosa. Vejam ainda se o seguinte período deixa subsistir qualquer dúvida sobre a identidade do autor: "Decisão de vender alma é afoitez vadia, fantasiado do momento, não tem a obediência legal." (p. 26). Mas o equivalente alemão – "*Seine Seele verkaufen wollen, ist leers Gerede, eine Augenblicksbrille, die zu nichts verpflichtet*" – ou francês – "*Décider de vendre son âme c'est une foutaise, une idée du moment, sans valeur legalé*" poderiam ter sido escritos por qualquer um e nunca suscitariam no leitor a ideia, o sabor, o cheiro de um determinado estilo pessoal.

Citemos agora mais um trecho importante do original português, onde Riobaldo, depois de muitos rodeios e desvios, volta outra vez à sua ideia fixa:

> E as ideias instruídas do senhor me fornecem paz. Principalmente a confirmação, que me deu, de que o Tal não existe: pois é não? O Arrenegado, o Cão, o Cramulhão, o Indivíduo, o Galhardo, o Pé de Pato, o Sujo, o Homem, o Tisnado, o Côxo, o Temba, o Azarape, o Coisa-Ruim, o Mafarro,

o Pé-Preto, o Canho, o Duba-Dubá, o Rapaz, o Tristonho, o Não-sei--que-diga, O-que-nunca-se-ri, o Sem-Gracejos... Pois, não existe. (p. 41).

A acumulação barroca não é mera decorrência do gosto sensual pelas palavras expressivas e grotescas, como o que encontramos por exemplo num Rabelais; vale por una retratação simultânea e indireta da tese enunciada, pois como haveria de não existir um ser designado por tantos nomes? O tradutor alemão, apesar de todo o seu esforço de fidelidade, limitou-se a quatorze sinônimos; o francês contentou-se com onze. Nisso, aliás, ele se conforma à velha tradição francesa de encurtar. Onde Guimarães Rosa fala em "tiriti, graúna, a fariscadeira, juriti-do-peito-branco ou a pomba-vermelha-do--mato-virgem" (p. 34), ele só vê "*d'autres oiseaux*". Semelhante simplificação ocorre ainda na página 47 (enquanto o tradutor alemão sua sangue para arranjar um nome alemão para cada pássaro). Vá lá; é mais desculpável do que "*L'homme ne s'explique pas*", que sintetiza "Criatura gente é não e questão, corda de três tentos, três tranços". Por essas e outras é que a versão francesa soma apenas 80% do original, ao passo que o alemão segue a este frase por frase, chegando ao incrível requinte de uma correspondência quase perfeita de suas páginas com as da edição de José Olympio.

O que me interessou ao empreender este rápido exame das duas traduções, era menos a sua crítica (*anch'io sono pittore!*) que o problema da traduzibilidade de Guimarães Rosa. Com toda a sua dedicação e competência, os tradutores tecnicamente lograram apenas um meio êxito. Ainda assim sobrou o bastante para deslumbrar o leitor alemão e o leitor francês. Pondo-me na pele de um e de outro e tentando ler as traduções como quem nada soubesse acerca do Brasil nem nunca tivesse ouvido o nome de João Guimarães Rosa, experimentei a rara alegria de uma dupla descoberta.

Guimarães Rosa e seus tradutores

Numa de minhas visitas ao gabinete de João Guimarães Rosa, no Ministério das Relações Exteriores, encontrei-o empenhado em escrever uma longuíssima resposta a mais de uma centena de perguntas que lhe fizera a sua tradutora norte-americana a respeito de termos não dicionarizados, constantes, se não me engano, de uma única novela sua, "O burrinho pedrês". Outra feita ele chegou a queixar-se comigo, embora com mal disfarçada satisfação, do tempo que lhe tomava a correspondência com os tradutores. "Se eu tivesse previsto que meus livros seriam traduzidos – disse – teria usado neles a linguagem de qualquer um".

Ainda que a transposição de suas obras em outras línguas fosse de fato uma surpresa para o romancista, a frase não passava de uma *boutade*, pois, na verdade, a aceitação de seus primeiros livros no estrangeiro em nada influenciou a sua linguagem. Pelo contrário, em cada livro novo esta se tornava mais pessoal, complexa e "rosiana", numa verdadeira demonstração de como o escritor se recusava a dobrar a sua arte à exigência contingente da popularidade.

Em geral, Guimarães Rosa teve muita sorte com seus intérpretes.

Texto originalmente publicado nos jornais *Correio do Povo*, 25 set 1971; *O Estado de S. Paulo*, 10 out 1971; *Jornal da Tarde*, 16 out 1971, *Correio Brasiliense*, 5 nov 1971. (N.O.)

Com efeito, ninguém aceita como tarefa comum a versão de um *Grande sertão: veredas*. É preciso que a oferta venha do próprio tradutor, isto é, que este seja um admirador entusiasta do texto e se sinta empenhado de corpo e alma na divulgação de sua mensagem.

As inúmeras consultas que os tradutores dirigiam ao autor evidenciavam ademais o respeito que sentiam pelo texto. Impressionado com esse acatamento, Guimarães Rosa respondia-lhes minuciosamente, com cordialidade total. Muitas vezes, a consulta exigia não apenas um esclarecimento léxico ou estilístico, mas uma reminiscência pessoal, uma confidência, até uma verdadeira confissão. E o escritor que se recusava sistematicamente a satisfazer a curiosidade profissional dos repórteres, encontrava sempre disposição para atender as consultas de seus tradutores por senti-los atraídos pelo que a sua obra tinha de essencial.

O tempo gasto nessa correspondência daria para escrever outro *Corpo de baile* ou outro *Grande sertão: veredas*. O conjunto das respostas dadas aos tradutores alemão, italiano, francês, norte-americano e espanhol representa nada menos que uma exegese minuciosa da obra rosiana dada pela única pessoa capaz de dá-la. Seu valor é acrescido pelo poliglotismo de Guimarães Rosa que lhe permitia não só esclarecer o sentido de vocábulos ou de trechos, mas também propor equivalentes na respectiva língua.

Foi com verdadeiro deslumbramento que li, há pouco, uma cópia da correspondência entre ele e o professor Edoardo Bizzarri, tradutor de *Corpo de baile* para o italiano. Essa troca de cartas entre duas pessoas que não se conheciam pessoalmente, mas se tornaram amigos através do amor à arte, impõe-se como precioso documento humano. Edoardo Bizzarri, intelectual europeu, portador da melhor tradição humanística, ensaísta de mão cheia, divulgador benemérito da cultura de seu país entre nós e da nossa na Itália, estava em condições de compreender a obra de Guimarães Rosa ao mesmo tempo como um imenso painel do Brasil e um produto de toda a herança cultural do Ocidente. Com um interlocutor deste valor, Guimarães Rosa abria-se. Abandonava as reservas a que se habituara em sua vida profissional de diplomata. Explicava a sua obra e explicava-se.

Antes disso, além de carta a Harriet de Onis, eu já tivera a oportunidade de ler outras missivas do nosso grande escritor, mandadas por ele a outro de seus tradutores e amigos, o alemão Curt Meyer-Clason e, na base destas amostras não hesito em afirmar que a publicação conjunta das suas cartas a seus intérpretes daria vários volumes do maior interesse, um complemento indispensável da própria obra, um documento sem qualquer analogia, não só em nossas letras, mas talvez em toda a literatura universal. É de esperar que uma de nossas universidades ou o Instituto Nacional do Livro se interesse por esta tarefa nacional que, nas condições atuais, ultrapassa as possibilidades de uma editora particular.

Escrevo estas palavras poucos meses depois de me chegar às mãos a tradução, pelo mesmo Edoardo Bizzarri, de *Grande sertão: veredas*[1] Não ignoro as dificuldades de um trabalho destes. Basta-me ter tentado verter um só conto de Guimarães Rosa, de poucas páginas – "A terceira margem do rio" – para o húngaro, minha língua materna, para poder aquilatar devidamente a soma de esforço e de amor exigida nessa tarefa hercúlea.

Sintomaticamente as dificuldades da versão anunciam-se desde o título. A tradução italiana (como já o era a alemã) é encabeçada pelas duas palavras portuguesas: *Grande Sertão*. Embora o tradutor não hesite em incorporar muitas palavras brasileiras ao italiano, não achou jeito de transpor o artifício dos dois elementos do título contrapostos pelos dois-pontos.

Num esclarecimento lacônico e preciso, aponta Edoardo Bizzarri os dois fatores que concorrem para tornar bastante problemática, a tradução, especialmente para leitores europeus, "do mundo lírico-narrativo do brasileiro João Guimarães Rosa: a linguagem que funde terminologia, estruturas e flexões regionais com as inovações mais ousadas e a tipicidade do mundo natural e humano que lhe serve de ponto de partida, e, que, em muitos de seus dados concretos, não, tem equivalências possíveis no mundo e na terminologia de um país europeu".

Além dessas dificuldades de ordem geral, cada língua contribui, parece-me, com as que lhe são específicas. As do italiano, se não me engano, derivam da inexistência de uma língua popular comum, pois cada região conserva ainda o próprio dialeto não obstante o efeito nivelador dos meios modernos de comunicação. Ao verter um autor como Rosa, o tradutor italiano, não tendo justificativa para adotar esta variante dialetal de preferência àquela, fatalmente há de

1 João Guimarães Rosa, *Grande sertão: veredas*, tradução de Edoardo Bizarri. Coleção I Naratori di Feltrinelli, nº 180. Milão: Feltrinelli Editore, 1970

recorrer à *bella língua*, isto é a língua literária, correspondente a um nível social elevado. Só este fato é suficiente para impedir a transposição de uma característica do monólogo de Riobaldo, certo pernosticismo proveniente de seus laivos de instrução.

Como os demais tradutores, Edoardo Bizzarri teve também de optar entre fazer-se um intérprete escrupuloso de Rosa ou reivindicar para si direitos iguais ao do seu original em relação ao da língua-alvo. Guimarães Rosa, sabemos, manipulava a língua com liberdade máxima, não só explorando todos os seus recursos, mesmo os menos conhecidos, como também aplicando ao extremo as leis da analogia e recorrendo mais de uma vez ao arbítrio pessoal. Pode um tradutor arrogar-se poderes semelhantes de demiurgo? O prof. Bizzarri achou que não e deu uma versão literária, acurada, esculturalmente plástica do *Grande sertão: veredas*, renunciando a reproduzir-lhe a riqueza algo anárquica e pessoal. Mas procurou ser fiel ao máximo "ao ritmo do estilo e à exigência poética que determina as inovações linguísticas, mais que as suas manifestações singulares. O que destas pareceu transponível em italiano, confiamos que não deve encontrar surdo o leitor".

Às vezes a semelhança das duas línguas facilita correspondência quase perfeita. "Eh, pois, empós, o resto o senhor prove: vem o pão, vem a mão, vem o são, vem o cão". Verte-se por: "*Eh, dunque poi'il rasto vossignoria/viene il pan, vien la man, viene il san, viene il can*". Outras vezes a transposição é das mais felizes: "Enfim cada um o que quer aprova, o senhor sabe: pão ou pães, é questão de opiniães", dá em italiano; "*Infine, ognuno trova buono quel che più gli fa comodo, vossignoria lo sa: cioce o scarponi, è questione di opinioni*". Frequentemente, porém, a expressão riobaldiana mostra-se irredutível e tem de ser substituída por correspondências lógicas, como o mostram estes três exemplos:

1) "Ela era risonha e descritiva de bonita", *Era ridente e bella da descriversi.*

2) "Todos no estarrecente cansavam de ver a Maria Mutema", *Tutti in quel grande spavento, cercavano di vedere la Maria Mutema.*

3) "Olhei o ilustre do céu", *Guardei la luminosità del cielo.*

Diga-se de passagem que os tradutores alemão e francês optaram também por circunlóquios em cada um destes casos e em muitos outros. A versão de um autor como Guimarães Rosa exige compromissos contínuos para somar-se, no final, numa paráfrase.

A que temos em mão, é obra-prima neste gênero. Na impossibilidade de transpor todas as sinuosidades da expressão, Edoardo Bizzarri impôs-se o máximo de fidelidade quanto ao conteúdo, atento a não perder nuança nenhuma, a não deixar sem tradução nenhum fragmento de ideia. Poderia repetir, em relação ao texto italiano, o que disse Meyer-Clason a respeito da própria versão alemã: "É mister declarar que o Grande Sertão alemão é leitura mais acessível que o original, não só analogamente falando, mas também – creio – para o leitor brasileiro que lê alemão". E assim temos na nova tradução uma narrativa de certa forma mais clássica e menos exótica, menos labiríntica que o original à qual a língua italiana, magistralmente manejada pelo professor Bizzarri, empresta as suas sonoridades incomparáveis. Ouçamo-la um instante:

"*E povero me, la mia tristezza mi ritardava, consumato. Io non avevo competenza di voler vivere, tanto malaticcio, avevo perfino il fiato corto. E Diadorim, a volte conobbi che la nostalgia di lui non mi dava ristoro; né l'immaginarmelo.*"

Interesse geral de uma correspondência particular

A imensa obra de João Guimarães Rosa, além de continuar a dessedentar milhares de leitores, está atraindo a curiosidade de um número cada vez maior de estudiosos dentro e fora do Brasil, como era de prever. A fusão originalíssima das lembranças de um mundo rústico e primitivo com os dados de uma cultura universal, a mensagem mística envolvida na narrativa, a amálgama de religiões e mitos, a incorporação orgânica de influências vindas de fontes múltiplas e, afinal, a tentativa audaz de dilatar ao infinito a expressividade e a flexibilidade da língua fornecem assunto para trabalhos universitários, pesquisas, teses. Ora, a quantos buscam, além de prazer, matéria para estudo nos volumes de Guimarães Rosa, a *Correspondência* do escritor com o professor Edoardo Bizzarri[1] tem extraordinária importância. Sua publicação é serviço inestimável prestado à história das letras nacionais.

O interesse humano desta troca de cartas (34 de Rosa, 37 de Bizzarri) consiste em documentar o nascimento e a evolução de uma

Texto originalmente publicado como "Guimarães Rosa em italiano nas cartas ao seu tradutor" no *Jornal do Brasil*, 31 mar 1973; com título usado nesta edição no jornal *O Estado de S. Paulo*, 20 mai 1973. Posteriormente incluído em *Pois é* (1990). (N.O.)

1 João Guimarães Rosa, *Correspondência com o tradutor italiano*. São Paulo; Instituto Cultural Ítalo-Brasileiro, s.d. Edição única de 1000 exemplares numerados. Não-comerciável.

amizade entre dois homens que, praticamente, não se conheciam, mas cuja estima foi crescendo pelo amor à mesma obra. Mais de um trecho da *Correspondência* mostra que Guimarães Rosa considerava-se antes portador e transmissor do que autor de uma mensagem; daí ele achar natural que tradutores e críticos consagrassem a esta a mesma dedicação deslumbrada e integral que ele próprio lhe votava. ("Eu, quando escrevo um livro, vou fazendo como se o estivesse 'traduzindo' de algum alto original, existente alhures, no mundo astral ou no 'plano das ideias', dos arquétipos, por exemplo.") E, pelo fato de os dois se consagrarem à mesma tarefa, a sua cortesia natural e a sua inesgotável curiosidade intelectual juntavam-se para auxiliar o "colega" em toda a medida do possível.

Edoardo Bizzarri, adido cultural da Itália no Brasil, fino crítico e ensaísta, cujo raro gosto se patenteia na relação das obras que tinha traduzido – de Melville, Henry James, Faulkner, Graciliano Ramos – já era leitor deslumbrado de Guimarães Rosa antes de vertê-lo para o italiano e tivera ocasião de patentear a sua admiração ao atribuir-lhe, em 1957, como um dos árbitros, o Prêmio Carmem Dolores Barbosa. Depois de traduzir a novela "Duelo", empreendeu e levou a cabo a gigantesca tarefa de verter para o seu idioma os dois volumes monumentais de *Corpo de baile*; e, depois, da morte de Guimarães Rosa, cumpriu a façanha não menos árdua de transplantar *Grande sertão: veredas*, realização cujas altas qualidades já tive oportunidade de realçar.[2]

Ao abordar os sete romances de *Corpo de baile*, o tradutor tropeçava numa multidão de termos não-dicionarizados e construções não usuais – em suma as mesmas dificuldades encontradas pelo leitor. Mas enquanto este pode passar além, a consciência profissional de Edoardo Bizzarri não lhe permitia ler e traduzir por alto. Verificara que não adiantava fazer indagações junto a outros escritores, que, topando com palavras que ignoravam, ficavam com raiva do autor: dirigiu-se, pois, a este, submetendo-lhe longas relações de termos e frases duvidosas separadas por espaços brancos, "leitos de Procusto" onde cabia a Guimarães Rosa inserir a competente explanação.

O romancista criou gosto em responder minuciosamente, acabando por fornecer todo um glossário ao texto. O jogo, confessava, infundiu-lhe mesmo um pouco de humildade: "Pois agora é que vejo

2 "Guimarães Rosa e seus tradutores", in: *Correio do Povo*, Caderno de Sábado, 25 set 1971.

como certos leitores têm razão de irritar-se contra mim e invectivar-me". Algumas de suas explicações são dissertações precisas, complementos valiosos do texto; assim, por exemplo, as dadas a respeito do sentido de *vereda*. Identifica plantas e animais, elucida costumes, levanta contextos para esclarecer sentidos. Mostra como de vez em quando recorreu a outras línguas: "*bilbo*, do latim *bilbo, bilbere* = fazer o ruído de água que se escapa de uma vasilha, fazer gluglu: *bilbit amphora, aqua bilbit*. Achei lindo, e usei no sentido de fazer o ruidozinho d'água caindo em água." Revela como a sua memória, familiarizada com outras línguas, liga aos fonemas portugueses associações de outras línguas: *grimo*, "feio carateante, de rosto engelhado, rugoso" evoca-lhe não só *grima* (raiva, ódio) e *grimaça* (careta), mas também o inglês *grim* e o alemão *grimm*, o dinamarquês *grimme*; conclui dizendo: "Eu quis captar o *quid* universal desse radical." Mais de uma vez ele próprio sugere equivalentes italianos. Multiplicando os justos elogios ao tradutor, chega a exclamar com o mesmo aparente egocentrismo que, no fundo, era uma manifestação do espanto que lhe incutia a própria obra: "Tenho medo de pensar que você pudesse não existir".

Além de responder a perguntas concretas, de vez em quando fazia ao intérprete, como que para premiá-lo, revelações curiosas, "de propósito, para *abanar* ou *refrescar*, como o assistente vem ao *ring* fazer com o *boxeur* combatente, entre dois *rounds*". Segredou-lhe que, nalgumas páginas de *Dão-Lalalão*, "perpassa uma espécie de paráfrase do *Cântico dos cânticos*" e noutras "um pouco de Dante", citando tintim por tintim os trechos alheios diluídos em seu texto. Mostrou-lhe em "Cara-de-Bronze" "uma verdadeira 'estorinha' em miniatura, dada só através de nomes exatos de arbustos", feliz com a argúcia do poeta Pedro Xisto que descobrira todo aquele tesouro propositadamente escondido. Havia em tudo isso uma intencionalidade mágico-lúdica que, pelo visto, não surpreendia demasiado ao Prof. Bizzarri, eminente dantólogo.

Terminada a tradução de *Corpo de baile*, Guimarães Rosa já começa a sentir saudade daquele dialogar de cartas e, sobretudo, pena do parceiro. "Que iremos fazer? Você já imaginou? Você, esvaziado, de repente, deste pesado e forçoso trepidar de tarefa, sem ter diante este tipo de dificuldades para brilhantemente vencer? Bizzarri, que é que, depois, você, você vai fazer?"

Bizzarri não ficaria por muito tempo sem o que fazer. Encontraria outra maratona na versão para o italiano de *Grande sertão: veredas*. Mas desta vez já não poderia contar como auxílio do amigo na decifração de seus enigmas. Adoentado, sobrecarregado, conflitado por maus pressentimentos, preocupado com a posse na Academia, Guimarães Rosa parece nas últimas cartas se debatendo num labirinto sem saída. Soube ainda da assinatura do contrato de tradução entre Bizzarri e a editora Feltrinelli, mas morreu antes que o trabalho tivesse começado.

Em vários trechos da correspondência alude ele a outros "pró-custos", questionários semelhante aos de Bizzarri, e ainda mais copiosos, que lhe submeteram outros tradutores, especialmente a Sra. de Onis, a quem são devidas as versões inglesas de *Sagarana* e de *Grande sertão: veredas*. As suas respostas a esta senhora e a Meyer-Clason (já publicadas parcialmente na Alemanha), assim como a Jean-Jacques Villard e a Angel Crespo, que perfazem alguns volumes, constituem um comentário quase completo de seus maiores livros e possuem, por isso, um interesse prodigioso. Sua publicação impõe-se como tarefa digna do Instituto Nacional do Livro ou ao Instituto de Letras da Universidade de São Paulo, o qual em boa hora acaba de adquirir das herdeiras a biblioteca e os papéis do escritor.

Por enquanto, aplausos entusiásticos merece este grande amigo do Brasil, o Prof. Edoardo Bizzarri: antecipando-se às morosas providências de entidades oficiais, ele mais uma vez se mostrou à altura da tarefa a que o levaram, segundo o próprio Guimarães Rosa, "uma correspondência íntima, um tom anímico de família, um parentesco entre nós dois".

1970

Primeiras estórias { 1962

Os vastos espaços

I. Situação de Guimarães Rosa

Desde 1962, quando saiu a primeira edição deste volume, João Guimarães Rosa não publicou nenhum outro livro. Entretanto, nestes últimos anos, a sua situação literária passou por modificação substancial. Transpondo as barreiras linguísticas não só do próprio idioma, mas também as que o escritor parecia erguer adrede em torno da sua obra, esta inesperadamente se transformou em artigo de exportação: farejada pelos noticiaristas literários, descoberta por editores da Europa e da América, transposta a duras penas para as grandes línguas de cultura, ela está sendo saudada pela crítica internacional como a revelação de um universo novo e lida pelos públicos mais exigentes.

Que um ficcionista nosso, livre de vinculações políticas, avesso a qualquer facilidade e intransigente em seus padrões artísticos, tenha conquistado, pela autenticidade da sua mensagem, audiência internacional – isto abre novas perspectivas à valorização das letras brasileiras no mundo. E note-se que o conseguiu embora desfalcado de algumas de suas características mais peculiares, pois toda a arte

Texto publicado originalmente na 3ª edição de *Primeiras estórias*. Livraria José Olympio Editora, 1967. (N.O.)

dos tradutores, ainda que disponham da virtuosidade de um Meyer-Clason, não pode deixar de atenuar-lhe a torrencial força expressiva.

Daqui em diante a evolução dessa arte deixa de ser assunto interno: mesmo aos livros vindouros do ficcionista estão asseguradas, desde já, vasta expectativa e acessibilidade universal. Não é provável, contudo, que o reforçamento da acústica venha a exercer modificação sensível nos seus processos de criação. Como todo grande artista, o nosso autor escreve para si mesmo, para o próprio deleite, catarse a realização. É de esperar, portanto, que o saber-se ouvido por um auditório muitas vezes maior venha apenas corroborar-lhe a poderosa originalidade, exalçar-lhe as tendências íntimas, que, de volume a volume, se acusavam com mais vigor.

A amplitude do êxito é motivo de satisfação para os críticos brasileiros, que, logo depois do aparecimento do primeiro livro de Guimarães Rosa, souberam discernir-lhe o alcance ultranacional. O mais ouvido de todos, Álvaro Lins, apontou-o imediatamente como "o que deveria ser o ideal da literatura brasileira na feição regionalista: a temática nacional numa expressão universal."

2. Justificação desta nota introdutiva

A obra de Guimarães Rosa, de riqueza e complexidade crescentes, estimula cada vez mais o trabalho da exegese. Note-se, porém, que mesmo os críticos mais aparelhados para a tarefa só a empreendem com precauções e ressalvas, como que intimados a definir primeiro o próprio ofício e a precisar-lhe as limitações. Enquanto não explanada, a obra se constitui de um conjunto de sugestões inseparavelmente entrelaçadas; destacando uma ou outra, a explanação relega as demais à sombra, além de romper os fios de interligação. Por isso é que, ao apontar três planos superpostos em *Grande sertão: veredas*, mestre Cavalcanti Proença se apressa em acrescentar: "É preciso, porém, ressaltar o artificialismo desta simplificação, pois que as várias camadas se interpenetram, não sendo possível delimitá-las, mas unicamente acentuar-lhes as características e conexões que nos permitem esta divisão genérica. Decorre dessa complexidade uma abundância de elementos alegóricos, uma simbologia muito densa, além do caráter polissêmico das personagens."

Vilém Flusser, em sua notável glosa ao conto "As garças" (posterior a este volume), aponta outro perigo: a crítica "afrouxa a densidade e traduz o conto da camada vivencial para a intelectual". As tentativas de explicação acabam, sem querer, apoiando o traço de desenhos cuja magia está no esvaimento dos contornos, por dar expressão matemática a um conjunto em que não há equações perfeitas.

Oswaldino Marques, em seu penetrante ensaio "Canto e plumagem das palavras", todo ele consagrado à arte de Guimarães Rosa, julga indispensável uma definição prévia das tarefas da análise literária, uma das quais consiste em "tornar manifestos, *a posteriori*, os elos subconscientes da construção formal para definir os meios "originais" de que se valeu o artista no *tour de force* da imitação" (e, por se tratar de Guimarães Rosa, poderia ter dito "os elos subconscientes, e os conscientes, mas ocultados").

Adolfo Casais Monteiro, estudioso eminente dos problemas do romance, em face de *Grande sertão: veredas*, renuncia à pretensão exegética para apenas "refletir sobre o livro que nos deixou profunda impressão, para nos esclarecermos mais do que esclarecer seja quem for – e muito menos para ensinar nada ao autor."

Não é outra coisa que se propõe o prefaciador de *Primeiras estórias* ao tentar expor, mais uma vez, suas razões de deslumbramento e espanto ante um livro de Guimarães Rosa. De suas conversações com o autor, na quais vislumbrou numerosos subentendidos que lhe tinham escapado durante a leitura, ficou-lhe a convicção de que mesmo ao olhar mais agudo seria impossível abranger a totalidade intrincada das intenções do mais consciente dos nossos escritores. Se, apesar disso, se atreve a perlustrar o mais labiríntico de seus livros, onde a perspectiva, a atmosfera e a temperatura emocional mudam mais de vinte vezes, é apenas para exemplificar uma das muitas maneiras de acercamento amoroso de uma obra de ficção com que as nossas letras contribuem para o enriquecimento da literatura mundial.

3. Por que "primeiras" e por que "estórias"?

Cada novo cume atingido é, para o artista criador, um triunfo e um perigo. A obra-prima realizada impõe a obrigação de superar-se. Em *Corpo de baile*, Guimarães Rosa soube corresponder à expectativa suscitada por *Sagarana*; em *Grande sertão: veredas*, soube ir ainda mais além; e soube renovar-se nestas *Primeiras estórias*, que, não obstante o seu volume pouco alentado, formam outra etapa importante na reta da sua ascensão e obrigam o comentarista a rever suas apreciações anteriores. Há vinte anos, num artigo sobre *Sagarana*, antevi a vocação de romancista do futuro autor de *Grande sertão: veredas*, mas pus em dúvida seus dotes para o conto curto. Hoje estou persuadido de que suas inesgotáveis vivências se cristalizam, por assim dizer, automaticamente no gênero mais apropriado.

Na falta de precisões da "orelha" do volume, o título pede duas palavras de explicação.

O epíteto não alude a trabalhos da mocidade ou anteriores aos já publicados em volumes, e sim à novidade do gênero adotado, a "estória". Esse neologismo de sabor popular, adotado por número crescente de ficcionistas e críticos, embora ainda não registrado pelos dicionaristas, destina-se a absorver um dos significados de "história", o de "conto" (= *short story*). A oposição conceitual resulta nitidamente deste trecho de "Nenhum, Nenhuma": "Era uma velha, uma velhinha – de história, de estória – velhíssima, a inacreditável."

Embora o termo, hoje em dia, já apreça também sem conotação folclórica, referido às narrativas de Guimarães Rosa envolve-se numa aura mágica, num halo de maravilhosa ingenuidade, que as torna visceralmente diferentes de quaisquer outras.

4. Diversidade e unidade

Nisto já antecipamos a característica dominante da coletânea: sem embargo de sua extrema diferenciação, as vinte e uma estórias acabam dando uma impressão de homogeneidade perfeita tal como as novelas de *Sagarana* se fundem em unidade, ou como as sete narrativas de *Corpo de baile* emergiram intimamente associadas da imaginação do artista.

Diversos, antes de mais nada, os assuntos: tente-se recontá-los em breves palavras para ver quantos. Diversas as situações, os problemas envolvidos e suas soluções. Note-se ainda que cada espécime pertence, por assim dizer, a outra variante ou subgênero – o conto fantástico, o psicológico, o autobiográfico, o episódio cômico ou trágico, o retrato, a reminiscência, a anedota, a sátira, o poema em prosa... Distinga-se a multiplicidade dos tons: jocoso, patético, sarcástico, lírico, arcaizante, erudito, popular, pedante – multiplicidade decorrente não só do tema, senão também da personalidade do narrador, manifesto ou oculto. Observe-se a variedade da construção e do ritmo.

Contudo as histórias se apresentam com inconfundível ar de família, nimbadas do mesmo halo, trescalando o mesmo perfume. O seu parentesco não se reduz a traços estilísticos: provém de uma concepção pessoal tanto da vida como da arte.

Cada estória tem como núcleo um acontecimento. Mas o sentido atribuível a esse termo não é o que lhe dão comumente os dicionários, isto é, não é sinônimo de ocorrência. "Parecia não acontecer coisa nenhuma", adverte-nos o contista certa vez; e em outra ocasião pondera, ainda mais explícito: "Quando nada acontece, há um milagre que não estamos vendo."

Os protagonistas de *Primeiras estórias* farejam esses acontecimentos, adivinham esses milagres. São todos, em grau menor ou maior, videntes: entregues a uma ideia fixa, obnubilados por uma paixão, intocados pela civilização, guiados pelo instinto, inadaptados ou ainda não integrados na sociedade ou rejeitados por ela, pouco se lhes dá do real e da ordem. Neles a intuição e o devaneio substituem o raciocínio, as palavras ecoam mais fundo, os gestos e os atos mais simples se transubstanciam em símbolos. O que existe dilui-se, desintegra-se; o que não há toma forma e passa a agir. Essa vitória do irracional sobre o racional constitui-se em fonte permanente de poesia.

Os que desencadeiam essa corrente e nela se banham, sentem-na com toda a intensidade, mas encontram dificuldade em comunicá-la. Ainda que tenham o verbo fácil, falta-lhes o domínio da linguagem abstrata e exteriorizam suas fortes experiências íntimas com toda a sua riqueza de matizes numa língua concreta, saborosa e enérgica; a maioria, porém, compõe-se de taciturnos, desajeitados e ensimesmados, que nem tentam exprimir-se e passariam despercebidos pela vida se não encontrassem quem lhes emprestasse a voz. Reconstituir a fala daqueles, traduzir o silêncio destes – eis a tarefa do contista.

Até os contos que não se enquadram neste esquema representam, de uma ou de outra maneira, sondagens no inconsciente; assim a evocação e reconstrução, pelo adulto, de vivências infantis ou juvenis só parcialmente entendidas na época, ou o monólogo do introspectivo à procura do próprio eu sob as camadas superpostas pelas contingências do viver. O espetáculo tragicômico do demente encarapitado no alto de uma palmeira enseja um estudo de patologia individual, e outro, de patologia coletiva. As próprias narrativas anedóticas se prolongam, pelas alternativas sugeridas, num plano outro que não o real.

5. Cenário e substrato social

A maioria dos contos desenrola-se numa região não especificada, mas identificável como a das obras anteriores do autor: o mundo da sua infância e da sua mocidade. Menos onipresente do que naquelas, onde chega a desempenhar papel de protagonista, o cenário é esboçado com poucos toques, mas de extrema precisão. *Sunt nomina rebus*: bichos e plantas têm nome e atributos seguros; costumes e hábitos, misteres e fainas revivem na sua autenticidade minuciosa. As cenas enquadram-se na moldura de altos morros e vastos horizontes, amplos rios margeados de brejos, campos extensos de muito pastoreio e escassa lavoura, fazendas enormes – as do Pãodolhão, do Tôrto-Alto, do Casco, Congonha, Santa-Cruz-da-Onça, Lagoa-dos-Cavalos – forçosamente autossuficientes, que se abastecem a si mesmas de víveres, artigos de primeira necessidade, folguedos, superstições e justiça. Acostumados a não encontrarem vivalma por muitas léguas, fazendeiros e agregados, desconfiados e pouco comunicativos, tornam-se reticentes mesmo no recesso da família; a falta de intercâmbio aparta-os dos demais; acabam encaramujando-se. Do ensimesmamento ao isolamento, deste à mania, o caminho é direto; os taciturnos calam-se de vez, e um dia surpreendem a família com o estouro da sua demência.

Nos intervalos das fazendas ocultam-se arraiais pobres, de reduzida povoação – o arraial do Breberê, o povoadinho do M'en-gano, o lugar chamado o Temor-de-Deus – sem quaisquer recursos de organização social. A lei dos mais forte – a única existente – é exercida na fazenda sob formas paternalísticas pelo dono, assistido, para o que der e vier, dos rifles certeiros de alguns capangas; nas vilas, pelos valentões do lugar, detestados e temidos; nas escassas cidadezinhas, pela polícia local, que, para fazer-se respeitar, tem de pedir emprestados os métodos da arbitrariedade. Em contato com os elementos imemoriais da paisagem, nuvens e ventos, montes de perfil invariável, sendas de largura constante, as mesmas árvores, o mesmo gado, a vida corre numa rotina secular, regulamentada por vetustos códigos de honra que determinam inflexivelmente os deveres do parentesco, da amizade e da hospitalidade, assim como os da inimizade e do ódio.

Os vastos espaços desertos são povoados pelos devaneios da imaginação. Os riscos e os imprevistos da dura vida do dia-a-dia produzem resignação e fatalismo. Nos casarões da fazenda encontram-se à mesa parentes, amigos e comensais de incerta procedência; acotovelam-se crianças e macróbios sobreviventes de tempos idos; acolhem-se e escondem-se fugitivos; dissimulam-se segredos do clã. As raras quebras do ramerrão são motivos de alvoroço, espetáculo para os basbaques, agitação para os insofridos. A sede do sobrenatural gera santos e suscita milagres, matiza a religião de variantes animísticas.

6. Personagentes

Ocupar-me-ei mais adiante dos neologismos de Guimarães Rosa e da probabilidade de eles se incorporarem ao idioma. Em todo o caso, "personagente", mais que personagem e menos que protagonista, é dos que poderiam introduzir uma nuança útil na nomenclatura da crítica.

Pois bem, na multidão de figurantes de *Primeiras estórias*, os "personagentes" quase todos pertencem a duas categorias, a de loucos e a de crianças. Os da primeira são particularmente numerosos. Rodeados da aura de sapiência e santidade de que os cerca o povo, exibem infindáveis esfumaturas e gradações da demência. Impossível traçar, aliás, a linha de demarcação entre esta última e a normalidade, tanto mais quanto por vezes a mais previdente e calculadora sabedoria se disfarça em mania ("Nada e a nossa condição"), enquanto a loucura pode heroicamente adotar soluções de bom senso que a razão pusilânime não ousa levar em consideração ("A benfazeja") ou recorre a ardis de incrível sagacidade ("O cavalo que bebia cerveja"). Desmascarada e refreada quando irrompe num ímpeto ("Darandina"), a alienação é aceita como parte dolorosa da rotina da vida quando se declara paulatinamente ("A terceira margem do rio"). Ao contista suas variantes interessam não como casos clínicos (embora frequentemente revele conhecimentos fora do comum, relacionados com seus antecedentes de médico), e sim como campo propício à invasão do irreal, do irracional, do mágico – numa palavra, da poesia. E, na medida em que permanece acessível a esses poderes, o homem "normal" tem seus instantes de exaltação. Assim, quando Sorôco, após despachar a mãe e a filha loucas, retoma por sua vez a desatinada canção trauteada por elas, a multidão circundante imita-o sem querer. E o velho Iô João de Barros Diniz Robertes, "encostado, em maluca velhice" e "aprazado de moribundo", quando sai da modorra senil para uma última e quixotesca cavalgada, arrasta atrás de si uma multidão magnetizada. “Ninguém é doido. Ou, então, todos.” A loucura enche os vazios da vida, solta fogos de artifício, escancara os horizontes.

Ao lado dos doidos, as crianças formam grupo menor, mas importante, “estrelando” cinco estórias. Elas “fazem parte de uma curiosa estirpe de personagens, preludiada por Miguilim e Dito, de ‘Campo geral’, e à qual pertencem infantes de extrema perspicácia e aguda sensibilidade, muitas vezes dotados de poderes extraordinários, quando não possuem origem oculta ou vaga identidade” (Benedito Nunes). Ou ainda tropecem nos pedregulhos da palavra ou já se deslumbrem com a sua cintilação, embrenham-se com olhos virgens nos mistérios do mundo e voltam com excitante descobertas. Nos contos inicial e final realiza-se a *gageure* de fazer desfilar pela sensibilidade de um menino, com o pensamentozinho “ainda na fase hieroglífica”, os grandes problemas existenciais do bem e do mal, e, através da sua decifração, é transmitida uma mensagem de otimismo e de fé. Alhuires, Nhinhinha, “um tanto parada”, crescida no isolamento da roça, é, por isso, isenta da visão convencional dos fenômenos, vislumbra-lhes os segredos em acenos que, para a testemunha culta, são manifestações elementares de lirismo, e, para os parentes simplórios, emanações de santidade. Brejeirinha, seu oposto na vivacidade da inteligência, mas sua parenta no frescor da imaginação associativa, encontra tanto divertimento nas palavras como nos objetos, utilizando umas e outros como brinquedos. (Poder-se-iam ver nas duas meninas as encarnações da poesia popular e da erudita.)

Pela evocação de vivências análogas às de todos nós, assistimos com curiosidade total à aventura dos meninos atores de “Pirlimpsiquice”, exemplo de virtuosismo em seu ritmo arrebatado, estudo de psicologia juvenil, mas também relato de um desses milagres do cotidiano que são o domínio específico do autor. A embriaguez desses colegiais entregues à elaboração de uma “sobrepeça” à margem da peça que ensaiam é extraordinária, e contudo tão plausível quanto à experiência do Menino que, transportado para a grande cidade que se ergue do chão num lance de mágica, teima em ver o milagre em dois perus e num tucano.

7. Enfoque e perspectiva

O crítico Dante Moreira Leite assinalou, em *Grande Sertão: veredas*, a transcendência do *modus narrandi* adotado: relatório feito pelo protagonista a um estranho que se limita a ouvi-lo como o psicanalista ouve as confidências do paciente. "O romance somente adquire sentido diante do interlocutor quase silencioso que não interfere nas interpretações e nem na fabulação de Riobaldo." Analisando noutro estudo a novela "Campo geral", do nosso autor, escrita na terceira pessoa convencional da ficção, mas que apreende apenas a experiência do menino Miguilim, ressalta Dante Moreira Leite que o recurso era necessário, "pois a história não poderia ser narrada pelo herói a não ser como evocação, e isso ... destruiria o seu núcleo fundamental, que é a perspectiva da criança."

Teve toda razão o ensaísta ao apontar nessas duas obras a importância intrínseca do que poderíamos chamar o enfoque da história; a observação pode ser generalizada em relação a todas as obras de Guimarães Rosa, pois em todas elas o ponto de vista do narrador constitui elemento essencial, mais de uma vez verdadeiro fio de Ariadne.

Às *Primeiras estórias*, especialmente, a constante variação da perspectiva confere descomunal riqueza de cambiantes, muitas vezes um elemento suplementar de mistério. Algumas, segundo toda a evidência, têm raízes em experiências pessoais do autor e envolvem sua participação direta, ainda que não muito intensa. O máximo de sua presença ativa nota-se em "Pirlimpsiquice": ainda assim, ele funciona menos a título individual do que como parte de uma coletividade. Noutros casos desempenha o papel de figurante passivo ("Famigerado"), presenciador inconsciente ("Nenhum, nenhuma"), testemunha e comentador ("Fatalidade", "A menina de lá"), evocador e exegeta.

À primeira pessoa da narração pode corresponder o eu – não do autor, e sim de um relator nominalmente designado cuja personalidade se vai delineando paralelamente ao desenrolar-se da ação ("Luas-de-mel", "O cavalo que bebia cerveja", "Tarantão, meu patrão"), ou a pessoas sem nome mas possuidoras de personalidade, como o narrador de "O espelho", em quem vamos identificando um desses solitários autodidatas da província que se emaranham nos fios de suas infindáveis especulações, ou o de "A terceira margem do rio", que se vem contagiando com a demência do pai. Dos outros eus, o de "Darandina" tem seus pontos de contato com o autor, de quem partilha (e exagera) as fantasias verbais e o pendor filosofante; o de "A benfazeja", revelador dos sentimentos inconfessados de uma comunidade, parece mais uma personificação do que uma pessoa.

Nas estórias contadas em terceira pessoa observam-se também divergências no grau de participação do invisível narrador. Se a sua parte, em "Sequência" ou em "Substância", se reduz à onipresença e à onisciência convencionais do ficcionista, em "Sorôco, sua mãe, sua filha" e "Os irmãos Dagobé" diz respeito antes a um membro não individualizado da multidão a testemunhar os fatos contados. Em "Partida do audaz navegante" a subjacente simpatia do autor acusa reminiscências de infância. Em "As margens da alegria" e "Os cimos", que se apartam do resto do volume em estrutura e propósitos, o autor existe para decifrar os pensamentos hieroglíficos do Menino.

Essa série de substituições, procurações e disfarces, esse brincar de esconde-esconde não serve só de provocação e estímulo: habitua o leitor a dar a volta da história e a repensá-la. Qual não seria o caso de Nhinhinha narrado não pelo autor, compassivo mas ainda assim distante, e sim por Tiantônia? Ou o do remador que embarca para nenhures, se glosado não por quem lhe sofre o desvario na própria carne, mas por um espectador chistoso como o de "Darandina"? Afinal, o próprio relato metamorfoseia-se em ação e enredo: haja vista a ambivalência e a evolução dos sentimentos do capanga Reivalino em relação ao patrão. Tem-se aí outra história à margem da primeira, de mistério não menos profundo que o do cavalo bebedor de cerveja.

8. Estrutura

Sabe o nosso autor, como poucos, graduar a emoção, criar "suspenses", produzir a expectativa de catástrofes. Essa expectativa, porém, frequentemente não é satisfeita: as estórias acabam sem explosão, os conflitos esvaziam-se em resignação ou apaziguamento – e, contudo, o leitor não se sente frustrado. Em "Famigerado", "Os irmãos Dagobé", "O cavalo que bebia cerveja", "Luas-de-mel", "Darandina", "Tarantão, meu patrão", o conflito esperado deixa de se cumprir, o desfecho realiza-se no íntimo das personagens. Nesse corajoso – e convincente – emprego do anticlímax deve-se ver prova decisiva de mestria na arte de tramar histórias.

Outro motivo de beleza estrutural será o desenvolvimento paralelo de dois enredos que se completam e explicam, sendo que o secundário só se entrevê intervaladamente. Em "Luas-de-mel", a chegada de uma moça raptada e o casamento realizado às pressas sob a ameaça de um ataque armado reacendem a sopitada ternura conjugal no velho fazendeiro que acolheu os fugitivos; em "Partida do audaz navegante", a burlesca brincadeira inventada por uma criança desencadeia em duas outras uma incipiente paixão juvenil.

Armar um mistério no começo da narrativa para no fim satisfazer, por meio de uma explicação minuciosa, as exigências de um leitor raciocinante, é processo que Guimarães Rosa só excepcionalmente adota. Prefere esconder a explicação no título ou entre dois parênteses, sugeri-la em termos velados, fornecê-la por partes, antecipá-la do modo mais insólito. Gosta ainda de insinuar apenas uma das explanações possíveis, admitindo a plausibilidade de outras. Em qualquer destes casos, o leitor é forçado a abandonar a sua inércia, tornando-se colaborador.

Se quiséssemos representar a ação de cada conto por uma linha, obteríamos riscos bem variados, desde a reta simples até a parábola e a espiral. Em relação à primeira composição do volume, por exemplo, ela daria uma curva ondulante de acordo com as oscilações do pensamento do Menino. Quando, pela primeira vez, a intuição da intensidade do existir o leva a um auge, dá-se uma queda brusca, pela revelação da morte individual; vislumbrada uma possível compensação da vida da espécie, ei-lo em nova ascensão. Mas só por pouco tempo esse avatar lhe parece um remédio ao caos, pois outro mistério, revelado no ódio do bicho vivo ao morto, remergulha-o no abismo. Encadeados, os enigmas sucedem-se, e essa percepção aterra e consola sucessivamente.

9. Coisas gerais

Nem só essa história se prolonga pelo plano metafísico. Quase todas são pluridimensionais, carregadas de significado oculto. Todos os rios do mundo de Guimarães Rosa têm três margens.

Os temas da arte são fragmentos de vida, esses aspectos superficiais da realidade que os nossos sentidos percebem. Mas "em volta de nós o que há é a sombra mais fechada – coisas gerais".

O universo é, ao mesmo tempo, ordenado e caótico. Sua ordem, inacessível à nossa percepção, pauta nossas existências, preestabelecidas, imutáveis. Precisados de segurança, ansiamos por alguma orientação e alguns pontos de apoio, e pelejamos "para impor ao latejante mundo um pouco de rotina e lógica". Nesse esforço inventamos as três faces do tempo: ora, a nossa duração é indivisível e cada um dos instantes sucessivos que rotulamos de presente contém todo o passado e todo o futuro. Ignorando-o, agitamo-nos e procuramos reverter o tempo, livrar-nos do passado ou desviar o futuro, trocar de destino, iludir-nos com a ideia de optar, quando apenas estamos trilhando a senda "dos futuros antanhos". Fazendo planos, tomando decisões, organizando a nossa vida, não notamos que "algo ou alguém de tudo faz frincha para rir-se da gente". A unidade e o sentido dessa vida ficam-nos ocultos, pois o seu desenho só se completa pela morte, também preexistente.

Visão artisticamente fecunda, mas de profunda tragicidade, essa concepção do mundo é suavizada pela importância que nela cabe ao amor, um amor carnal "que gera o espiritual e nele se transforma" (Benedito Nunes). Este é que nos traz os momentos de exaltação e sublimação em que damos conta exatamente do nosso recado e melhor nos igualamos ao rosto ideal que vivemos a buscar no espelho.

10. O choque estilístico

O leitor brasileiro que porventura entrar em contato com a arte de Guimarães Rosa através de *Primeiras estórias* inevitavelmente haverá de experimentar um choque, devido à agressiva novidade do estilo, à qual os leitores antigos do autor se vêm habituando progressivamente. (Falamos no leitor brasileiro, porque o estrangeiro, que a conhecer através de tradução, terá forçosamente sob os olhos um texto atenuado e filtrado, adaptado pelo tradutor aos padrões existentes da língua acolhedora.)

Lembre-se de que o autor fez sua aparição na literatura como escritor regionalista. Não adotara, porém, nenhuma das três técnicas à disposição do regionalismo: servir-se da linguagem regional indistintamente em todo o livro, restringi-la à fala dos personagens, ou substituí-la integralmente por uma linguagem literária, convencional. A quarta solução, adotada por ele, consistia em deixar as formas, rodeios e processos da língua popular infiltrarem o estilo expositivo e as da língua elaborada embeberem a linguagem dos figurantes. Disse língua "elaborada" e não "culta": Guimarães Rosa, conhecedor dos mais profundos do idioma, não se satisfaz em explorar-lhe todo o tesouro registrado e codificado, mas submete-o a uma experimentação incessante, para testar-lhe a flexibilidade e a expressividade. Daí um estilo personalíssimo, que das obras de caráter regionalístico se alastrou por toda a obra de ficção do nosso autor, e até por suas raras produções ensaísticas.

Fez, em suma, Guimarães Rosa, em relação à linguagem, o que todos os ficcionistas fazem da realidade, sua matéria-prima: desagregam-na e reconstituem-na a seu bel-prazer, tratando as suas parcelas como elementos de mosaico; com pedaços e traços de pessoas vivas constroem as suas personagens; fundindo cenas e acontecimentos registrados pela própria memória, deles tiram episódios e enredos. Com clarividência notável, Antônio Cândido define o mundo de Guimarães Rosa como um universo autônomo "composto de realidades expressionais e humanas que se articulam com harmonia, superando por milagre o poderoso lastro de realidade tenazmente observada, que é a sua plataforma".

Entre os motivos dessa experimentação, do contínuo alargar do registro da língua, figura, sem dúvida, o propósito de amoldá-la para exprimir matizes e modalidades até então não observados da realidade que aguardam denominação para penetrarem na consciência comum. "O poeta se distingue como um aparelho altamente discriminante da infinita multiplicidade de aspectos do ser". "Oswaldino Marques). Mas o motivo principal, mais de uma vez declarado pelo próprio ficcionista, consiste em dar "toque e timbre novos às expressões amortecidas". Como pertinentemente observa Cavalcanti Proença, o nosso escritor outra coisa não faz "senão apelar para a consciência etimológica do leitor, neologizando vocábulos, reavivando-lhes o significado (obliterado ou por demais esquecido pelo uso corrente), dando-lhes uma precisão que esse mesmo uso acabou por destruir. Uma espécie daquele silêncio que desperta os moleiros quando cessa o rolar do moinho."

Nas considerações seguintes, tenta-se não a catalogação dos recursos estilísticos manejados no presente volume (e que daria outro volume), e sim, apenas, a indicação exemplificada das tendências a que correspondem. Não se ignora o risco deste trabalho:

os espécimes montados em alfinete com fins de coleção, rígidos e murchos, podem parecer meras esquisitice e até monstruosidades, por mais que vicejem e resplandeçam no contexto do seu ambiente natural, vitalizando-o e animando-o.

II. Oralidade

Ao autor da presente introdução falta convivência com o povo do interior brasileiro e, especialmente, da região que serve de cenário à maioria dessas estórias para que possa tentar uma distinção da contribuição popular *lato sensu* e da nitidamente regional; por isso adota o termo acima, que lhe parece determinar com bastante exatidão uma das principais coordenadas da linguagem rosiana.

Suas páginas porejam modismos e fórmulas que estamos habituados a ouvir na boca de pessoas do povo e que, em seu frusto vigor, dão à fala popular sabor e energia deliciosos: "Nosso pai nada não dizia..."; "Do que eu mesmo me alembro..."; "Nossa casa era mais próxima do rio, obra de nem quarto de légua..."; "Perto e longe da sua família dele..."; "avisado que nem Noé..."; "A gente, firmes sem mover um passo...".

Os exemplos poderiam ser multiplicados. É precisamente o formigar de tais rodeios que dá a leitores menos avisados a ideia de que o autor se propõe à mera reprodução da linguagem popular. Com essa ideia metida na cabeça, logo vão implicar com o primeiro neologismo e apontar em triunfo aquele "destom" como exemplo de insucesso.

É desconhecer a própria essência dessa arte tão provocadoramente original. A predileção do autor por fórmulas populares de uso geral não o impede de se deleitar com insólitas locuções individuais nem de inventar outras que, golpeando em cheio o leitor, lhe possam inculcar uma percepção nova.

Tem toda a aparência popular e regional o uso do artigo definido à frente dos adjetivos indefinidos, adotado pelo autor – como as demais práticas de estilo oral – mesmo em trechos em que ele fala por conta própria: "as muitas pessoas"; "o parente nenhum"; "a alguma alegria"; "o certo solerte contentamento"; "as diversas pessoas"; "a alguma recomendação"; "as certas pessoas"; "a tanta importância"; "as todas manhãs"; "a muita criatura". Essa praxe paradoxal, oriunda talvez do desejo de aumentar a massa sonora e o peso da locução, nota-se também no caso de expressões onde normalmente a indefinição se patenteia pela ausência de determinantes: "Iam dar na gente a tremenda vaia"; "O gebo, pernas tresentortadas e moles, quase de não andar direito, mas o capaz de deslizar ligeiro."

O leitor citadino, especialmente carioca, encontrará o mesmo sabor regional no uso do subjuntivo com valor de condicional – "Nem olhasse mais a paisagem?"; "Nem fosse possível."; "Constava que nosso pai, alguma vez, tivesse revelado a explicação" – ou de indicativo, com matiz dubitativo: "Só ele conhecesse, a palmos, a escuridão daquele [brejão]"; "Por certo esse Herculinão Socó desmerecesse a mínima simpatia humana"; "Tão apartado em si se conduzia ele... que jamais quase a referisse pelo nome".

Observando a fala de pessoas de poucas letras, ou de todo não alfabetizadas, podemos notar quão frequentemente elas deixam a frase inacabada, como que suspensa, completando o sentido com o silêncio da pausa. Em Guimarães Rosa, o vezo, de tão frequente, ganha foros de categoria sintática: "Queriam-lhe como quem."; "No que num engano."; "Sabiam o até-que-ponto."; "Aquilo era quando as onças."; "O que foi quando subitamente."; "Brejeirinha de alegria ante todas, feliz como se, se, se; menina só ave."; "Esse moço, pois, para ele sendo igual matéria o futuro que o passado?". Dentro do contexto, todas essas frases – e muitas semelhantes – palpitam com o frescor da emoção. Um jovem crítico, Roberto Schwarz, em sua percuciente análise da linguagem de Guimarães Rosa, chega a ver em tais sentenças inacabadas a chave de toda a expressão do autor: "Podemos afirmar mesmo, dado encontrarmos frases irredutíveis ao esquema comum, serem estas as que devem orientar o nosso modo de ler, por realizarem mais radicalmente a dicção do livro. Através de umas tantas orações sem fio gramatical definível, fica instaurado um universo linguístico em que mesmo as proposições de lógica perfeita passam a pedir uma leitura diversa...". Especialmente o verbo de cópula ganha força em ser omitido quando substituído por interrupção do fluxo sonoro: "Se homens, meninos, cavalos e bois – assim insetos?"; "O estilo espavorido."; "Atordoados, pois."; "A gente, nada. Ali, formados, soldados mesmos, mudando de cor, de amargor."; "O pasmatório." E, em nível literário: "Ti Liduina, que já fina música e imagem."

Caracteriza ainda o modo de falar das pessoas simples certo rebuscamento, a adoção de formas da linguagem escrita consideradas elegantes e não inteiramente assimiladas. É o que explica o aparecimento do gerúndio em orações relativas que depois o sujeito falante não sabe como acabar: "Seo Fifino noticiou: que tendo chegado certo sujeito, um positivo, com carta."; "Seus sabedores informavam: que a marca sendo de grande fazendeiro." O particípio passado pode também assumir esse efeito desorganizador do gerúndio: "Vim ver quem. Aquele homem que chegado."; "Acomodar os hóspedes que esperados." Por expressivo, o modismo é adotado pelo próprio narrador: "Dava para se sentir o peso da [arma] de fogo, no cinturão, que usado baixo..."

Efeitos enérgicos são tirados de outras irregularidades sintáticas, igualmente característicos do estilo oral: da regência imprópria ("E prometia-lhe o Tio as muitas coisas que ia brincar e ver e fazer e passear"); da concordância pelo sentido ("A gente fica quase presos, alojados na cozinha") e deste anacoluto expressivo que abre a undécima estória: "O espelho, são muitos."

12. Sonoridade

Essas citações devem ter feito entrever uma das qualidades paradoxais do estilo de Guimarães Rosa: suas páginas exigem leitura atenta e meditada, e, ao mesmo tempo, podem ser lidas em voz alta ou, pelo menos, com a colaboração ininterrupta da imaginação auditiva. Só assim poderão ser apreciados *in totum* e valorizados seus esforços originalíssimos de "transposição total para o plano auditivo de uma representação puramente visual" (Oswaldino Marques).

Há frases do nosso autor, precisamente das mais carregadas de significação, que exigem notação musical: "Infância é coisa, coisa?"; "Porque eu desconheci meus Pais – eram-me tão estranhos; jamais poderia verdadeiramente conhecê-los, eu; eu?"

A aliteração serve-lhe de subsídio pitoresco ou acompanhamento musical, marcadora de ritmo ou de monotonia, sinal de gravidade ou de graça; "Miúdo, moído..."; "aquele doer, que põe e punge, de dó, desgosto e desengano"; "leigos, ledos, lépidos"; "desconto... o em que me tive na mocidade: desmandos, desordens e despraças"; "podia também ser de outra essência – a mandada, manchada, malfadada"; "conforme confere e confirmava". Em suas acrobacias verbais ressurgem as figuras da velha retórica: a homofonia: "Ferramos fera briga"; o homoteleuto: "não conseguindo juntar o prestígio ao fastígio"; o poliptoto: "Ao que sei, que se saiba, ninguém soube sozinho direito o que houve"; a figura etimológica: "as figurantes figuras, mas personagens personificantes".

A rima sentenciosa é um adjutório caracterizador (em "Luas-de-mel"): "Eu ponho a mesa e pago a despesa"; "Cachorro, gato e espalhafato"; "Só em paz, com Deus, sossegado. Sensato, sincero e honrado."; "Herói é no que dói!"

Usa com o mesmo intento, ou como simples "intermezzo" lúdico, palavras pomposas e grandiloquentes, que ganham graça pelo emprego pernóstico: "Só vivo no supracitado"; "os noivos satisfatórios"; "aquele senhor provisoriamente impoluto". Há muitos outros exemplos, sobretudo ao longo de "Partida do audaz navegante", onde o autor confirma implicitamente a ampla contribuição da linguagem infantil para seus processos de inovação mais ousados.

Com patente alegria sensual ele deixa arrebentar-se pelo batucar das onomatopeias: "Aí, o povaréu fez vêvêvê"; "o *a-tchim-pum-pum* dos foguetes"; "trupitar" de cavalos; "catastrapes!"; "chiquetichique", todos exemplos encontráveis em "Tarantão, meu patrão", onde a reprodução imitativa começa no próprio título.

O prolongamento das palavras por meio de sufixos altissonantes – furibundância, circunspectância, esplendição, blasfemífero, ardilidade – ou pela ousada repetição de sílabas – sussussurrar, mumumudos, nesse interintintim – é praticado com intuito de intensificação semântica.

Assinale-se mais uma fonte de sonoridades sugestivas e classificadoras: os expressivos nomes próprios com que Guimarães Rosa gosta de brindar-nos, enfileirando-os às vezes em saborosas enumerações rabelaisianas. Nenhum outro autor nosso armazena tantos apelidos, alcunhas, epítetos, corruptelas de nomes e sobrenomes pitorescos e pedantes. Só em *Primeira estórias* encontramos os quatro irmãos Dagobé: Damastor, Doricão, Dismundo e Derval, além de Tãozão, Mão-na-Lata e Zé Centeralfe. E ainda, a sinistra tríade formada pela Mula-Marmela, Mumbungo e Retrupé; e Nhinhinha e a Nhatiaga; e Vagalume, de seu verdadeiro nome (!) João Dosmeuspés Felizardo: e Curucutu, Cheira-Céu, Jiló. Pé-de-Moleque, Barriga-Cheia, Corta-pau, Rapa-pé, e Gorro-Pintado... todo um catálogo bem brasileiro de extravagância denominativa.

13. Dinamização

Além desses aspectos pitorescos, convém destacar na linguagem de Guimarães Rosa o fator dinâmico ao serviço da representação do que ele chamou "o corrido, contínuo, do incessar". É um constante rebatizar de fenômenos já denominados, um contínuo buscar de nomes para formas que inesperadamente emergem do caos existencial; e também, às vezes, a criação de uma realidade nova que surge pelo poder da evocação verbal.

Os processos dessa renovação não são, não podem ser puramente arbitrários, senão prejudicariam a comunicabilidade da mensagem. Na maioria dos casos são tomados de empréstimo à própria língua, e consistem na imitação e na intensificação de seus recursos evolutivos. Às vezes parecem sugeridos pelo espírito de outros idiomas. Vez por outra são produtos de uma invenção divertida, arbitrária e lúdica.

Naturalmente, nem todos os termos não dicionarizados de *Primeiras estórias* podem ser considerados como neologimos de fato. É praticamente impossível separar os vocábulos ainda não registrados da linguagem familiar ou regional e os que existem na língua em estado latente. São desse grupo, resultante de derivação regular, substantivos como *terrestreidade* ou *cascalharal*, adjetivos como *multitudinal* e *gravitacional*, verbos como *trevar*, *andorinhar* e *bruaar*. Outro grupo de plausibilidade semelhante é formado por palavras compostas de acordo com os moldes tradicionais: *abre-tragos* e *borra-fofo*, *gritamulta* e *ultramuito*.

É impossível não notar um terceiro grupo, muito numeroso, constituído por derivados paralelos aos já existentes surgidos pela substituição do elemento derivador: *perversia*, *simulagem*, *confusamento*, *estupefazimento* e *estupefatura*, *casamentício* e *casação*, *velhez*, *ceguez* e *mesmez*, outros tantos *doublets* de feição geralmente popular que nem sempre se distinguem das formas banais por uma nova matização intelectual. "Haverá de causar espécie" – observa oportunamente Oswaldino Marques – "que, muitas vezes, o autor recorra a neologismos quando já conta a língua com palavras de sua corrente que expressem o mesmo conteúdo... Sua função primordial... é descondicionar os nossos hábitos verbais e levar-nos a reexperimentar as ideias ou sensações veiculadas. A comoção que nos agita arranca-nos, por assim dizer, à nossa letargia mental e nos obriga a repensar os objetos. A linguagem opera, desse modo, a contínua reativação das nossas vivências e nos abastece de conotações insuspeitas."

Observemos que, desse ponto de vista, o mesmo sufixo pode exercer efeitos diferentes. Note-se a crescente intensidade do choque em *sertanejice*, *aguaceirice* e *frutice*.

Contribui para a tremulação ondeante do etilo o fato de certos sufixos aparecerem não somente em aliagens insólitas, mas também com carga semântica diversa. Nota-se isto em particular nos adjetivos formados com *-oso* e com *-vel*, mesmo quando simplesmente enfileirados fora de contexto: *viuvoso, controversioso, sonhoso, tigroso, sobrossoso, artimanhoso, desadoroso, grossoso, terrivoroso; encantoável, assombrável, enlameável, cravável, comiserável, deslumbrável* —nos quais o exame atento descobrirá alternadamente valor ativo ou passivo, nuança quantitativa ou qualitativa. O sufixo *-ista*, de conotação erudita, passa a nitidamente popular em *poetista* e *namorista*; o sufixo *-az*, petrificado, desenregela-se em *zombaz* e *sanguinaz*.

De fixidez bem maior que os sufixos de derivação, os provérbios, imobilizados desde a época latina, voltam a ganhar na mão de Guimarães Rosa extraordinária vitalidade. Ao restituir pode denotativo ou intensificador a préverbios esvaziados de sentido, o escritor, profundo conhecedor de várias línguas, parece ter-se deixado influenciar por idiomas como o alemão ou o russo, em que essas partículas até hoje conservaram vigorosa atuação. Os exemplos pululam: *trasviver, trasmodo, trasvôo, transclaro* e *travisagem; tresentortado, tresbusco, tresenorme, tresbulício* e *tresincondigno; contristes, compesar* e *congracez, sobrecrente* e *sobreabrir-se; circuntristeza, contra-surpresa, obcego* e *perluzir*. Juntamente com a tendência de antepor essas partículas e verbos, derivados verbais, ou mesmo a palavra de outras espécies, patenteia-se a de multiplicá-las. Tal tendência é característica do idioma húngaro cuja estrutura Guimarães Rosa conhece intimamente segundo se depreende de "Pequena palavra" com que prefaciou a minha *Antologia do conto húngaro*. Luiz Costa Lima Filho aponta com acerto o que esse prefácio tem de revelador; à sua leitura nota-se "o quanto de hungárico ele conscientemente incorporou à nossa língua literária". Alguns exemplos: *altíloquar* e *altitonar, cabismeditado* e *cabisbaixar-se, bis-ver, vis-ver* e *vice-ver*.

O maior número de incidências, como na língua comum, dá-se com os prefixos *des-* e *in-* em função criadora de antônimos. Eis alguns dois muitos exemplos que parecem inventados (ou apanhados pela primeira vez) pelo nosso autor: *desacontecido, desaproximar-se, desconcernência, descarecer, desvárias* (vezes), *dessonambulizar, despreferência, desentregar-se, desesconder-se, desnascer* e, até, *desdeslembrar-se; inconfuso, inesperavam-se, impermanência, inquebrantar-se, inenganador, insabível, intrágico, inestimar, irreconhecer, increr, incomunhão, indecifrar, impoder, inconvir, inacional*. Se o sentido de alguns é bastante claro, parece que outros são originados menos por uma visão concreta do que por indução do termo positivo, oposto. É nestes casos que, segundo a afirmação exultante de Vilém Flusser, "a língua portuguesa cria conscientemente, se quiserem cerebralmente e metodicamente, a realidade nova". O escritor criou o conceito novo, e "os biólogos e os psicólogos virão, em seu tempo, para inseri-lo dentro da sua realidade".

Para quem percebe o mundo sob as espécies de luz e sombra, afirmação e negação, o método mais óbvio da criação conceptual de novas realidades é mesmo a invenção de contrastes. A sua inventariação permitiria uma compreensão mais profunda, não somente do estilo, mas da cosmovisão de Guimarães Rosa. Aqui fica, a título de sugestão, uma relação rápida de expressões e frases em que o advérbio "não" surge com valor tipicamente adversativo: "Em não-tais condições"; "sua não-rapidez"; "eles se olhavam para não-distância"; "satisfazer-me com fantásticas não-explicações"; "desaparecer no não"; "olhava na direção do não"; "acontecia o não-fato, o não-tempo"; "tão bom como tão não". Acrescentem-se dois trechos, particularmente significativos, do conto "A benfazeja", todo ele construído em dicotomias: "Talvez pressentisse que só ela seria capaz de destruí-lo, de cortar, com um ato de 'não', sua existência doidamente celerada."; "E ela, então, não riu. Vocês, os que não a ouviram não rir, nem suportam de lembrar direito do delirido daquela risada."

Insensivelmente chegamos de uma linguagem predominantemente oral, de forte sabor popular, a outra, de alto teor filosófico. Só que as duas são uma só, inseparável e orgânica, apesar de toda a sua heterogeneidade.

A dissociação das parcelas semânticas observa-se não apenas em vocábulos, mas ainda nessas outras unidades léxicas que são as locuções. Palavras que estamos habituados a ouvir unicamente integradas em frases feitas voltam a agir por sua conta ou a emprestar mobilidade à expressão estereotipada: "Com cara de nenhum amigo..."; "Transfoi-se-me. Esses trizes"; "Espiei os três outros, em seus cavalos, intugidos até então"; "Capazes de qualquer supetão..."; "Me-diz-que-diseram"; "Se humilhara, a menos não poder"; "O outro, no tir-te, se encolheu"; "E era o impasse de mágica"; "Um deu-nos-sacuda".

Nos dois últimos exemplos o processo confina com o trocadilho, recurso algo desconsiderado. Mas Guimarães Rosa não desdenha nenhum truque em sua luta com a expressão, verdadeiro *catch as catch can* em que todo os ardis são permitidos.

A derivação regressiva de substantivos, a que a língua frequentemente recorre em deverbais como "apanha", "derrama", "derruba", etc., traz também contribuição para o léxico de nosso contista, em palavras como "apavor", "reobriga", "ensimesmo".

Outro meio de enriquecer a expressão é impedir-lhe o empobrecimento. A ele recorre o autor de *Primeiras estórias* ao reativar a particípio presente, em via de desaparecimento, restituindo-lhe toda a força verbal: vejam-se "pleiteantes brados", "a mais buscante análise", e, ainda, "espantante", "pontuante", "querente", "requiescante", "apalpante", "decretante". Numa extenso de sentido contrário, alarga, ao mesmo tempo, o uso adjetivo do particípio passado: "a cada podido momento"; "olhos empalidecidamente azuis"; "entregadamente"; "alongada, sorrida, moduladamente".

O reagrupamento de semantemas estende-se, naturalmente, a toda a organização sintática, aproveitando os efeitos estilísticos que oferece a modificação da ordem costumeira das palavras. A mais óbvia dessas modificações é o destaque do adjetivo por meio de antecipação: "Seus muitos, sequazes homens"; "na prática verdade"; "pela indiferente rua"; "insuspeitado estilo".

Outras inversões que, em Retórica, seriam qualificadas de hipérbatos e de sínqueses: "Com quantos sem uso corredores"; "Só este é o seu, deles, diálogo"; "tudo apesar-de"; "o multitudinal silencio – das pessoas de milhares"; "Se lhe de deveres e afetos falei"; "o das-Finanças-Públicas secretário". Note-se que os quatro últimos exemplos são extraídos de "Darandina", onde neologismos, trocadilhos, onomatopeias e inversões estão a serviço de uma esfuziante comicidade – o que lembra que os processos estilísticos do autor não devem ser avaliados fora do clima de intencionalidade que lhes cabe no contexto.

Deixei para o fim um exemplo agressivo de tmese (que evoca a separabilidade do provérbio alemão e húngaro): "E entrou – de peito feito. Àquelas qüilas águas trans", para marcar o limite extremo da atomização estilística.

Não é de se espantar que os sinais de pontuação tenham também o seu emprego alargado. Além do famoso exemplo constante do título de *Grande sertão: veredas*, os dois-pontos neste livro também transcrevem pausas sugestivas:

"Sentava-se inteiro, dentro do macio rumor do avião: o bom brinquedo trabalhoso."; "A grande cidade apenas começava a fazer-se, num semi-ermo, no chapadão: a mágica monotonia, os diluídos ares."; "Não viu: imediatamente."; "Antes do rio não viam: as aves que já ninhavam."

Como é mesmo que dizia Riobaldo? "O mais importante e bonito, no mundo, é isto: que as pessoas não estão sempre iguais, ainda não foram terminadas – mas que elas vão sempre mudando." Tal como a linguagem.

14. O arbítrio criador

"Muita religião, seu moço! – dizia ainda Riobaldo. – Eu cá, não perco ocasião de religião. Aproveito de todas. Bebo agora de todo rio."

Ponha-se "língua" em lugar de religião, e aí temos uma definição estilística da obra de Guimarães Rosa. Nela estará acenada a hibridez de um sistema expressivo cujos elementos provêm de origens as mais variadas, em que termos de gíria ("o meu esmarte patrão", "um moço esporte de forte") e latinismos ("assim vocado e ordenado"; "as infernas grotas"; "O Padre Prefeito, solene modo, fez-nos a comunicação") se misturam aos rodeios de acentuado sabor popular e a preciosismos rebuscados.

Ao relacionar os componentes desse estilo, em seu estudo nunca assaz citado, Manuel Cavalcanti Proença afirma que, contudo, ele não constitui uma nova língua: "O que ocorreu foi ampla utilização das virtualidades da nossa língua, tendo a analogia, principalmente, fornecido os recursos de que ele [o autor] se serviu." E para neles basear a analogia, Oswaldino Marques, em seu estudo igualmente fundamental, cita em apoio das inovações mais ousadas outros tantos "parâmetros", termos vernáculos tomados ao acaso.

Deve-se admitir, porém, a existência de praxes não apoiadas em analogias. Estão neste caso as amálgamas de dois vocábulos cuja fusão é provocada não por associação intelectual, mas pela coincidência sonora de uma sílaba. Duas palavras – fúnebre e brilho – fundem-se na parcela sonora comum em "funebrilho", para designar uma noção (enfeite de caixão) até então não denominada como termo específico. Ou então diligente e gentil fundem-se para indicar a função momentânea de dois atributos em "diligentil". Outros exemplos: "personagente" (já citado), "perséquito", "sussurruído", "delirido", "tumultroada", "engenhingonça", "afobafo", "malandrajo", "excelentriste", "dançandoar-se", "descreviver". De momento não me ocorre outro parâmetro a não ser "tranquilômetro", "tranquilometragem", pertencentes à pseudolíngua publicitária. Em tais casos a fantasia do autor substitui-se às tendências da língua entregando-se à criação arbitrária de neologismos com a mesma deleitação que inspira as bizarrices da linguagem infantil na boca de sua personagem Brejeirinha.

Nem sempre o significado dessas inovações é óbvio: mais de uma constitui enigma de decifração nada fácil, capaz de suscitar as interpretações mais desencontradas. Veja-se este exemplo, encontrado em "Nada e a Nossa Condição": "Ante e perante, à distância, em roda, mulheres se ajoelhavam e homens que pulando gritavam, sebestos, diabruros...". O leitor fica intrigado com o adjetivo não dicionarizado "sebesto". Deverá ligá-lo a "sebesta" (nome de árvore) ou a "sebo" (especialmente das locuções: "metido a sebo: ora, sebo!"), tomá-lo por uma corruptela de "sebento" ou considerá-lo uma amálgama audaciosa de "sebo" + "besta" ou de se (pronome) – besta? Todas essas conjeturas, embora desencorajadas pelo contexto, hão de se apresentar ao espírito do leitor mais prontamente do que o verdadeiro radical, pedido emprestado ao substantivo grego *sébas* ("temor religioso", "veneração") e ao corrrespondente verbo "sebo".

Outro exemplo, constante da "Pequena palavra" já citada, mostra também como seria ilusório pretender a uma compressão integral de uma página de Guimarães Rosa. Ao caracterizar o divertimento dos pastores húngaros diz que "se alargam nas tabernas rurais, onde o país canta e dança suas "csárdás" que em ritmo alternam: a lentidão melancólica e lassa – e – o ferver tenso agilíssimo de alegria doidada que alucina com um inaudito frissom." À primeira leitura o trecho não oferece dificuldades: mas se matiza de engenhosa musicalidade aos olhos de quem notar (mas quem notará?) que o autor, num enlevo de virtuoso, encontrou jeito de encerrar nele os próprios termos que, em magiar, designam as duas variantes do "csárdás: lassú" ("lento) e "friss" ("rápido"). Não é difícil prever a perplexidade dos autores de teses de doutoramento sobre a linguagem de João Guimarães Rosa (teses que já começam a aparecer, dentro e fora do país) dando tratos à bola para desvendarem os mistérios adrede espalhados pelo autor ao longo de suas páginas, enquanto este, de longe, os observa com discreta malícia e aquelas suas risadinhas cordiais de esfinge bem-educada.

Embora com raízes na língua, que não desconhece palavras de polivalência funcional (como "longe", advérbio, adjetivo e substantivo), nas páginas de Guimarães Rosa os vocábulos ganham elasticidade quase ilimitada. Não somente substantivos, adjetivos e advérbios, mas conjunções e interjeições trocam de categoria funcional com grande facilidade: "Mas a Moça estava devagar."; "A gente pensava num logo luar."; "Desço em pulos passos."; "outroras coisas"; "o que fácil não fiz"; "os futuros antanhos"; "mal dava para se ver, no escurecendo"; "a de nunca naturalidade"; "sou de nem palavras"; "Aquilo na noite de nosso teatrinho foi de Oh"; "Disse de não, conquanto os costumes", etc.

Assim como nas enálages supracitadas o advérbio se disfarça em adjetivo ou substantivo, toda e qualquer locução adverbial pode se revestir de função nominal: "Noutro de-repente"; "o meu mais-longe"; "os às-nuvens pináculos dos montes"; "aquela a-pique difícil fazenda"; "no entre algumas flores"; "o em-diabo pretinho Alfeu", passando até a se flexionar: "em-diabas confusões"; "ela batia com a cabeça nos docementes". Mais ainda, uma frase qualquer se transforma em epíteto ou substantivo: "um narizinho que-carícia"; "no se é o que é que é"; "o em que me tive".

Quer dizer que os materiais da língua estão em fusibilidade permanente, lavas que só criam forma ao derramar-se. Nem todos os produtos dessa criação vulcânica saem graciosos ou eufônicos: há os que irritam e provocam; mas o conjunto da erupção é um espetáculo que subjuga.

Por enquanto só se pode conjeturar a profundeza da revolução operada nas letras brasileiras por Guimarães Rosa. Quem assina esta introdução pode, como árbitro de vários concursos de conto, observar a sedução exercida pelo seu estilo nos novos prosadores de todas as regiões do Brasil. Inimitável na intuição das correntes fundas do inentendível mundo íntimo, assim como na transferência de episódios locais para horizontes universais, sua obra, por enquanto, está agindo sobretudo pelo aspecto epidérmico. É de se esperar que nos talentos bastante fortes para se subtraírem ao perigo do arremedo servirá de estímulo para o desapego de todos os padrões tradicionais. Mas parece pouco provável que suas invenções e liberdades em sua totalidade venham a se enquadrar no *corpus* do idioma, precisamente porque seu poder está no vislumbre fugaz da instantaneidade.

"Evidentemente há coisas que só entenderá em *Grande sertão: veredas* o sertanejo, precisamente o menos provável de seus leitores"

– pondera com espírito Adolfo Casais Monteiro. Estendendo a observação a *Primeiras estórias*, acrescentaria eu que há outras coisas que só o dialetologista, outras que só o filósofo, outras ainda que só o psicanalista entenderá – o que equivale a dizer que nenhum leitor entenderá a obra na íntegra. Tenho que esse entendimento nem sequer é visado pelo escritor. Trabalhando como o cineasta, sabe que os detalhes de seus flagrantes só parcialmente serão percebidos pelo público na rápida sucessão das imagens e nem por isso deixa de calcular e apurar os seus menores efeitos. Por menos que pegue dessa profusão barroca, o leitor médio ainda pegará bastante para ceder ao encantamento.

Dessa própria riqueza surge a possibilidade de se encontrarem intenções e subentendidos mesmo onde não os há, de surgirem interpretações de surpreender o único detentor de todas as chaves da obra, o próprio autor. Até agora não me consta que ele tenha posto em dúvida a validez de qualquer explanação, nem creio que venha a fazê-lo. Mas tampouco fornece a chaves a ninguém. "Rosa não entrega nem a pau o mapa da mina" – segundo uma expressão feliz de Afonso Arinos de Melo Franco. Solta pelo seu criador, a obra passa a ter a sua própria vida, que a este não é dado nem retificar num influenciar. Tudo leva a crer que os livros de Guimarães Rosa suscitem mais tentativas de decifração que os de qualquer outro escritor brasileiro, e que estas os tornem ainda mais densos e mais cheios de significados.

Conta-me Guimarães Rosa que os compositores de tipografia, não entendendo uma de suas palavras ou frases, têm as modificado involuntariamente; e que, ao rever as provas, tem-lhe acontecido não emendar o erro por decorrer de uma compreensão aceitável dos antecedentes, e por se ajustar bem ao contexto.

O grande tradutor de *Grande sertão: veredas*, Meyer-Clason (que neste momento está transplantando para o alemão estas *Primeiras estórias*), resolvera a maior percentagem possível dos enigmas verbais que formam o tecido desse romance gigantesco. Enganou-se, porém, ao tomar "lagarta-de-fogo" (equivalente de "tatarana", alcunha de Riobaldo) por "lagartixa de fogo" e ao traduzir esse misterioso nome de bicho por *Feuersalamander*. Foi assim agregada à variante alemã do livro uma conotação alquimística e medieval inexistente no original, mas que o autor, depois de estranhá-la no princípio, acabou por admitir como perfeitamente compatível com o destino da personagem, que ganhava assim uma nova dimensão.

Espero ter dado ao leitor, nestas considerações prévias demasiadamente difusas, uma ideia pelo menos da extensão do mundo em que se vai embrenhar, com o risco certo de perder-se mais de uma vez e com a recompensa não menos certa de se reencontrar seguidamente a si mesmo nos muitos atalhos de Guimarães Rosa.

Sítio Pois É, Nova Friburgo (RJ), fevereiro de 1966.

OBRAS CITADAS

CANDIDO, Antonio. "O sertão e o mundo". *Diálogo*, nº 8, nov 1957.

FLUSSER, Vilém. "Da flauta de Pan". *O Estado de São Paulo*, 22 fev 1964.

LEITE, Dante Moreira. "*Grande sertão: veredas*". In: *O amor romântico e outros temas*. São Paulo: Conselho Estadual de Cultura e Literatura, 1964.

______. "Campo geral". In: *Psicologia e literatura*. São Paulo: Conselho Estadual de Cultura e Literatura, 1965.

LIMA FILHO, Luiz Costa. "A expressão orgânica de um escritor moderno", in *Diálogo*, nº 8, nov 1957.

LINS, Álvaro. "Saga de Minas Gerais". In: *Os mortos de sobrecasaca*. Rio de Janeiro: Civilização Brasileira, 1963.

MARQUES, Oswaldino. "Canto e plumagem das palavras". In: *A seta e o alvo*. Rio de Janeiro, Instituto Nacional do Livro, 1957.

MONTEIRO, Adolfo Casais. "Guimarães Rosa, uma revolução no romance brasileiro". In: *O romance: teoria e crítica*. Rio de Janeiro: Livraria José Olympio Editora, 1964.

NUNES, Benedito, "O amor na obra de Guimarães Rosa". *Revista do Livro*, nº 26, set 1964.

PROENÇA , Manuel Cavalcanti. *Trilhas no Grande sertão*. Rio de Janeiro: Serviço de Documentação do Ministério da Educação e Cultura.

RÓNAI, Paulo. "A arte de contar em *Sagarana*", "Rondando os segredos de Guimarães Rosa", "Três motivos em *Grande sertão: veredas*". In: *Encontros com o Brasil*. Rio de Janeiro: Instituto Nacional do Livro, 1958.

SCHWARZ, Roberto. "Grande Sertão: a fala". In: *A sereia e o desconfiado*. Rio de Janeiro: Civilização Brasileira, 1965.

Tutaméia

(Terceiras estórias) { 1968

Especulações sobre *Tutaméia*

1. Os prefácios

Toda pessoa, sem dúvida, é um exemplar único, um acontecimento que não se repete. Mas poucas pessoas, talvez nenhuma, lembravam essa verdade com tamanha força como João Guimarães Rosa. Os testemunhos publicados depois de sua morte repentina refletiam, todos, como que um sentimento de desorientação, de pânico ante o irreparável. Desejaria ter-lhes acrescentado o meu depoimento, e, no entanto, senti-me inibido de fazê-lo. Não estava preparado para sobreviver a Guimarães Rosa, preciso de tempo para me compenetrar dos encargos dessa sobrevivência.

Aqui está, porém, o último livro do escritor, *Tutaméia*, publicado poucos meses antes da sua morte, a exigir leitura e reflexão. Por mais que o procure encarar como mero texto literário, desligado de

"Especulações de *Tutaméia*" é o título que Rónai dá ao subcapítulo em seu livro *Pois é* (1990), onde reuniu seus dois textos sobre *Tutaméia*, anteriormente publicados em jornal. O texto "Os prefácios de *Tutaméia*" foi publicado originalmente no jornal *Correio do Povo*, 2 mar 1968, e em *O Estado de S. Paulo*, 16 mar 1968. O texto "As estórias de *Tutaméia*" foi publicado originalmente no jornal *Correio do Povo*, 9 mar 1968, e em *O Estado de S. Paulo*, 23 mar 1968. Os dois compuseram as edições do livro *Tutaméia*: "Os prefácios de *Tutaméia*" e "As estórias de *Tutaméia*". (N.O.)

contingências pessoais, apresenta-se com agressiva vitalidade, evocando inflexões de voz, jeitos e maneiras de ser do homem e amigo. A leitura de qualquer página sua é um conjuro.

Como entender o título do livro? No *Pequeno Dicionário Brasileiro da Língua Portuguesa* encontramos "tuta-e-meia" definida por mestre Aurélio como "ninharia, quase nada, preço vil, pouco dinheiro". Numa glosa da coletânea o próprio contista confirma a sinonímia desses termos, juntando-lhes outros equivalentes pitorescos, tais como: "nonada, baga, ninha, inânias, ossos de borboleta, quiquiriqui, mexinflório, chorumela, ninca".

Atribuiria ele realmente tão pouco valor ao volume? Ou terá adotado a fórmula apenas como antífrase carinhosa e, talvez, até supersticiosa? Inclino-me para esta última suposição. Em conversa comigo (numa daquelas conversas esfuziantes, estonteantes, enriquecedoras e provocadoras que tanta falta me hão de fazer pela vida afora), deixando de lado o recato da despretensão, ele me segredou que dava a maior importância a este livro, surgido em seu espírito como um todo perfeito, não obstante o que os contos necessariamente tivessem de fragmentário. Entre estes havia interrelações as mais substanciais, as palavras todas eram medidas e pesadas, postas no seu exato lugar, não se podendo suprimir ou alterar mais de duas ou três em todo o livro sem desequilibrar o conjunto. A essa confissão verbal acresce outra, impressa no fim da lista dos equivalentes do título, como mais uma equação: *mea omnia*. Essa etimologia, tão sugestiva quanto inexata, faz de "tutaméia" vocábulo mágico tipicamente rosiano, confirmando a asserção de que o ficcionista pôs no livro muito, senão tudo, de si. Mas também em nenhum outro livro seu cerceia o humor a esse ponto às efusões, ficando a ironia em permanente alerta para policiar a emoção.

– Por que "*Terceiras estórias*" – perguntei-lhe – se não houve as segundas?

– Uns dizem: porque escritas depois de um grupo de outras não incluídas em *Primeiras estórias*. Outros dizem: porque o autor, supersticioso, quis criar para si a obrigação e a possibilidade de publicar mais um volume de contos, que seriam então as *Segundas estórias*.

– E que diz o autor?

– O autor não diz nada – respondeu Guimarães Rosa com uma risada de menino grande, feliz por ter atraído o colega a uma cilada.

Mostrou-me depois o índice no começo do volume, curioso de ver se eu lhe descobria o macete.

– Será a ordem alfabética em que os títulos estão arrumados?
– Olhe melhor: há dois que estão fora da ordem.
– Por quê?
– Senão eles achavam tudo fácil.

"Eles" eram evidentemente os críticos. Rosa, para quem escrever tinha tanto de brincar quanto de rezar, antegozava-lhes a perplexidade, encontrando prazer em aumentá-la. Dir-se-ia até que neste volume quis, adrede, submetê-los a uma verdadeira corrida de obstáculos.

Seria este o motivo principal da multiplicação dos prefácios, de que o livro traz não um, mas quatro? Atente-se: o primeiro índice, que encabeça o volume, relaciona quarenta e quatro "estórias"; no segundo, pois há um segundo, "de releitura", no fim do volume, quatro títulos são separados dos demais e apontados como prefácios.

Prefácio, por definição, é o que antecede uma obra literária. Mas no caso do leitor que não se contenta com uma leitura só, mesmo um prefácio colocado no fim poderá ter serventia. Ora, Guimarães Rosa esperava, reclamava até essa segunda leitura, esteando a exigência em trechos de Schopenhauer, a abrir e fechar o volume.

Estórias à primeira vista, num segundo relance os prefácios hão de revelar uma mensagem. Juntos compõem ao mesmo tempo uma profissão de fé e uma arte poética em que o escritor, através de rodeios, voltas e perífrases, por meio de alegorias e parábolas, analisa o seu gênero, o seu instrumento de expressão, a natureza da sua inspiração, a finalidade da sua arte, de toda arte.

Assim "Aletria e hermenêutica" é pequena antologia de anedotas que versam o absurdo; mas é, outrossim, uma definição de "estória" no sentido especificamente guimarães-rosiano, constante de mostruário e teoria que se completam. Começando por propor uma classificação dos subgêneros do conto, limita-se o autor a apontar germes de conto nas "anedotas de abstração", isto é, nas quais a expressão verbal acena a realidades inconcebíveis pelo intelecto. Suas estórias, portanto, são "anedóticas" na medida em que certas anedotas refletem, sem querer, "a coerência do mistério geral que nos envolve e cria" e faz entrever "o suprassenso das coisas".

"Hipotrélico" aparece como outra antologia, desta vez de divertidas e expressivas inovações vocabulares, não lhe faltando sequer a infalível anedota do português. E é a discussão, às avessas, do direito que tem o escritor de criar palavras, pois o autor finge combater "o vezo de palavrizar", retomando por sua conta os argumentos de que já se viu acossado como deturpador do vernáculo e levando-os ao absurdo: põe maliciosamente à vista as inconsequências dos que professam a partenogênese da língua e se pasmam ante os neologismos do analfabeto, mas se opõem a que "uma palavra nasça do amor da gente", assim "como uma borboleta sai do bolso da paisagem". A "glosação em apostilas" que segue esta página reforça-lhe a aparência pilhérica, mas em Guimarães Rosa zombaria e *pathos* são como o reverso e o anverso da mesma medalha. O primeiro "prefácio" bastou para nos fazer compreender que em suas mãos até o trocadilho vira óculos para espiar o invisível.

"Nós, os temulentos" deve ser mais que simples anedota de bêbado, como se nos depara. Conta a odisseia que para um borracho representa a simples volta para casa. Porém, os embates nos objetos que lhe estorvam o caminho envolvem-nos em uma sucessão de prosopopeias, fazendo dele, em rivalidade com esse outro temulento que é o poeta, um agente de transfigurações do real.

Finalmente confissões das mais íntimas apontam nos sete capítulos de "Sobre a escova e a dúvida", envolvidas não em disfarces de ficção, como se dá em tantos narradores, mas, poeticamente, em metamorfoses léxicas e sintáticas.

É o próprio ficcionista que entrevemos de início num restaurante chique de Paris a discutir com um *alter ego*, também escritor, também levemente chumbado, que lhe censura o alheamento à realidade. "Você evita o espirrar e o mexer da realidade, então foge-não-foge." Surpreendidos de se encontrarem face a face, os dois eus encaram-se reciprocamente como personagens saídas da própria imaginativa, perturbados e ao mesmo tempo encantados com a sua "sosiedade" (sic!), tecendo uma palestra rapsódica de ébrios em que o tema do *engagement* ressurge volta e meia como preocupação central. O Rosa comprometido sugere ao Rosa alheado escreverem um livro juntos; este não lhe responde, a não ser através da ironia discreta com que sublinha o contraste do ambiente luxuoso com o ideal "da rude redenção do povo".

Mas a resposta à acusação de alheamento deve ser buscada também e sobretudo nos capítulos seguintes. Em primeiro lugar, põe-se em dúvida a natureza da realidade através da parábola da mangueira, cada fruta da qual reproduz em seu caroço o mecanismo de outra mangueira; e o inacessível nos elementos mais óbvios do cotidiano real é aduzido, afirmado, exemplificado. Depois de tentar encerrar em palavras o cerne de uma experiência mística, sua, o autor procura captar e definir os eflúvios de um de seus dias "aborígines" a oscilar incessantemente entre azarado e feliz, até enredá-lo numa decisão irreparável. Possivelmente há em tudo isto uma alusão à reduzida influência de nossa vontade nos acontecimentos, às decorrências totalmente imprevisíveis de nossos atos. A seguir, evoca o escritor o seu primeiro inconformismo de menino em discordância com o ambiente sobre um assunto de somenos, o uso racional da escova de dentes; o que explicaria a sua não participação numa época em que a participação do escritor é palavra de ordem. Nisto, passa a precisar (ou antes a circunscrever) a natureza subliminar e supraconsciente da inspiração, trazendo como exemplo a gênese de várias de suas obras, precisamente as de mais valor, antes impostas do que projetadas de dentro para fora.

Para arrematar a série de confidências, faz-se o contista intermediário da lição de arte que recebeu de um confrade não sofisticado, o vaqueiro poeta em companhia de quem seguira as passadas de uma boiada. Ao contar ao trovador sertanejo o esboço de um romance projetado, este lhe exprobrou decididamente o plano (talvez, excogitado de parceria com o sósia de Montmartre), numa condenação implícita da intencionalidade e do realismo: "Um livro a ser certo devia de se confeiçoar da parte de Deus, depor paz para todos."

Arrependido de tanto haver revelado de suas intuições, o escritor, noutro esforço de despistamento, completou o quarto e último prefácio com um glossário de termos que nele nem figuram, mas que representam outras tantas idiossincrasias suas, ortográficas e fonéticas, a exigir emendas nos repositórios da língua.

Absorvidos pelos prefácios, eis-nos apenas no limiar dos quarenta contos, merecedores de outra tentativa de abordagem. Quantas vezes mesmo, nesta breve cabra-cega preliminar, terei passado ao lado das intenções esquivas do contista, quantas vezes as suas negaças me terão levado a interpretações erradas? Só poderia fazê-lo quem não mais o pode dizer; mas será que o diria?

2. As estórias

Descontados os quatro prefácios, *Tutaméia*, de Guimarães Rosa, contém quarenta "estórias" curtas, de três a cinco páginas, extensão imposta pela revista em que a maioria (ou todas) foram publicadas.

Longe de constituir um convite à ligeireza, o tamanho medido obrigou o escritor a excessiva concentração. Por menores que sejam, esses contos não se aproximam da crônica; são antes episódios cheios de carga explosiva, retratos que fazem adivinhar os dramas que moldaram as feições dos modelos, romances em potencial comprimidos ao máximo. Nem desta vez a tarefa do leitor é facilitada. Pelo contrário, quarenta vezes há de embrenhar-se em novas veredas, entrever perspectivas cambiantes por trás do emaranhado de outros tantos silvados. Adotando a forma épica mais larga ou o gênero mais epigramático, Guimarães Rosa ficava sempre (e cada vez mais) fiel à sua fórmula, só entregando o seu legado e recado em troca de atenção e adesão totais.

A unidade dessas quarenta narrativas está na homogeneidade do cenário, das personagens e do estilo. Todas elas se desenrolam diante dos bastidores das grandes obras anteriores: as estradas, os descampados, as matas, os lugarejos perdidos de Minas, cuja imagem se gravara na memória do escritor com relevo extraordinário. Cenários ermos e rústicos, intocados pelo progresso, onde a vida prossegue nos trilhos escavados por uma rotina secular, onde os sentimentos, as reações e as crenças são os de outros tempos. Só por exceção aparece neles alguma pessoa ligada ao século XX, à civilização urbana e mecanizada; em seus caminhos sem fim, topamos com vaqueiros, criadores de cavalos, caçadores, pescadores, barqueiros, pedreiros, cegos e seus guias, capangas, bandidos, mendigos, ciganos, prostitutas, um mundo arcaico onde a hierarquia culmina nas figuras do fazendeiro, do delegado e do padre. A esse mundo de sua infância o narrador mantém-se fiel ainda desta vez; suas andanças pelas capitais da civilização, seus mergulhos nas fontes da cultura aqui tampouco lhe forneceram temas ou motivos; o muito que vira e aprendera pela vida afora serviu-lhe apenas para aguçar a sua compreensão daquele universo primitivo, para captar e transmitir-lhe a mensagem com mais perfeição.

Através dos anos e não obstante a ausência, o ambiente que se abrira para seus olhos deslumbrados de menino conservou sempre para ele suas cores frescas e mágicas. Nunca se rompeu a comunhão entre ele e a paisagem, os bichos e as plantas e toda aquela humanidade tosca em cujos espécimes ele amiúde se encarnava, partilhando com eles a sua angústia existencial. A cada volta do caminho suas personagens humildes, em luta com a expressão recalcitrante, procuram definir-se, tentam encontrar o sentido da aventura humana: "(...) viver é obrigação sempre imediata." "Viver seja talvez somente guardar o lugar de outrem, ainda diferente, ausente." "A gente quer mas não consegue furtar no peso da vida." "Da vida sabe-se: o que a ostra percebe do mar e do rochedo." "Quem quer viver, faz mágica."

A transliteração desse universo opera-se num estilo dos mais sugestivos, altamente pessoal, e, no entanto, determinado em sua essência pelas tendências dominantes, às vezes contraditórias, da fala popular. O pendor do sertanejo para o lacônico e o sibilino, o pedante e o sentencioso, o tautológico e o eloquente, a facilidade com que adapta o seu cabedal de expressões às situações cambiantes, sua inconsciente preferência pelos subentendidos e elipses, seu instinto de enfatizar, singularizar e impressionar são aqui transformados em processos estilísticos. Na realidade, o neologismo desempenha nesse estilo papel menor do que se pensa. Inúmeras vezes julga-se surpreender o escritor em flagrante de criação léxica; recorra-se, porém, ao dicionário, lá estará o vocábulo insólito (açamouco, alarife, avejão, brujajara, carafuz, chuchorro, esmar, ganjã, grinfo, gueta, jaganata, marupiara, nómina, panema, pataratesco, quera, sáfio, seresma, séssil, uca, voçoroca, etc.) rotulado de regionalismo, plebeísmo, arcaísmo ou brasileirismo. Outras vezes, não menos frequentes, a palavra nova representa apenas uma utilização das disponibilidades da língua, registrada por uma memória privilegiada ou esguichada pela inspiração do momento (associoso, borralheirar, convidatividade, de extraordem, inaudimento, infinição, inteligentudo, inventação, mal-entender-se, mirificácia, orabolas deles!, reflor, reminisção, etc.). Com frequência bem menor há, afinal, as criações de inegável cunho individual, do tipo das amálgamas *abusufruto, fraternura, lunático de mel, metalurgir, orfandante, psiquepiscar, utopiedade* com que o espírito lúdico se compraz a matizar infinitamente a língua. Porém, as maiores ousadias desse estilo, as que o tornam por vezes contundente e hermético, são sintáticas: as frases de Guimarães Rosa carregam-se de um sentido excedente pelo que não dizem, num jogo de anacolutos, reticências e omissões de inspiração popular, cujo estudo está por se fazer.

Estonteado pela multiplicidade dos temas, a polifonia dos tons, o formigar de caracteres, o fervilhar de motivos, o leitor naturalmente há de, no fim do volume, tentar uma classificação das narrativas. É provável que a ordem alfabética de sua colocação dentro do livro seja apenas um despistamento e que a sucessão deles obedeça a intenções ocultas. Uma destas será provavelmente a alternância, pois nunca duas peças semelhantes se seguem. A instantâneos mal esboçados de estados de alma sucedem densas microbiografias; a patéticos atos de drama, rápidas cenas divertidas; incidentes banais do dia-a-dia alternam com episódios lírico-fantásticos.

Entre os muitos critérios possíveis de arrumação vislumbra-se-me um sugerido pelo que, por falta de melhor termo, denominaria de antonímia metafísica. Essa figura estilística, de mais e mais frequente nas obras do nosso autor, surge em palavras que não indicam manifestação do real e sim abstrações opostas a fenômenos perceptíveis pelos sentidos, tais como: antiopesquisas, acronologia, desalegria, improrrogo, irreticência; desverde, incogitante; descombinar (com alguém), desprestar (atenção), inconsiderar, indestruir, inimaginar, irrefutar-se, etc., ou em frases como "Tinha-o para não ser célebre." Dentro do contexto tais expressões claramente indicam algo mais do que a simples negação do antônimo; aludem a uma nova modalidade de ser ou de agir, a manifestações positivas do que não é.

Da mesma forma, na própria contextura de certos contos o inexistente entremostra a vontade de se materializar. Em conversa ociosa, três vaqueiros inventam um boi cuja ideia há de lhes sobreviver consolidada em mito incipiente ("Os três homens e o boi"). Alguém, agarrado a um fragmento de memória, tenta ressuscitar a frase que lhe sobrenada na mocidade esquecida ("Lá, nas campinas"). Ameaça demoníaca de longe, um touro furioso se revela, visto de perto, um marruás manso ("Hiato").

Noutras peças, o que não é passa a influir efetivamente no que é, a moldá-lo, a mudar-lhe a feição. O amante obstinado de uma megera, ao morrer, transmite por um instante aos demais a enganosa imagem que dela formara ("Reminisção"). A ideia da existência, longe, de um desconhecido benfazejo ajuda um desamparado a safar-se de suas crises ("Rebimba, o bom"). Um rapaz ribeirinho consome-se de saudades pela outra margem do rio, até descobrir o mesmo mistério na moça que o ama ("Ripuária"). Alguém ("João Porém, o criador de perus") cria amor e mantém-se fiel a uma donzela inventada por trocistas.

Num terceiro grupo de estórias, por trás do enredo, delineia-se outra que poderia ter havido, a alternativa mais trágica à disponibilidade do destino. O povo de um lugarejo livra-se astutamente de um forasteiro doente em quem se descobre perigoso cangaceiro ("Barra da

Vaca"). Um caçador vindo da cidade com intuito de pesquisas escapa com solércia às armadilhas que lhe prepara a má vontade do hospedeiro bronco ("Como ataca a sucuri"). Enganado duas vezes, um apaixonado prefere perdoar a amada e, para depois viverem felizes, reabilita a fugitiva com paciente labor junto aos vizinhos ("Desenredo").

Noutros contos, o desenlace não é um "desenredo", mas uma solução totalmente inesperada. Atos e gestos produzem resultados incalculáveis num mundo que escapa às leis da causalidade: daí a multidão de milagres esperando a sua vez em cada conto. Por entender de través uma frase de sermão, um lavrador ("Grande Gedeão") para de trabalhar, e melhora de sorte. Um noivo amoroso que sonhava com um lar bonito é abandonado pela noiva, mas o sonho transmitiu-se ao pedreiro ("Curtamão") e nasce uma escola. Para que a vocação de barqueiro desperte num camponês é preciso que uma enchente lhe desbarate a vida ("Azo de almirante").

Nessa ordem de eventos, uma personagem folclórica ("Melim-Meloso") cuja força consiste em desviar adversidades extraindo efeitos bons de causas ruins, apoderou-se da imaginação do escritor a tal ponto que ele promete contar mais tarde as aventuras desse novo Malazarte. Infelizmente não mais veremos essa continuação que, a julgar pelo começo, ia desabrochar numa esplêndida fábula; nem a grande epopeia cigana de que neste livro afloram três leves amostras ("Faraó e a água do rio", "O outro ou o outro", "Zingaresca"), provas de atração especial que exercia sobre o erudito e o poeta esse povo de irracionais, ébrios de aventura e de cor, refratários à integração social, artistas da palavra e do gesto.

Muito tempo depois de lidas, essas histórias, e outras que não pude citar, germinam dentro da memória, amadurecem e frutificam, confirmando a vitória do romancista dentro de um gênero menor. Cada qual descobrirá dentro das quarenta narrativas a sua, a que melhor lhe desencadeia a imaginação. Seja-me permitido citar as duas que mais me subjugaram pela sua condensação, dois romances em embrião que fazem descortinar os horizontes mais amplos. "Antiperipléia" é o relatório feito em termos ambíguos por um aleijado, ex-guia de cego, do acidente em que seu chefe e protegido perdeu a vida. Confidente, alcoviteiro e rival do morto, o narrador ressuscita-o aos olhos dos ouvintes enquanto tenta fazê-los partilhar seus sentimentos alternados de ciúme, compaixão e ódio. "Esses Lopes" é a história, também contada pela protagonista, de um clã de brutamontes violentos que perecem um após outro, vítimas da mocinha indefesa a quem julgavam reduzir a amante e escrava. Duas obras-primas, em poucas páginas, que bastavam para assegurar a seu autor uma posição excepcional.

1968

A fecunda Babel de Guimarães Rosa

Na obra de Guimarães Rosa a noção de Babel aparece pela primeira vez, salvo erro, em 1952, com o sentido figurado de "algazarra" ou "balbúrdia". É no escrito "Pé duro, chapéu de couro" que o encontramos sob forma do neologismo deverbal "ababelo". Eis o contexto: "O chão se dá. Os cavalos contritos. Filas e fileiras se armaram; sem ababelo, sem emboleus, tal e al, contêm-se os vaqueiros, de aguarda".[1] A frase tem inconfundível sabor rosiano, mas a novidade da palavra restringe-se à forma, sem conotações semânticas.

Quatro anos depois, porém, o próprio topônimo Babel faz referência clara à confusão das línguas, contada na Bíblia, apontando-lhe uma consequência até então não aventada: "Uma tradução é saída contra Babel. E tenho que, do gorar da Torre, adveio não apenas a separação das falas: cada qual, ao mesmo tempo, perdeu algo da geral eficácia, ficado repartido entre as outras, e que só no remir do conjunto é que um dia deverá restituir-se de vez."[2]

Texto publicado originalmente nos jornais: O *Estado de S. Paulo,* 30 nov 1968; *Jornal do Commercio*, 1º dez 1968. Posteriormente incluído no livro *Pois e*, de Paulo Rónai (1990). (N.O.)

1 Citada por Oswaldino Marques, em A *seta e o alvo*. Rio de Janeiro, Instituto Nacional do Livro, 1957, p. 94.

2 "Pequena palavra", in *Antologia do conto húngaro*. Rio de Janeiro: Civilização Brasileira, 1956, p. XIII.

Sentiria Guimarães Rosa saudades de uma superlíngua, que unisse as virtudes e as potencialidades expressivas de todas, um esperanto *sui generis*, destinado menos a ser compreendido de todos do que a dizer todo o concebível por qualquer um? Pouco importa sabermos se realmente acreditava na existência, outrora, de um meio de comunicação tão perfeito, ou se apenas lançou essa hipótese para dar apoio a uma intuição momentânea e fugidia. O que porém parece indiscutível é que tentou infundir algo desse superidioma na sua própria linguagem.

O segundo trecho citado faz parte do importantíssimo ensaio que o grande romancista quis antepor, à guisa de prefácio, à minha *Antologia do conto húngaro* numa demonstração de generosa amizade. Para quem sabe ler[3], essa "Pequena palavra" constitui verdadeira arte poética em que Guimarães Rosa, pela primeira e última vez, expôs sem rebuços o seu pensamento mais íntimo acerca da função do estilo literário.

Desculpem-me os leitores por transcrever uma passagem desse estudo em que o prefaciador, Rosa, analisa o trabalho do tradutor (isto é, o meu). Transcrevo-o menos pelo elogio do que pela restrição, pois é nesta que ele precisa com mais clareza a sua teoria da influência que as línguas literárias podem, e devem, exercer umas sobre as outras:

> Saudável é notar-se que ele (= o tradutor) não pende para a sua língua natal, não imbui de modos-de-afeto seus textos, que nem mostram sedimentos da de lá; não magiariza... A mim, confesso-o, talvez um pouquinho, quem sabe, até agradasse também a tratação num arranjo mais temperado à húngara... Mesmo à custa de, ou – franco e melhor falando – mesmo para haver um pouco de fecundante corrupção das nossas formas idiomáticas de escrever.

Essa vontade de fecundante corrupção a serviço do enriquecimento da língua, se mais de uma vez encontrou incompreensão por parte de puristas míopes, tem sido louvada por vários críticos sensíveis e cultos. Por último, o filósofo Vilém Flusser, para quem língua e realidade são sinônimos, assinalou-a como uma das fontes

3 Penso especialmente em Luiz Costa Lima Filho e seu estudo "A expressão orgânica de um escritor moderno", in *Diálogo*, nº 8, nov 1957; v. sobretudo p. 77-8.

do estilo rosiano. Em seu esforço criador, diz ele, "Guimarães Rosa se apoia tanto sobre o sertão como sobre a biblioteca. Viaja com os vaqueiros em busca de palavras e formas... Mas, simultaneamente, mergulha nos compêndios, anota e compara formas da gramática latina, húngara, sânscrita ou japonesa para penetrar o tecido da língua e desvendar-lhe a estrutura."[4]

Não há, nessa afirmação, exagero nenhum. Tive em mão a *Chrestomathie Hongroise de Kont*, em que Rosa aprendera os rudimentos do húngaro em 1929. Mário Palmério descobriu em Minas os seus professores de russo e de japonês. Provas ainda mais convincentes dessa insopitável gulodice linguística encontram-se, porém, nos próprios livros do escritor, e alguns de seus críticos mais penetrantes já lhes iniciaram até a catalogação.

Um deles, o saudoso Cavalcanti Proença, relacionava, em *Grande sertão: veredas*, latinismos como "restível" (de *restíbilis*), "renitir" (de *reniti*), "escurril" (de *scurrilis*), "perequitar" e "sucrepar"; indianismos como "colominhar" (de *curumim*), "tapejar" (de *tapejara*, "guia"), "embaiar" (disfarçar-se com galhos de arbustos durante o combate como os *mbaiás*), "quirguinchar" (de *quirquincha*, nome quíchua do tatu) – e até um babilonismo, "chamachar" (que aludiria ao deus babilônio *Shamash*).[5]

Já antes dele, o espírito agudo de Oswaldinho Marques decifrou, em *Sagarana* e três escritos menores, anglicismos como "torrear", "tanado", "despondência", "esmarte", "clapa" e "flôo"; latinismos como "limeas", "astaco-astaz", "lália", "triões", "sus e jus", "conclins", "vafro"; grecismos como "cocléias", "quelão", "estreblótico", "esclérico", "boágide" e "boleática"; francesismos como "hampa", "claial", "homardo homar", "fantomático"; italianismos como "rusticana" e "adunada"; e até russismos ("sótnia") e neerlandismos ("clopear").[6]

Usei o termo "decifrar", pois esses vocábulos geralmente passam à nossa frente em turbilhão, envoltos numa avalancha verbal, arrastados de roldão, dificultando bastante o reconhecimento da sua origem. Destarte, só mesmo um húngaro poderia descobrir (e confesso para a minha vergonha que não descobri à primeira leitura) os

4 Vilém Flusser, *Da religiosidade*. São Paulo: Conselho Estadual de Cultura, 1967, p. 133-4.

5 M. Cavalcanti Proença, *Augusto dos Anjos e outros ensaios*. Rio de Janeiro: Livraria José Olympio Editora, 1959, p. 213-4.

6 *Op. cit.*, p. 127-8.

adjetivos húngaros *lassu* ("lento") e *friss* ("rápido") disfarçados com virtuosismo noutro trecho da já citada "Pequena palavra": "... nas tabernas rurais... o país canta e dança suas czardas, que em ritmo alternam: a lentidão melancólica e lassa – e – o fervor tenso e agilíssimo de alegria doidada, que alucina com inaudito *frissom*". Teriam pensado que esta última palavra, sem dúvida pedida de empréstimo ao francês, nem por isso deixava de esconder um enxerto húngaro?

É bem possível que outras palavras húngaras ainda estejam dissimuladas no sertão vocabular de Guimarães Rosa, até que um acaso venha desmascará-las. Basta atentar no entusiasmo com que o autor de "Pequena palavra" se refere ao exótico idioma dos magiares: "Suas palavras nem sempre se fecham na racional fixidez conceitual explícita, na rigidez denotativa, antes guardam sob o significado uma ativa carga potencial, rudimentar, com o que, nos diversos momentos, inteiram-se mais variadamente de sentido, e, segundo as soluções rítmicas, se reembebem de halo vivaz. Será, se dizer posso, uma língua menos 'da lei' que 'da graça'; uma língua para homens muito objetivos ou para poetas".

Poderia prolongar a citação cujo interesse dispensa comentário. Não soubéssemos que o escritor está esboçando um retrato da língua húngara, poderíamos jurar que está dissecando o próprio estilo.

Confidências do seu congenial tradutor alemão Curt Meyer-Clason revelam inegáveis vestígios germânicos no conglomerado estilístico do nosso autor. Não fosse o posfácio da sua versão de *Primeiras estórias*,[7] quem teria percebido que o adjetivo "soposo" aplicado a certo tipo de lama deixada pela chuva encobre o regionalismo hamburguês *suppig*, ou que a acepção "cruzar-se com alguém", atribuída por Guimarães Rosa ao verbo "atravessar", se deve a outro germanismo (*der Mensch kommt mir in die Quere*)?

Mais estranho ainda o caso do advérbio "coraçãomente" (no conto "Substância"), esclarecido por um trecho de carta do contista ao seu tradutor alemão e citado por este. Enquanto em alemão o advérbio *herzlich* remonta diretamente a *Herz*, diz Rosa, em português o sujeito falante já não toma consciência da ligação existente entre "cordialmente" e "coração". Por não mais perceber em "cordialmente" nenhuma palpitação, o contista brasileiro refaz o advérbio desde o substantivo "coração", esquecendo propositadamente

7 *Primeiras estórias*. Rio de Janeiro: Livraria José Olympio Edirora, 1962, p. 104.

que – de acordo com a praxe portuguesa – o advérbio teria que ser derivado de um adjetivo (enquanto, em alemão, adjetivo e advérbio têm forma idêntica). Resultado: uma palavra nunca vista (que só, talvez, em "irmãmente", encontra alguma analogia) e que, por isso mesmo, detém o leitor, dá-lhe um choque, o faz sopesar queira ou não a carga emocional do vocábulo esquisito.

Não se pense que esses poucos exemplos esgotam o *apport* cosmopolita em *Primeiras estórias*. Se Meyer-Clason cita ainda o grecismo *sebesto*, não relaciona latinismos como "assim *vocado* e ordenado", "as *infernas* frotas", "o Padre Prefeito, *solene modo*, fez-nos a comunicação" e "Duarte Dias pensou que ia virar riquíssimo, e mudado de fato esteve, da data por diante, em homem *sucinto*, virtuoso e bondoso".[8] Retenhamos este último exemplo, em que o adjetivo *sucinto* fica inexplicável se lhe aplicarmos o seu sentido moderno, único na língua atual. Mas uma olhada a um dicionário latino há de nos convencer de que o particípio *succinctus*, com o sentido primitivo de "arregaçado", chegou por evolução compreensível a de "desembaraçado", "expedito", "ágil", e a frase ganha sentido completo. (Lembrando-nos de que a estória "Um moço muito branco" é apresentada como transcrita de jornais de 1872, de uma época, portanto, em que o conhecimento do latim era mais espalhado, veremos que o termo nem chega a ser artificial no contexto).

Não pude reler todo o *Corpo de baile* para melhor documentar este artigo. Mas bastou percorrer uma das sete novelas, "Cara-de-Bronze", para topar com os latinismos "truso", "tundir", "dênias" e "senescer". Essa narrativa é, aliás, notável por ser um dos poucos escritos do nosso autor em que ele próprio aparece – embora oculto sob o exótico apelido de *Moimeichêgo*. O espírito brincalhão do novelista encontrou aí uma maneira engenhosa de esconder a própria identidade, apontando-a quatro vezes em quatro idiomas diferentes, mas sem avisar que ali havia dente de coelho.

Um olhar lançado para *Tutaméia* revela o aspecto babélico desde o título, explicado, no corpo do volume, por falsa etimologia no sentido de *mea omnia*. Não é nenhuma cincada do autor. Ele sabe, porém, que mesmo uma falsa etimologia pode enriquecer a palavra com novas conotações. Um único dos quatro prefácios do volume, "Da

8 Curt Meyer-Clason, "Über das Unübersetzbare", in *Das dritte Ufer des Flusses*. Köln, Kiepenheuer & Witsch, 1968, p. 257.

escova e da dúvida", anexa do latim os verbos "nugar" e "perver", o advérbio "admodo", o adjetivo "descomenso".

O número crescente de estudos eruditos sobre a obra de Guimarães Rosa faz supor que o aspecto que nos ocupa há de ainda provocar levantamentos pacientes.[9] Os pesquisadores do futuro terão à sua disposição, além dos livros até agora editados, as obras póstumas, cujo próximo lançamento há de constituir empreendimento de transcendental importância. Elas também oferecem uma profusão de exemplos em apoio à tese do imperialismo linguístico de Guimarães Rosa.

A novela "O homem do pinguelo", na expressão "em paupéries e intempéries", recorre ao curioso expediente de solicitar-nos a naturalização de uma palavra latina, fazendo-a acompanhar de outra semelhante, já em gozo de seus direitos de cidadania.

Tive em mão outra novela, esta completamente inédita, "Retábulo de São Nunca" onde se lê "o povo cronicava", e nas notas manuscritas que lhe representam o ponto de partida, esta anotação: cronicar (*to chronicle*).

"Páramo", outra novela até hoje desconhecida, fala em "antigos grimórios", aportuguesando a palavra francesa *grimoire* (livro dos mágicos e dos bruxos, livro manuscrito indecifrável).

As infiltrações vocabulares são, evidentemente, mais fáceis de surpreender que as influências estruturais; nem por isso estas deixam de existir, desafiando a curiosidade dos pesquisadores. A título de palpite, permito-me assinalar que a *scholar* norte-americana Mary L. Daniel em sua preciosa tese de doutoramento arrola entre as características sintáticas do nosso autor a colocação terminal dos verbos nas cláusulas e frases, assim como a frequente omissão dos verbos copulativos.[10] Quanto à primeira dessas peculiaridades, desde Quintiliano é considerada como própria da frase latina.[11] Quanto à segunda, lembremo-nos de que a frase puramente nominal tem importância excepcional no russo.[12]Aos que tachariam essa

9 Anos após a publicação deste artigo em jornal, surgiram as originalíssimas pesquisas do Prof. William Myron Davis, da Universidade da Flórida; ver "*Japanese Elements in Grande Sertão: Veredas*", in *Romance Philology*, vol. XXIX, nº 4, mai 1976, University of Columbia; Línguas orientais no *Grande Sertão, Diário de Brasília*, 13/7/1975.

10 Mary L. Daniel, *João Guimarães Rosa: Travessa literária*. Rio de Janeiro: Livraria José Olympio Edirora, 1968, p. 107 e 125.

11 L. Laurand, *Manuel des Êtudes Grecques et Latines*. Paris: Auguste Picard, 1928, p. 735.

12 André Mazon, *Grammaire Russe*. Paris: Librairie Droz, 1945, p. 244.

aproximação de quimérica, submeteremos frases como: "Andalécio – o que de nome real; Indalécio Gomes Pereira – homem de grandes bigodes"[13] ou "Os campos do Urubuquaquá – urucuias montes, fundões e brejos. No Urubuquaquá fazenda de gado; a maior – no meio – um estado de terra"[14], nas quais topamos com o mesmo travessão que em russo tão frequentemente introduz, em substituição do predicado, o complemento predicativo.[15]

Esta nota não tem outro fito senão alertar os leitores curiosos sobre o universalismo linguístico do nosso autor, paralelo ao universalismo de sua mensagem e não menos consciente. Sem poder destacar-se do Brasil de que fez, apesar de tão viajado e experimentado, o único cenário por assim dizer de toda a sua obra, esse estranho e sábio Guimarães Rosa não hesitou em fertilizar-lhe o solo com abundante e variado adubo estrangeiro.

1968

13 *Grande sertão: veredas*. Rio de Janeiro: Livraria José Olympio Editora, 1956, p. 166.

14 *Corpo de baile*. Rio de Janeiro: Livraria José Olympio Editora, 1956, p. 559.

15 André Mazon, op. cit., p. 2

Estas estórias { 1969

Nota introdutória

No artigo intitulado "Rogo e aceno", com que, em 29 de julho de 1967, "semidespedia-se" de seus leitores de *Pulso*, João Guimarães Rosa anunciava a próxima publicação, no volume intitulado *Tutaméia*, de seus contos saídos naquele periódico, assim como a suspensão provisória de sua colaboração. "Gravam-me compromissos excessivos – escrevia – e o tempo que me resta preciso de empregá-lo, sem mais adiamento possível, na terminação de um livro. Outro. Mas, este, de novelas ou contos longos. Do jeito, não conseguiria num saco fazer caber todos os proveitos."

Nos papéis do escritor foram encontrados vários esboços dos índices deste volume, *Estas estórias*, que infelizmente hoje sai como livro póstumo. Ele devia abranger oito novelas longas e a entrevista-retrato "Com o vaqueiro Mariano". Foram também encontradas as oito novelas constantes de um desses índices: quatro já publicadas em vida do autor e quatro inéditas.

Das publicadas, três o foram na revista *Senhor*, a saber:

"A simples e exata estória do burrinho do Comandante", no nº 14,

Texto publicado originalmente na primeira edição de *Estas estórias*. Rio de Janeiro: Livraria José Olympio Edirora, 1969. (N.O.)

de abril de 1960; "Meu tio o Iauaretê"[1], no nº 25, de março de 1961, e "A estória do Homem do Pinguelo", no nº 37, de março de 1962.

A quarta novela, "Os chapéus transeuntes", saiu como uma das sete narrativas, cada uma de autor diferente, que compõem o volume *Os sete pecados capitais* (Editora Civilização Brasileira S.A., 1964), e correspondia ao pecado da soberba.

"Com o vaqueiro Mariano" foi publicado pela primeira vez no número de 25 de novembro de 1947 do *Correio da Manhã*, e pela segunda como volume das Edições Hipocampo, Niterói, 1952, ilustrado por Darel Valença Lins, numa edição fora do comércio, para assinantes, em 110 exemplares numerados e assinados pelo autor.

Os cinco escritos que acabamos de enumerar figuram em todos os índices esboçados.

As demais novelas que deviam completar o volume – "Páramo", "Bicho mau", "Retábulo de São Nunca" e "O dar das pedras brilhantes" – chegaram a ser datilografadas por ordem do autor; de uma só, a última, saiu um fragmento numa entrevista feita por Pedro Bloch para a revista *Manchete*.

Em vez de uma ou outra dessas quatro narrativas, aparecem títulos diferentes num ou outro dos índices mencionados; mas, das obras a que esses títulos se referem, só de uma, "Remimento", foi encontrado um fragmento, de umas seis páginas, reproduzido logo após a morte do escritor, parcialmente e em fac-símile, no *Correio da Manhã* de 25 de novembro de 1967.

Resolvemos incluir no presente volume as quatro obras que dela deviam fazer parte e às quais só faltou uma última revisão do autor. Pareceu-nos que, omitindo-as, privaríamos os fiéis de João Guimarães Rosa não só do conhecimento de muitas de suas páginas mais poderosas, mas também da visão panorâmica de um livro cuja estrutura com tanto carinho preparara. De mais a mais, temos realmente a impressão de que muito pouco faltava, ou quase nada, para arrematar a construção. Esperamos que a crítica e o público ratifiquem a solução adotada.

Fica, pois, lembrado que os textos que não receberam a última demão se acham reunidos na segunda parte do volume, depois da novela "Meu tio o Iauretê".

1 Segundo anotação manuscrita do autor, constante do original datilografado, esta novela é anterior a *Grande sertão: veredas*.

Assinale-se ainda que o autor, sobretudo nas estórias já publicadas, e retrabalhadas, deixou anotada a lápis, acima de algumas palavras ou expressões constantes desses textos, uma que outra variante. Segundo informação de sua secretária e colaboradora, d. Maria Augusta de Camargos Rocha – a quem sinceramente agradecemos a sua preciosa ajuda no preparo desta edição –, tais variantes seriam, numa revisão definitiva, ou apagadas ou então confirmadas a tinta.

Por outro lado, à margem do original datilografado, aparecem, a intervalos, pontos de interrogação que, ainda segundo informação de d. Maria Augusta, assinalam palavras ou trechos suscetíveis de modificação.

Pareceu-nos conveniente consignar, ao pé das respectivas páginas, tanto as variantes como a ocorrência desses pontos de interrogação.

Rio de Janeiro, 14 de novembro de 1968.

Rosa não parou

Passados dois anos depois da morte de João Guimarães Rosa, a sua obra estava assumindo proporções e feição definitivas. O volume de saudades *Em memória*, as recentes traduções de *Primeiras estórias* em alemão, castelhano e inglês, a versão polonesa de duas novelas de *Corpo de baile*, a tese da professora norte-americana Mary L. Daniel sobre a *Travessia literária* do escritor, a importante monografia de Ney Leandro de Castro, de próxima publicação, sobre o seu *Universo vocabular*, tudo isso concorre para gravar no espírito a silhueta fixa do grandioso edifício de cinco pilares – *Sagarana, Corpo de baile, Grande sertão: veredas, Primeiras estórias, Tutaméia* – que tanto espanto incutem, incitando à meditação e ao estudo.

Mas, atenção: a obra de Guimarães Rosa não está encerrada. Em seu arquivo, entre seus papéis, foram encontrados, além de esboços, planos e notas, alguns trabalhos inteiramente acabados ou quase prontos: um volume todo preparado, outro planejado. O seu editor, José Olympio, entendeu acertadamente ser de seu dever dar esse legado à publicidade numa série de obras póstumas. A primeira delas

Texto originalmente publicado nos jornais: *Jornal do Brasil,* 20 dez 1969; ("Guimarães Rosa não parou") *Correio Brasiliense*, 27 nov 1969; *Correio do Povo*, 10 jan 1970; *O Estado de S. Paulo*, 1º dez 1970. Posteriormente incluído em *Pois é,* de Paulo Rónai (1990). (N.O.)

acaba de sair sob o título de *Estas estórias*, título dado pelo próprio Rosa, enquanto se estava procedendo à datilografação.

Encarregado do preparo técnico do volume, achei de minha obrigação explicar numa nota preliminar o estado em que foram encontrados os originais e o critério adotado para se respeitar o texto ao máximo, assinalando-se todos os trechos a que o autor não tivera tempo de dar o último retoque. Na difícil tarefa vali-me muito da incansável ajuda da sra. Maria Augusta Camargo Rocha – d. Madu –, a secretária amiga de Guimarães Rosa que o assistiu durante os últimos dez anos da vida, na preparação datilográfica e tipográfica de seus volumes, familiarizando-se a fundo com o seu pensamento, o seu estilo e a sua ortografia.

Das nove narrativas que compõem o livro, cinco foram publicadas em vida do autor, mas por terem saído em datas diversas, em publicações nem sempre igualmente acessíveis, não puderam ter comunicado ao espírito do leitor o poderoso impacto que assim reunidas hão de exercer.

As datas de publicação desses escritos nem de longe coincidem com as da composição. A respeito de "A simples e exata estória do burrinho do comandante" e "Meu tio, o Iauaraté" informam d. Aracy, viúva do escritor, e Franklin de Oliveira, seu grande amigo, que já estavam escritas havia uns dez anos quando foram entregues em 1961 e 1962 à revista *Senhor*. "Com o vaqueiro Mariano" teve a sua primeira publicação em 1947. Das novelas inéditas, uma pelo menos, "Bicho mau", fora retirada da primeira edição de *Sagarana*. É de presumir, em suma, que a maioria dessas obras, senão todas, remontam à primeira fase do escritor, sendo mais ou menos contemporâneas de *Sagarana*.

Dados esses esclarecimentos indispensáveis, aqui está o involuntário organizador desta obra póstuma, não para dizer a confrangedora aflição com que foi mexer nos papéis do saudoso amigo, mas para depor sobre as horas de deslumbramento que teve ao reler ou ao ler *Estas estórias*. Não tivesse Rosa escrito outras, que elas bastariam para garantir-lhe lugar dos mais altos na história das nossas letras.

"Para não nascer já é tarde: para morrer, ainda é cedo". Sem ilusões sobre a vida, no pouso forçado entre os dois polos, Guimarães Rosa recriou-se em sua infindável variedade com a gravidade de quem cumpre uma missão. Essa variedade e essa gravidade estão presentes no volume novo, como o estavam nos antigos. Em cada uma de suas nove estórias, ele envereda por outro caminho, e de todas essas expedições volta de mãos cheias.

"A simples e exata estória do burrinho do comandante", anedota desenvolvida em narrativa conradiana, de estilo épico e sopro largo, é de todas as obras de Rosa a que tem coordenadas temporais e espaciais mais nítidas, ligada como está a um episódio da recente história do Brasil. Mais que esta, porém, interessava ao autor a pessoa do protagonista, admiravelmente delineado no retrato indireto que ele traça de si mesmo. Esse narrador (segundo informação de d. Aracy, o então Comandante Américo Pimentel, já falecido) deve tê-lo impressionado com os dotes que os dois tinham em comum: a paixão da observação minuciosa e o pendor franciscano que vem à tona no encontro do oficial com a alimária do título. Mais uma vez Rosa nos faz assistir a um quase milagre operado por obra e graça de um ser dos mais humildes.

"A estória, do homem do Pinguelo", outro caso real (acontecido, segundo lembra d. Madu, ao avô do próprio contista) é narrada por testemunha de quilate inferior, bem diferente do letrado comandante, e por isso mesmo, mais acessível ao sobrenatural. Em meias palavras, com reticências, circunlóquios, toda espécie de precauções verbais, o matuto tenta dar-se conta de um acontecimento esquisito, onde as garras de Alguém, enquanto aparentemente se divertem em atrapalhar os cálculos dos humanos perplexos, botam sentido em suas confusões.

O otimismo do lado solar de Rosa é que alimenta também a entrevista-retrato "Com o vaqueiro Mariano"; nele o narrador, já homem feito, já escritor ilustre, conta com entusiasmo contagiante a sua visita ao Mato Grosso e sua idas e lidas ao lado do vaqueiro Mariano, poeta instintivo, intocado pela cultura. Nesse laboratório ao ar livre do Pantanal faz-nos assistir a suas experiências de antropomorfismo linguístico, aplicado não, como nas mitologias antigas, aos deuses e sim aos animais; partilha conosco seus êxtases de exilado urbano ao redescobrir mais uma vez o éden da primária vida pastoril.

Os leitores da coletânea *Os sete pecados capitais* conhecem "Os chapéus transeuntes", grotesca mistura de anedotas de velório onde a presença do cadáver (mesmo antes de sê-lo de verdade), desnuda os herdeiros, desmascara a decadência de uma classe, descerra cobiças inconfessáveis, desencadeia amores de discutível pureza. Um humorismo amargo e zombeteiro inculca-nos o absurdo da vida e da morte, condensado numa fórmula bem rosiana – "A gente morre é para provar que não teve razão" – definição que, alguns anos mais tarde, com a própria morte à vista, o escritor procuraria arrancar ao seu espírito dando-lhe definição diametralmente oposta, esta que há de sobreviver: "A gente morre é para provar que viveu."

De entre os trabalhos inéditos ficou para o fim "Meu tio, o Iauaretê", narração ininterrupta feita a um interlocutor invisível por um onceiro ignorante, desgarrado há anos de qualquer contato humano. Vários leitores hão de ter comparado, na época, essa narrativa a *Grande Sertão*, em razão da semelhança da estrutura, o que deve ter levado Rosa a anotar no original que essa estória era "anterior ao *Grande Sertão*". A confissão do protagonista, homem descido ao nível da animalidade pura, que mal sabe comunicar-se com os seus semelhantes em fragmentos de uma linguagem semiesquecida (e que lhe volta aos arranques sob o efeito do álcool), sem dúvida das obras mais poderosas e mais ousadas do escritor, não teme a comparação com "Uma paixão no deserto" de Balzac. Lembra-a por um de seus aspectos, mas supera-a de muito pela espantosa riqueza ambiental, assim como pelo virtuosismo verbal atingido através do manejo do instrumento expressivo mais bruto.

Ficaram para a segunda parte do volume as narrativas datilografadas, mas sem a demão final do escritor. Entre elas, "O dar das pedras brilhantes", história aventurosa de uma expedição pacificadora pelo interior do Brasil, inicia-se no plano do real e vai deslizando aos poucos para o da metafísica, seguindo o fio de uma narração cada vez mais envolvida em névoa e brumas, revelando no fundo do sertão turvos mundos inacessíveis à razão e à lógica.

"Páramo", de extrema força alucinatória, é uma das poucas estórias de Guimarães Rosa desenroladas fora do Brasil. Trouxe-a da sua missão à Colômbia, um de seus primeiros postos diplomáticos, onde ele mesmo teria experimentado os efeitos dissolventes do *soroche*, asfixia física e moral, para anos após utilizá-la nessa história fantasmagórica de pesadelo. Era preciso que um escritor excepcional, um médico e uma alma atormentada pelo medo da morte, unidos numa pessoa só, fossem submetidos à esmagadora experiência para dela extrair essa página obsessiva que cheira a incenso e enxofre.

"Bicho mau", pelo contrário, parece à primeira vista o relato perfeito, convencionalmente realista, do assunto tantas vezes elaborado da mordida fatal de cobra. Mas, como as narrativas de *Sagarana*, transcende o regionalismo na minuciosa e aguda anotação das reações do ambiente, assim como na encarnação algo demoníaca de sinistros poderes malfazejos no bicho mau.

"Retábulo de São Nunca", que talvez seja inacabado, retoma a história eterna de amantes que nasceram um para o outro, se procuram e se rejeitam, se exaltam e se infelicitam reciprocamente, se ofendem, torturam e humilham continuando a amar-se dentro do rosiano ambiente sertanejo de fazendas e igrejas, rodeados de um grupo de comparsas pitorescos.

E assim atravessamos guiados pela mão do moço Guimarães Rosa, ausente presente, embriagado pelas próprias descobertas, outras veredas intemporais do seu universo fechado, de paixões ancestrais e medos atávicos, vislumbres e pressentimentos, beirado de crendices e mistérios. A abordagem é feita por meio desses instrumentos mágicos, as palavras reinventadas, cuja sugestiva novidade e imprecisão permite-nos intuir uma inconcebível super-realidade.

Ave, palavra { 1970

Nota introdutória

Após *Estas estórias*, eis outra obra póstuma de João Guimarães Rosa.

O original, deixado por Guimarães Rosa sob o título *Ave, palavra* – título este escolhido por ele e destacado de uma relação ("Tabuleta") de treze outros[1] incluída no volume – reúne trinta e sete textos retrabalhados pelo autor e considerados definitivos.

Guimarães Rosa definiu o *Ave, palavra* como uma "miscelânea", querendo caracterizar com isto a despretensão com que apresentava estas notas de viagem, diários, poesias, contos, flagrantes, reportagens poéticas e meditações, tudo o que, aliado à variedade temática de alguns poemas dramáticos e textos filosóficos, constituíra sua colaboração de vinte anos, descontínua e esporádica, em jornais e revistas brasileiros, durante o período de 1947 a 1967.

Ao volume preparado pelo autor, achamos devessem ser anexados ainda outros textos que Guimarães Rosa selecionara e começara

Texto originalmente publicado na 1ª edição de *Ave, palavra*. Rio de Janeiro: Livraria José Olympio Edirora, 1970. (N.O.)

1 "Azulejos amarelos", "Conversas com tempo", "Sortidos e retalhos", "Reportagens", "Desconexões", "Via e viagens", "Contravazios", "Moxinifada", "Almanaque", "Poemas do esporádico", "Exercícios de saudade", "Meias-estórias", "Oficina aberta".

a retrabalhar e refundir para *Ave, palavra*: nove deles também publicados em periódicos[2] e quatro inéditos.[3]

Na ordenação das peças – guardadas na pasta dos originais em ordem casual, na medida em que iam sendo datilografadas – procurou o organizador aplicar o critério que seria o usado por Guimarães Rosa na composição dos seus demais livros. Segundo a informação de d. Maria Augusta de Camargos Rocha – secretária e amiga do escritor, a cuja preciosa ajuda se devem os dados indispensáveis à organização do presente volume – ele alternaria temas e gêneros variados, textos mais curtos ou mais longos, poesia e prosa, narrativas e cenas dramáticas, procurando realizar assim um conjunto harmonioso para, fugindo ao monótono, manter alerta e prisioneiro o leitor.

O livro deveria terminar por uma explicação: "Porteira de fim de estrada", que não chegou a ser escrita.

Em adendo, cinco crônicas, das quais quatro já publicadas em jornais[4], foram acrescentadas a este volume, embora não tivessem sido a ele destinadas pelo autor. Faziam parte, ou melhor, eram o *índez*, segundo expressão mesma de Guimarães Rosa, de um "livrinho" que se chamaria "Jardins e riachinhos".

O lugar e a data da publicação estão assinalados no fim de cada texto.

Algumas notas manuscritas do autor, que representam opções, estão reproduzidas em pé de página como "variantes".

Com esses esclarecimentos indispensáveis encaminhamos mais esta mensagem de Guimarães Rosa a seus fiéis leitores. Ave, palavra.

Rio de Janeiro, 27 de junho de 1970.

2 "Histórias de fadas", "O porco e seu espírito", "Sem tangência", "Quemadmodum", "Cartas na mesa", "Novas coisas de poesia", "Sempre coisas de poesia", "Zoo (Hagenbecks Tierpark – Hamburgo – Stellingen)" e "Zoo (Pare Zoologique du Bois de Vincennes)".

3 "Do diário em Paris, II", "Grande louvação pastoril à Linda Lygia Maria", "Quando coisas de poesia" e "Coisas de poesia".

4 "Jardim fechado"; "O riachuelo Sirimim"; "Recados do Sirimim"; "Mais meu Sirimim" (inédito) e "As garças".

Advertência da segunda edição

Esta segunda edição permitiu-nos escoimar o texto de certo número de erros tipográficos que lamentavelmente se infiltraram na primeira. Aproveitou-se a oportunidade para o cotejo com uma segunda cópia, também revista pelo autor. Daí algumas variantes assinaladas ao pé da página. Por outro lado, deu-se a certos escritos, de caráter nitidamente poético, disposição tipográfica exatamente igual à pretendida pelo autor.

Houve uma ou duas alterações na ordem das peças, sempre com intuito de maior fidelidade. Suprimiram-se, afinal, as datas das primeiras publicações no fim de cada texto, para retirar ao volume uma aparência excessivamente filológica e torná-lo semelhante às demais obras do autor.

Ainda que não seja esta a edição definitiva – falta, para tanto, o cotejo com outro original, por enquanto não localizável – decerto merece os qualificativos de "revista e melhorada", graças à preciosa colaboração de d. Maria Augusta de Camargos Rocha, a quem mais uma vez agradecemos.

Rio de Janeiro, 9 do setembro do 1976.

Um museu inteiro sem o corredor morto

Médico além de escritor, João Guimarães Rosa, doente nos últimos anos de vida, não alimentava ilusões acerca do seu estado de saúde e tratou de recolher em livros trabalhos menores, retirando os já publicados em jornais do esquecimento forçoso e juntando-lhes outros guardados em fundos de gaveta.

As pastas encontradas depois da sua morte continham dois volumes praticamente prontos, de títulos já escolhidos: *Estas estórias* e *Ave, palavra*. Aquele abrangia oito novelas, do tipo e das dimensões narrativas de *Sagarana*, com mais uma entrevista-retrato: "Com o vaqueiro Mariano", todas peças dignas de se incorporarem no *corpus* rosiano, e pelo menos duas ("Meu tio o Iauaretê" e "Páramo") de deslumbrante fulguração, capazes de perpetuar o nome de um autor. Publicado em 1969 pela Livraria José Olympio Editora, o volume era de natureza a suscitar a expectativa mais intensa pelo seu sucessor.

Um ano depois, coincidindo com o terceiro aniversário da morte do escritor, surge afinal *Ave, palavra*, totalmente diferente não só de *Estas estórias*, mas também de todas as obras anteriores: um volume alentado com mais de meia centena de trabalhos menores, de gênero, tom e alcance bem diversos. A sua variedade deixara perplexo

Texto originalmente publicado na *Revista do Livro* (MEC), ano XIII, nº 42, 1970. (N.O.)

o próprio autor no momento de dar título. Todas as denominações tentadas – *Azulejos amarelos, Conversas com tempo, Sortidos e retalhos, Reportagens, Desconexões, Via e viagens, Contravazios, Moxinifada, Almanaque, Poemas do Esporádico, Exercícios de saudade, Meias–estórias, Oficina aberta* – tinham o inconveniente de se referir, cada uma, apenas a um ou a outro grupo dos trabalhos enfeixados. O título finalmente escolhido e rosadamente ambíguo, *Ave, palavra*, resolvia a dificuldade não se referindo a nenhum e a todos, mas saudando com exaltação o poder criador da palavra que transparecia radioso em todos eles, ou contemplando o seu voo para regiões extraterrenas, ou ainda, talvez, apontando numa síntese lapidar o oscilar dos assuntos entre dois polos, o mundo animal representado na ave e o humano, compendiado em seu atributo diferenciador.

Incluíram-se no volume cinco peças que iam ser o núcleo de outro livro, *Jardins e riachinhos*, de extensão insuficiente para dar outro volume, mas de cor, sabor e forma aparentados aos deste. Memórias da simbiose de Rosa menino com a natureza e os bichos, são deveras exercícios de saudade de iridescente ternura.

Embora a proporção de trabalhos inéditos seja bem menor do que no primeiro volume póstumo, este há de exercer mesmo nos leitores mais fiéis de Guimarães Rosa impacto mais forte de surpresa, não só por causa da maior dispersão dos trabalhos e da sua publicação em jornais, não em revistas, mas sobretudo devido à sua cambiante novidade.

Deixemos que outros, uma vez publicado o livro, o submetam à análise que merece, limitando-nos a apontar-lhe rapidamente a infinita versatilidade.

Meias-estórias e não estórias podem ser chamados muito trabalhos da coletânea devido à predominância do fato bruto e ao mínimo de estilização. Destacam-se algumas reminiscências do cônsul do Brasil em Hamburgo, que evocam numa contenção extrema seu horror ante a barbárie de que lhe coube ser testemunha ocular na Alemanha de Hitler. (Que não nos iluda a quase impassibilidade de tais relatos: por outras fontes já se sabe da coragem com que o nosso diplomata, passando do horror impotente ao protesto ativo se faz o protetor de inocentes perseguidos.)

Aliás o diplomata e escritor, dois aspectos do Rosa múltiplo que (salvo para os leitores de "Páramo") até agora não se fundiam, juntam-se nos retratos de viajantes esquisitos, talhados para figuras de romance e entrevistos ao longo da carreira.

Mas haverá viajante mais singular do que o próprio escritor, de curiosidade minuciosa e inquieta, quer percorra as regiões agrestes da fronteira paraguaia, quer se aventure num aldeamento de índios ou numa colônia japonesa, quer se disfarce de vaqueiro? Seus olhos dissecam a paisagem, seus ouvidos a linguagem, seu sexto sentido desvenda interações entre o homem e sua região, sua visão do mundo, sua fala. Viajante levemente diferente do passeador que, contemplando gostosamente a metrópole onde reside, fixa flagrantes grotescos e engraçados do grande espetáculo das ruas; e que, encontrando por acaso na esquina seu vizinho Carlos Drummond de Andrade junto à amendoeira deste, transcreve primorosamente o triálogo havido e o não havido entre os dois bruxos e a árvore.

Quando morando em grandes urbes europeias de história milenar, onde cada passo dado o deveria levar a conferir vestígios de leitura e estudo com vestígios materiais visíveis ao turista, dir-se-ia que o nosso autor, se não foge aos santuários evocados, pelo menos evita consignar-lhes o impacto. Ei-lo parado, porém, longas horas ante os aquários de Berlim e de Nápoles, ou no meio dos jardins zoológicos de Londres ou de Paris a bater chapas verbais dos residentes bichos, a tentar defini-los por aproximações antropomórficas, croquis de palavras contadas e iluminadoras.

"Os veados – desfolhados; sempre em inverno; percorrem idas verdes florestas."

"Só o cintilante instante sem futuro nem passado: o beija-flor."

"A coruja não agoura: o que ela faz é saber os segredos da noite."

"O macaco está para o homem como o homem está para x."

"O esquilo quase bípede... Retifique-se o esquilo, bípede."

Ou então, confrontando com insetos e pássaros em seu habitat, observa-os com a infinita paciência de um raro exemplar humano fortemente ligado a suas origens telúricas – embora familiarizado com os requintes da civilização mais sofisticada.

Há ainda as notas marginais do leitor de jornal comentado a atualidade com discreta malícia ou desconfiança algo supersticiosa; há quadros da infância, banhados na mesma atmosfera de ingenuidade mágica que era a do inesquecível Miguilim; há caricaturas estapafúrdias; há continhos fantasmagóricos espelhando pesadelos impressionantes em sua vagueza, antes sugeridos que narrados.

Há, também, e será uma surpresa para muitos, o poeta João Guimarães Rosa, pois, além de ser o grande lírico do romance que todos conhecem, ele era também inadvertidamente, mesmo depois do misterioso *Magma* (que desapareceu depois de ter-lhe conquistado o prêmio da Academia), autor de versos que se coagulam em quadras breves e leves (nem tanto), bailados metafísicos, cenas dramáticas incandescentes ou legendas de famosos presépios.

Abre-se, em suma, de par em par, a porta da grande oficina de Guimarães Rosa com o ferver de seus alambiques a destilar elixires estranhos, a exalar aromas raros, a produzir ilusões de todos os sentidos. As fontes íntimas de sua inspiração entremostram-se melhor que nas obras de ficção, sem prejuízo de seu incessante reinventar da língua para torná-la capaz de refletir as insuspeitadas nuanças do real. Exemplificando:

"Passavam fome, quando não entravam em pantagruomérico comer, dormiam irresponsadamente, bebiam do tonal das danadas."

"E ei-lo (o gato), confabulatório, felishomem."

"Ela (a avezinha) é intrínseca. Ela é muito amanhã, seu em breve ser, mãe até na raiz das penas. Toda mãe se desorbita. O que urge, urge-a, cativa de fadário servidão – um dom. O que teme é o ovo anteposto. E ainda não está pronto o ninho, amorável. Donde o dirigir, de afinco, de rápido coração, no mais dar. Sumiu-se a gentil trapeirinha em gandaia. Re-pousa-e-voa, sofridulante, o físico aflito, vã, vã..."

"Ajuda-te um pouco menos, para Deus poder te ajudar."

Ponto dos mais altos, porventura, este exercício de saudade que é a página intitulada "Minas Gerais", penetrante, *vademecum* de psicologia regional, geografia metafísica, história tribal, etnografia passional, ode lúdico-lírica, onde o malabarismo linguístico se tornou acólito prestativo do amor filial, página obrigatória daqui em diante de todas as antologias e de todos os corações, desafiando todos os Estados do Brasil para se autodefinirem com igual fervor e igual lucidez.

Concluindo: mais um grande livro brasileiro, diferente, diverso, labiríntico. Ou, com outros termos: autorretrato, natureza-morta, paisagem, quadro de gênero, aquarela, pintura a óleo, iluminura e afresco, arte figurativa e abstrata, realizados a pinceladas de vocabulário: um museu inteiro sem um corredor enfadonho, sem um corredor morto, um museu que se revisita e de onde se sai deslumbrado.

Palavra, visão mais íntima do mundo rosiano

Uma visão mais íntima do homem Guimarães Rosa, um conhecimento melhor de suas motivações e de sua temática, algumas de suas páginas de palpitação mais intensa – é o que nos oferece o seu livro póstumo, *Ave, palavra.*[1] Foi o próprio autor que escolheu o título e compôs o volume com suas colaborações em jornais, em grande parte retrabalhadas. Por conveniência editorial foi-lhes acrescido o embrião de outro livro, *Jardins e riachinhos.*

É então uma coletânea de artigos? Sim, mas dando-se à palavra artigo sentido dos mais amplos, pois os trabalhos de Rosa, aparecidos na imprensa, são de espantosa variedade, indo da reportagem à poesia, da reminiscência à vinheta, do comentário de notícia ao relatório de viagem, oscilando entre o grave depoimento e o exercício lúdico, a ficção e a nota de diário: mais de meia centena de escritos, de tom, colorido, alcance e peso diferentes.

Censurou-nos um colunista literário, aos editores e a mim, por

Texto originalmente publicado nos jornais: *Jornal do Brasil*, 24 abr 1971; (como "Uma mensagem para cada leitor"), *Correio do Povo*, 15 mai 1971; *O Estado de S. Paulo*, 27 jun 1971. (N.O.)

1 Guimarães Rosa, *Ave, palavra*, nota introdutória de Paulo Rónai. Rio de Janeiro: Livraria José Olympio Edirora, com colaboração com o Fundo Estadual de Cultura de São Paulo, 1970, 276 p.

não termos operado uma seleção. Julgáramos de nosso dever manter-nos fiéis à intenção do autor em vez de adotar um critério seletivo que só poderia ser arbitrário. Cada leitor que procure a sua mensagem nesta obra pluridimensional; nenhum vai sair frustrado.

A não ser em "Páramo" (no primeiro livro póstumo, *Estas estórias*), nenhuma página de Guimarães Rosa permitia-nos entrevê-lo longe do Brasil, em suas funções de diplomata. Ainda que os acasos da profissão não o tivessem colocado em circunstâncias particularmente desfavoráveis, ele, preso por milhares de fios à sua terra, seria um foragido em toda parte; mas a sua confrontação forçada com o nazismo fê-lo juiz angustiado e revoltado daquele surto da animalidade, cujo horror ressalta inteiro de alguns episódios semeados de reticências pungentes ("O mau humor de Wotan", "A velha""). Talvez nos papéis do escritor se venha a encontrar ainda reflexos de seus encontros com a cultura do passado nas velhas metrópoles que visitou. Em todo o caso, as páginas que fez questão de incluir em seu livro falam quase que exaustivamente de visitas aos jardins zoológicos e aos aquários daquelas cidades: visitas de exilado a outros exilados. É, aliás, nessas páginas que aparece mais rebuscado, mais preocupado com efeitos e exercícios de estilo, enquanto o registro de suas andanças pelo Brasil mostra-o exuberante, ao natural. Suas curiosidades de linguista amador são atiçadas pelos contatos casuais com grupo minoritários: japoneses, índios ou as povoações mistas da fronteira entre Brasil e Paraguai. Ei-lo afinal eufórico na épica reportagem "Pé duro, chapéu de couro", consagrada à grande vaquejada de Assis Chateaubriand, onde exalta uma concepção de vida heroica e primitiva ainda não dissociada das forças da natureza; ei-lo exultante quando, em reminiscências de inexcedível ternura, reencontra a infância nas águas lustrais do riachinho Sirimim. É possível que as poesias em que ele brinca de Proteu, desdobrando-se em várias personalidades, não passem de divertimento; mas o artigo "Minas Gerais", síntese única de um Estado do mapa e de um estado de espírito, é certamente poesia, e da mais alta. Citem-se ainda uns flagrantes rápidos, retratos resumidos de esquisitões; uns quase-contos em que ocorrências banais armam mistérios indesvendáveis; ou o relato, delicioso de um encontro fortuito com Drummond na rua, ao pé da famosa amendoeira, pretexto de uma conversa "um pouco sempiterna" e de um expressivo "substrato de silêncio" – e mais não cito, por falta de espaço, não de substância. Nem exemplificar posso aqui, apenas deixo assinalada a prodigiosa fecundidade verbal do autor, mais de uma vez surpreendida em flagrante de criação: sob nossos olhos deslumbrados, a palavra, alada, levanta voo, acenando para novos horizontes.

Vária

A obra de João Guimarães Rosa

Paulo Rónai, professor do Colégio Pedro II, Rio de Janeiro

João Guimarães Rosa é não apenas o mais original dos autores brasileiros, mas também, seguramente, um dos grandes escritores de nossa época. Apesar da barreira linguística e da distância, seu nome se impõe cada vez mais internacionalmente. Desde 1961 as traduções de seus livros se sucedem num ritmo acelerado. Primeiramente temos *Buriti* (1961) e *Les Nuits du Sertão* (1962) nas Editions du Seuil, em Paris; *Il Duelo* (1963), na Nuova Accademia Editrice, em Milão; *The Devil to pay in the Backlands* (1963), na Knopf, em Nova York, e logo em seguida na Random House, em Toronto, enquanto em Lisboa são reeditados para o público português, a partir do texto original, *Sagarana* e *Miguilim e Manuelzão*. Em 1964, Albin Michel, de Paris, e Kiepenheuer und Witsch, de Colônia, anunciam *Grande sertão: veredas*, e Feltrinelli, de Milão, *Corpo de baile*. *Primeiras estórias* estão sendo traduzidas para o francês, *Corpo de baile* para o alemão, *Sagarana* para o inglês. Editores da Espanha, da Suécia, da Noruega, da Tchecoslováquia, da Hungria, da Iugoslávia, da Holanda e da Finlândia acabam de solicitar opções.

Texto originalmente publicado na revista *Caravelle – Cahiers du Monde Hispanique et Luso-Brésilien*, Toulouse, França, 1965. Conteúdo da palestra proferida por Paulo Rónai na mesma cidade, um ano antes. Tradução de Juliana Vaz. (N.O.)

Mesmo para um autor francês, inglês ou norte-americano, essas demonstrações de interesse tão numerosas denotariam um sucesso excepcional. Ora, elas são absolutamente extraordinárias em se tratando de um narrador brasileiro que se exprime em português, língua inacessível a praticamente todos os leitores estrangeiros. Ademais, ele é um escritor de abordagem muito difícil, criador de uma simbologia e de uma linguagem novas, cuja leitura exige até mesmo de seus compatriotas um esforço considerável. Assim a obra, depois de ter vencido as resistências da crítica nacional, fazendo-a aceitar uma arte refratária a toda rotina, levou tempo para ultrapassar as fronteiras do Brasil. Lembro-me da virulência das primeiras reações: depois, pouco a pouco, à medida que novas obras-primas se juntaram às precedentes, os opositores iniciais reconheceram o erro; após os artigos críticos, vimos ensaios detalhados e estudos bem documentados se multiplicarem; por fim, muito recentemente, a obra de nosso autor foi objeto de algumas teses universitárias.

Esses triunfos não passaram despercebidos para alguns estudiosos que se dedicam, em semanários ou em revistas literárias da Europa e da América do Norte, à crônica das novidades brasileiras e portuguesas. Para verificar seu fundamento, eles precisaram abrir caminho por esses volumes densos com o auxílio do dicionário, quebrar a cabeça quando o léxico se calava, adivinhar o sentido de palavras desconhecidas e de passagens complexas, tornar-se colaboradores e cúmplices do autor. Trabalho duro, mas bem recompensado a julgar pelos pareceres cheios de entusiasmo que se sucedem na França, na Itália, nos Estados Unidos e em outros países. Os editores, alertados, por sua vez, apressam-se a garantir a produção de um autor de carreira ascendente. As primeiras traduções para o francês marcam a etapa final da primeira fase de sua fortuna literária, no estrangeiro.

É preciso especificar, em primeiro lugar, em que consiste a obra de nosso autor, uma vez que a diversidade dos títulos adotados pelos editores estrangeiros poderia facilmente nos enganar. Na verdade, a bibliografia de Guimarães Rosa não comporta, até o momento, mais que quatro obras: *Sagarana* (1946), *Corpo de baile* (1956), *Grande sertão: veredas* (1956) e *Primeiras estórias* (1962), além de alguns folhetins e edições isoladas.

É verdade que várias dessas obras são extremamente extensas. As sete novelas incluídas nos dois volumes de *Corpo de baile* poderiam formar sete livros de formato comum e ter garantido ao autor sete sucessos em vez de um só. Mas este, em vez de lançá-los em sequência, preferiu deixar passar dez anos entre o primeiro e o segundo livro, para evitar romper a unidade do espetáculo cujos episódios lembravam as exibições sucessivas de um corpo de balé, entregando-se, sob a batuta do maestro, a evoluções complexas, estudadas em seus mínimos detalhes. Essa preocupação com a unidade é bastante característica de uma obra plena de intenções sutis, cujas diversas partes se completam simetricamente, põem-se reciprocamente em relevo num jogo reluzente de simetrias e de antíteses que nem sempre é fácil de destrinchar. Tudo isso corresponde a uma consciência muito forte da composição que permite ao autor subdividir seu universo de uma riqueza e de uma originalidade notáveis, ao mesmo tempo em que religa suas partes por meio de conexões muitas vezes imperceptíveis à primeira leitura.

Um breve olhar sobre os três outros títulos nos permitirá arriscar algumas antecipações sobre outros traços distintivos de sua obra. *Sagarana*, título do primeiro livro, composto de nove novelas, é uma palavra inexistente: o autor a forjou unindo o substantivo nórdico "saga" e o sufixo indígena "rana", cujo significado seria "semelhante a", "da espécie de". Não se trata de uma brincadeira, nem mesmo de um simples exemplo da maneira bastante insolente com que Guimarães Rosa trata os elementos do léxico, amalgamando-os à vontade: é sobretudo a prova do esforço consciente de fundir os elementos de civilizações tão diferentes quanto as dos noruegueses de antigamente e das tribos tupis-guaranis, de forjar a liga de dois mundos heterogêneos.

Quanto ao título *Grande sertão: veredas,* como nosso autor batizou seu único romance, ele é igualmente expressivo não só por ser insólito, mas também pela ambivalência de sua significação. Válido tanto no sentido figurado quanto no literal, ele é um exemplo de expressão de duplo sentido. Antes de tudo, ele designa o sertão do interior brasileiro, longe da costa e de toda civilização, onde não há estradas nem mesmo caminhos, somente veredas que permitem aos raros viajantes atravessá-lo à custa de grandes esforços. Mas ele indica ao mesmo tempo a confusão inextricável da vida subconsciente e instintiva, cuja imensa extensão permanece inacessível para nós, com exceção de algumas raras passagens abertas pelos esforços da consciência.

Vejam, por fim, *Primeiras estórias*, volume de contos curtos, em que o substantivo não passa de uma variante popular de *história*. Como alguns outros escritores, Guimarães Rosa gostaria que esse termo fosse admitido na língua comum no sentido de "história inventada" (*short story*), em oposição a *história*, ciência do conhecimento do passado. Esse exemplo nos faz prever sua tendência a multiplicar os recursos da linguagem cotidiana, assim como a recorrer ao tesouro inesgotável da língua popular procurando por palavras pouco conhecidas para atribuir um termo distinto a cada nuance nova de pensamento e de sensação.

Mas não abordemos a obra antes de ter dito algumas palavras a respeito do autor. Rapidamente resumiremos o que se sabe dele. Nascido em 1906 em Cordisburgo, cidadezinha do estado de Minas Gerais, numa região de criação de gado, onde passou a infância, ele completou os estudos secundários e superiores em Belo Horizonte. Com o diploma de medicina em mãos, ele se estabelece num canto perdido de seu estado após se assegurar de que não havia outro médico na região. Depois de dois anos de bons serviços prestados nessas paragens "onde Judas perdeu as botas", ele é nomeado médico da polícia de Belo Horizonte, o que marca o início de uma existência mais tranquila e lhe permite se entregar à sua paixão principal, o estudo das línguas. Aconselhado por um amigo, ele tenta ingressar numa profissão ainda mais favorável a essa paixão, e depois de um concurso é admitido na carreira da diplomacia.

Toda a obra desse diplomata, ao mesmo tempo homem comum e erudito, que sugou todo o mel de civilizações milenares, é vigorosamente enraizada no solo sertanejo e virgem de sua pátria; seus personagens são quase todos instintivos e iletrados. Evidentemente, ele soube guardar intactas no fundo de sua memória e de seu coração as fortes impressões de uma infância rústica e as experiências de anos passados, mais tarde, no interior: é dessa seiva que se nutre até aqui praticamente toda a sua produção.

Dito isso, lancemos um olhar sobre esse mundo feito de observação e de sonho, de intuição e de anotações. Acompanhemos sua construção progressiva, como puderam fazer os leitores brasileiros, surpresos e chocados inicialmente, maravilhados e felizes mais tarde ao ver surgir, no solo de seu país, esse edifício que não se assemelha a nenhum outro.

No momento da publicação de *Sagarana*, Guimarães Rosa foi rotulado de autor regionalista. Num país imenso como o Brasil, que exibe, apesar de sua surpreendente unidade nacional, divergências locais muito fortes, o regionalismo é, para os escritores medíocres, uma tábua de salvação: a representação de costumes e tipos locais, a notação de expressões e termos regionais compensam em certa medida a falta de capacidade criadora. Mas, para os escritores realmente importantes, que têm uma mensagem a transmitir, o regionalismo é, antes, um empecilho. Não só a abundância do vocabulário local atravanca o acesso de sua obra ao grande público, mas a fartura do material folclórico, ao se transformar num convite constante às digressões, ameaça o próprio ritmo da narração.

Ora, Guimarães Rosa aceitou esse risco e soube se esquivar dele; todos os seus livros, exalando um poderoso perfume telúrico, fincam fortes raízes na vida popular, mas, ao mesmo tempo, abrem-nos perspectivas universais. O que se sentia antes de tudo em *Sagarana* era o sopro épico que revela de imediato o narrador nato. Suas nove peças são, mais do que contos, novelas, não somente devido à sua extensão, mas também porque cada uma delas encerra vários episódios ou histórias secundárias que se sucedem num crescendo. De uma grande variedade, elas confirmam a plasticidade de um gênero que se adapta às exigências de todos os assuntos.

Parece, por exemplo, que a primeira história, "O burrinho pedrês", não obedece a nenhum plano e é formada por um amontoado de historietas, de anedotas e de episódios que pouco fazem a trama avançar. Mas era precisamente esse tipo de narrativa que convinha ao assunto: a viagem de uma boiada que avança por etapas, descansa, retoma a jornada, se desvia, se dispersa e volta a se reunir. Sem que o leitor se dê conta, o enredo progride e a tensão aumenta à medida que um burrinho desaparece e ressurge — pois nessa história os papéis principais são desempenhados por animais observados com uma precisão irônica e tenra que os individualiza. Sua marcha revela simultaneamente um conflito entre os homens que vai se intensificando e nos faz prever uma tragédia. Espera-se um assassinato, quando sobrevém um acidente, resolvendo a tensão por um cataclismo imprevisto.

Essa maneira de terminar uma história, bastante frequente em nosso autor, não é um simples *deus ex machina*, um expediente fácil para sair de um impasse: ela corresponde a uma concepção metafísica. De acordo com a tese do autor, expressa seguidas vezes em termos ingênuos e pitorescos por seus personagens, a sorte de todo homem está pré-estabelecida, toda existência segue uma curva traçada previamente mas cujo sentido é difícil descobrir. Se essas existências se desviam de seu curso natural, logo são devolvidas vigorosamente a ele por aquilo que chamaremos como quisermos: acaso, destino ou Deus.

É isso que nos dá a ouvir outra novela do volume: "A hora e vez de Augusto Matraga", história do assassino de aluguel abandonado ao chão como morto pelos capangas de um adversário. Porém, ele sobrevive, e, enquanto se recupera lentamente dos ferimentos, sente crescer dentro de si o arrependimento de sua existência passada. Esse sentimento o transforma e o enobrece. Ele esquece até mesmo a ideia de vingança, quando, subitamente, uma chance única de revanche se apresenta diante dele. Trememos por essa ovelha perdida e reencontrada quando surge a oportunidade de um ato louco de valentia: uma tentação é vencida por outra, nosso homem perde sua vida e salva sua alma.

Numa terceira novela intitulada "Duelo", dois adversários obstinados perseguem-se implacavelmente até que a morte de um deles, sucumbindo à doença, parece pôr fim à luta. Nada disso: o moribundo legou sua vingança a um pobre diabo que ele tinha abarrotado de benfeitorias, e este deverá quitar sua dívida de gratidão executando a última vontade de seu benfeitor.

O testador tinha razão de transmitir seu ódio postumamente? É uma pergunta que o autor não se faz. Seus personagens, rudes e guiados pelo instinto, criam para si uma razão de viver, deixam-se levar por um voto, uma crença, o sentimento de honra. Pouco importa que a interpretação que eles propõem seja superficial, até completamente errônea: ela opera pela própria força das raízes lançadas em suas almas. Na novela "Corpo fechado" o autor nos apresenta um feitiço cujo efeito seria tornar inviolável aquele que foi beneficiado por ele: foi a magia que vedou o corpo do herói a qualquer malefício? Ou foi sua fé ou a dos outros na magia que o protegeu?

Seres brutos, grosseiros e ignorantes, mas plenos de uma pureza ingênua, que obedecem não à racionalidade, mas aos códigos que herdaram de seus ancestrais, encontram-se subitamente numa encruzilhada e são obrigados a interrogar seu destino, a desvelar seu futuro.

Eis um dos protótipos da novela tal como a concebe Guimarães Rosa.

Variantes encontram-se em *Corpo de baile*. Os personagens ainda são sertanejos obtusos, pobres mestiços que se identificam com seu ambiente selvagem, indiferentes ao raciocínio, mas abertos a impulsos vagos, sonhos e premonições de todos os tipos, e separados por uma distância de vários séculos de nossa civilização racional e mecanizada; almas ainda não niveladas pela padronização, ávidas pelo sobrenatural e pelo maravilhoso, colocadas diante da morte por alguma crise inesperada. Então vem a vertigem: os abismos abrem-se a seus pés e no fundo desses abismos vislumbramos os grandes medos atávicos do homem, sua sede de amor e seu horror diante da solidão, seus esforços vãos para apreender o passado e moldar o futuro. Daí compreende-se por que nosso autor escolhe seus heróis de preferência entre crianças, loucos, mendigos, cantores ambulantes, prostitutas, foras da lei, vaqueiros, ou seja, seres que vivem de certa maneira à margem da sociedade, livres de vínculos com todas as organizações artificiais e por isso mesmo mais próximos da natureza, mais capazes de ouvir as sugestões do instinto. Mas notem que todos esses seres excepcionais não são vistos de fora: o autor toma-lhes emprestadas a linguagem, as perspectivas, a visão de mundo, identifica-se completamente com eles.

Citemos a esse respeito a novela "O recado do morro", uma dessas histórias que não podemos resumir sem estragar, em que se assiste à gênese de uma canção popular surgida no decorrer de uma expedição científica que nos é narrada por um dos personagens do morro recrutados para a viagem. A canção, jorrada do espírito desequilibrado de um louco, desenvolvida pela colaboração ocasional de outros lunáticos, acaba nas mãos de um bardo de profissão, que a dota de um sentido e de uma forma definitiva. A canção se cristaliza à medida que a expedição progride, e quando esta se desfaz após um evento dramático, ela nos revela sua verdadeira natureza: a de uma mensagem infralógica da paisagem e da atmosfera, transmitida pelos sentidos apurados de uma sucessão de anormais, colaboradores inconscientes.

Outra narrativa do livro, "Miguilim" (diminutivo regional de Miguel), leva-nos a uma dessas fazendas do interior privadas de todo contato com a civilização, onde a vida se desenrola imutável, arrastando paixões brutais, e onde as únicas leis admitidas são as de um código não escrito de tradições e concepções estranhas. O autor teve a feliz ideia de nos fazer penetrar nesse mundo fechado guiados por um garotinho de oito anos que, tendo nascido lá, aceita-o com absoluta naturalidade. Por uma reprodução fiel da perspectiva infantil, episódios insignificantes assumem proporções enormes, enquanto eventos trágicos se reduzem a uma simples impressão auditiva ou visual. A criança cresce sob nossos olhos, aprende as lições dos animais e das plantas, absorve a sabedoria inerente de seu irmão mais novo, avança tateando no mundo inquietante dos adultos, tropeça em seus segredos enquanto assiste a milagres invisíveis a todos os outros: o papagaio pronuncia o nome de seu irmão pela primeira vez vários meses após sua morte; um par de óculos põe fim a uma miopia ignorada, e subitamente os limites do universo em retração abrem-se enormemente para seus olhos ávidos.

Essas páginas, que estão entre as mais perfeitas de nosso autor, revelam alguns de seus talentos mais sedutores: a capacidade de pôr em relevo qualquer episódio escolhendo um ponto de vista surpreendente, fazendo, ao mesmo tempo, entrever por trás da história propriamente dita outras histórias que contribuem para sugerir o mundo íntimo dos personagens secundários, marcar suas características e conferir-lhes uma personalidade definida.

O título de uma terceira história, talvez a mais estranha do volume, explica-se pela alcunha de um velho fazendeiro, "Cara-de-Bronze", que, impossibilitado de se locomover e confinado em casa, completamente doente, continua a administrar sua propriedade. Em vão o narrador, Moimeichego, tenta desvendar o segredo desse personagem que a ausência de informações exatas torna misterioso: mesmo os indivíduos que o rodeiam não sabem nada sobre ele e o enganam cada um de uma maneira diferente. O narrador acabará por descobrir algo a seu respeito pelo relato de um vaqueiro que retorna de uma longa viagem empreendida sob ordem do patrão, encarregado de uma missão cujo sentido ele próprio pouco compreende. Na verdade, o senhor lhe havia incumbido de trazer o maior número possível de informações sobre os elementos inapreensíveis de um mundo que agora lhe é inacessível — perfumes, sons, cores — e que compõem sua essência sentimental, permitindo-lhe, assim, reconstituir, uma última vez, em seu quarto de enfermo, todo um passado.

No fundo, nada mais ilusório que resumir uma história de Guimarães Rosa. O núcleo, decerto, é bastante relevante, mas existe uma riqueza de observações penetrantes, de achados verbais, de subentendidos, um resplendor de ironia, de humor jovial, de fantasia, que qualquer condensação arrisca perder completamente o propósito. Limitemo-nos a um exemplo dessas invenções jocosas, ao mesmo tempo cheias de intenções, de que essas páginas estão cobertas: o nome do narrador de "Cara-de-Bronze". Mesmo num país como o Brasil, onde, em matéria de patrônimos, as surpresas são comuns, o nome de Moimeichego soa estranho. É preciso ter o dom dos enigmas para descobrir uma indicação velada do autor e do narrador: aquele deixou para o leitor apreendê-lo, formando uma palavra híbrida em que o pronome da primeira pessoa aparece em quatro línguas diferentes.

Tarefa ainda mais difícil: dar uma ideia do terceiro livro de nosso autor, *Grande sertão: veredas*, romance vasto que é inteiramente narrado, em primeira pessoa, pelo antigo chefe dos jagunços, Riobaldo, retirado em sua fazenda. A chegada de um viajante trazido pelo acaso lhe dá a oportunidade de contar sua vida aventureira de outrora. Ela não passa de um pretexto para que ele mesmo reflita mais uma vez sobre o que lhe aconteceu de misterioso e incompreensível neste mundo ao mesmo tempo temível e atraente que é o sertão.

E então há uma estranha sucessão de combates, de perseguições, de guerras sistemáticas que dois grupos de jagunços, antes aliados, travam, os quais o assassinato do chefe Joca Ramiro por seu alferes Hermógenes dividiu. Nota-se que esses jagunços estão longe de ser simples bandidos: são antes foras da lei fanáticos e selvagens, rebeldes que encontraram seu ideal na vida livre e cheia de riscos do sertão. Riobaldo se une à facção disposta a vingar o assassinato do chefe; a partir desse momento — como justamente sublinhamos — ele se assimila aos paladinos da Idade Média, esses defensores dos oprimidos que percorreriam a terra em busca de injustiças, exigindo reparação. A longa perseguição dos assassinos lhe permite atravessar as terras mais inóspitas, vencer uma série de provas, cruzar com um grande número de indivíduos estranhos e bizarros. Mas o mais estranho desses encontros é o que ele tem ou acredita ter com o diabo disfarçado de redemoinho. O demônio, provocado por seu desejo de potência, realiza seus desejos não expressos: após uma transação muda, em que está em jogo a alma de Riobaldo, tudo prospera para ele, e nada mais resiste a sua força. Eleito chefe de seu bando, ele vê seus caprichos mais fúteis se transformarem em realidade, seus inimigos escaparem diante dele, e, por último, é capaz de vingar a morte de Joca Ramiro.

Sim, mas o diabo cobra um preço alto: na batalha em que Hermógenes perece, a morte ceifa também Diadorim, o leal amigo de Riobaldo, por quem este sempre sentiu um afeto irresistível e ambíguo. Com sua morte tudo se esclarece: Diadorim era uma mulher, filha de Joca Ramiro (o chefe morto), que, para melhor executar sua vingança, se disfarçou de homem.

Mistura de Ilíada e Odisseia, em que de um solo exótico voltam a crescer todos os motivos eternos da fábula, *Grande sertão* nos cativa com uma série de episódios heroicos que parecem se desenrolar numa época distante ou em outro planeta, com uma sucessão de personagens bizarros e bárbaros que parecem sobreviventes de um mundo desaparecido: e, no entanto, há trechos em que a ação alcança o século XX, em que a mais plena atualidade se encontra. Zé Bebelo, um dos antecessores de Riobaldo na liderança do bando, e que, picado pela ambição, decide se tornar deputado e divulga em seu programa eleitoral uma campanha de extermínio contra o flagelo da bandidagem, é um personagem muito moderno e não apenas do sertão de Minas.

É nesse livro vigoroso que a arte da construção atinge seu apogeu. O narrador não sabe por onde começar, dá a partida, dá meia-volta e parte novamente, até encontrar a estrada vasta por onde sua história poderá tomar uma amplidão épica. Antecipações e alusões nos preparam de antemão para algo de extraordinário e inefável, o encontro de Riobaldo com o diabo, mais sugerido do que narrado. Por outro lado, a verdadeira identidade de Diadorim, revelada no fim da narrativa, lança retrospectivamente nova luz sobre os gestos e os atos desse personagem, assim como sobre seus acessos de ciúmes incompreensíveis motivados pelos casos sucessivos de Riobaldo.

O que dá gosto e valor especiais à narrativa são as reflexões contínuas que acompanham a narração de Riobaldo. Esse homem quebra a cabeça para compreender o que lhe aconteceu, para liberar o senso de aventura extraordinário da vida e para saber se ele foi responsável pelo rumo que as coisas tomaram. "Falo por palavras tortas. Conto minha vida, que não entendi" e "Conto ao senhor é o que eu sei e o senhor não sabe; mas principal quero contar é o que eu não sei se sei, e que pode ser que o senhor saiba". Mais que tudo, ele se pergunta se sua vida não poderia ter sido diferente do que foi. Mas "existe uma receita, a norma dum caminho certo, estreito, de cada uma pessoa viver — e essa pauta cada um tem — mas a gente mesmo, no comum, não sabe encontrar; como é que, sozinho, por si, alguém ia poder encontrar e saber? Mas, esse norteado, tem. Tem que ter. Se não, a vida de todos ficava sendo sempre o confuso dessa doideira que é. E que: para cada dia, e cada hora, só uma ação possível da gente é que consegue ser a certa."

A tradução mal permite dar uma ideia da criação admirável que é a linguagem de Riobaldo, à qual uma instrução preliminar deu um verniz arrogante, seu contato direto com a natureza e as coisas — o pitoresco, sua existência aventureira; a força, suas meditações e seus remorsos — uma aura de melancolia. Toda a verossimilhança da história assim como todo seu encantamento derivam disso. As máximas do antigo jagunço nos surpreendem tanto pela formulação original quanto pelo aspecto de novidade das coisas que revelam:

"Ficar calado é que é falar nos mortos..."

"O amor? Pássaro que põe ovos de ferro."

"Deus come escondido, e o diabo sai por toda parte lambendo o prato..."

Mas em nenhum outro momento seu desejo de compreender o âmago das coisas é tão aparente quanto em suas numerosas tentativas de definir o sertão, que é, para ele, muito mais que um simples cenário: ele se identifica quer com a vida que lá se desenrola, quer com toda vida humana, com o sentido da vida humana e até mesmo com Deus; ou, melhor ainda, chega-se a pensar que para essa alma rude o sertão significa algo ainda mais temível que a própria divindade:

"Sertão não é malino nem caridoso, mano oh mano!: — ...ele tira ou dá, ou agrada ou amarga, ao senhor, conforme o senhor mesmo."

"O sertão é uma espera enorme."

"Deus é paciência."

"(...) sertão é onde manda quem é forte, com as astúcias. Deus mesmo, quando vier, que venha armado!"

É com essa linguagem enérgica, toda concreta e palpitante, que Riobaldo se entrega a uma verdadeira especulação metafísica, perguntando incessantemente se o diabo existe, se Deus existe e se a vida tem finalidade. Essa meditação, para ele, não é um simples exercício mental, mas uma busca sincera e dolorosa cujo resultado é decisivo tanto para o passado quanto para o futuro.

"Explico ao senhor: o diabo vige dentro do homem, os crespos do homem (...) Solto, por si, cidadão, é que não tem diabo nenhum."

Ele diz ao interlocutor, lutando com as palavras. Mais adiante, abordando o problema pela outra extremidade, ele chega a um resultado mais ou menos análogo:

"Deus só pode às vezes manobrar com os homens (...)"

Mas o contrato, então, é válido? Ninguém pode ajudá-lo a encontrar a resposta. O compadre Quelelém, espécie de oráculo que só se expressa de forma enigmática, consultado sobre a validade do pacto, lhe responde que

"Comprar ou vender, às vezes, são as ações que são as quase iguais..."

Visto sob esse ângulo, o romance, que aos leitores mais apressados poderia parecer uma simples história de bandidos e de suas lutas, é uma profunda análise da experiência religiosa apresentada como estritamente individual: cada um constrói Deus e Satã dentro de si mesmo.

Em seu último livro, *Primeiras estórias*, que a crítica ainda não digeriu, o autor, após nos fazer crer que possui desenvoltura apenas para a narrativa longa, prova que sabe igualmente curvar seu talento ao conto. Há 21 deles neste volume, de uma grande variedade de estrutura e de conteúdo e, no entanto, de uma homogeneidade inegável quanto ao frescor da percepção. Em alguns a intriga se reduz a uma anedota, noutros ela é bastante complexa, ou, ainda, ela se dissimula e só se entrega ao leitor atento. O estilo que tende cada vez mais claramente à expressividade, ainda que à custa de artifícios, mostra uma riqueza de tons e de nuances espantosos. Cada história é contada por um narrador diferente, não designado expressamente, e seu status social, nível cultural, temperamento e sensibilidade se vislumbram ao longo da narrativa. Os temas vão do mais anódino ao mais denso.

Entre os contos menos "acidentados" assinalemos *Famigerado*, em que praticamente nada acontece: um jagunço pergunta ao narrador sobre o sentido desse epíteto; o criminoso, a quem acaba de ser atribuído o epíteto, quer saber se se trata de um insulto digno que o obrigaria a se vingar; o narrador contorna a dificuldade explicando o termo em questão com sinônimos que não deixam sentir sua aura semântica. Pode-se dizer, nesse caso, que o conto termina no momento em que dá asas à imaginação do leitor, entrevendo as consequências trágicas que uma resposta menos diplomática poderia gerar a um terceiro cuja existência é, aliás, simplesmente sugerida.

Mas, para nosso autor, não existe evento insignificante, o que ele faz questão de lembrar em termos bastante concisos: "Quando nada acontece, há um milagre que não estamos vendo". Esse milagre, como dissemos, tem mais chances de se manifestar aos fracos de espírito, aos doentes, às crianças, aos videntes: são eles que fornecem o material humano da maioria das histórias.

Assinalemos muito particularmente "A terceira margem do rio", em que um filho conta como seu pai, tomado por uma crise de misantropia, apaga-se do mundo dos vivos partindo sozinho numa canoa para nunca mais voltar a pôr os pés na terra firme. Ele só voltará a aparecer em intervalos espaçados, em busca da comida que a devota comiseração de sua família continua a deixar regularmente na beira do rio. Mas essas aparições tornam-se cada vez mais raras, o aspecto do exilado voluntário torna-se cada vez mais esgazeado até diluir-se definitivamente, confundido com a névoa.

É tentador deter-se em cada uma dessas histórias para analisar o substrato folclórico e as duas ações, a visível e a invisível; a realidade social e individual dos personagens revelada por sua linguagem e as múltiplas intenções do autor. Mas, mesmo nos limitando a uma única história, não esgotaríamos seu conteúdo em um artigo, pelo tanto que suas intenções se cruzam e se enredam, pelo tanto que o sentido literal e o sentido simbólico se sobrepõem. E como, antes de tudo, o que nos propomos é oferecer um panorama da arte de Guimarães Rosa, devemos nos limitar ao essencial.

Atenhamo-nos à mais aparente novidade dessa obra, que lhe confere um caráter agressivo aos olhos do leitor comum: sua expressão.

Evidentemente, pode-se apresentar uma nova imagem do universo sem recriar seus meios de expressão. Joyce desmontou todo o movimento da língua para nos transmitir sua visão, mas Proust soube nos comunicar a sua sem recorrer a um instrumento de expressão novo. Sublinhemos, mais uma vez, que a importância da obra que analisamos ultrapassa o plano puramente linguístico: se Guimarães Rosa é um grande escritor, não é porque construiu uma linguagem nova, nem — como algumas vezes ouvi dizer — apesar de tê-la construído.

Recordemos que há mais ou menos trinta anos os escritores brasileiros conseguiram libertar completamente sua língua da tradição escolar que propunha como modelo os clássicos portugueses do século passado. A língua falada no Brasil, com suas saborosas irregularidades, suas expressões enérgicas, suas imagens pitorescas, suas gírias incorporadas, essa língua cheia de seiva falada por uma população em parte iletrada deu uma vitalidade extraordinária aos romances de Graciliano Ramos, José Lins do Rego, Rachel de Queiroz, Jorge Amado e Marques Rebelo. Metade literário, metade jornalístico, o gênero da crônica conseguiu condensar em suas três páginas obrigatórias recortes da vida com absoluta naturalidade. A aparição de Guimarães Rosa ocorre, pois, no momento em que a língua literária brasileira não somente não precisa mais ser criada, mas já constitui um instrumento de grande precisão.

O ideal de Guimarães Rosa, mais do que o natural, é a expressividade absoluta. Com toda a certeza ele possui um talento particular para surpreender e fixar as invenções verbais mais originais da gente do povo, mas ele se contenta em organizá-las entre seus materiais de uma riqueza toda barroca.

Em primeiro lugar, nota-se em sua obra a embriaguez rabelaisiana da palavra que lhe faz ter um prazer todo sensual na sonoridade dos vocábulos, quando, por exemplo, em *Grande sertão: veredas*, ele recompensa o leitor com uma enumeração dos nomes do Maligno, uma sequência de topônimos bizarros ou ainda uma longa série de nomes, sobrenomes e alcunhas uns mais pitorescos do que os outros. A esse respeito, considerei bastante característica uma passagem da longa carta que ele me deu na véspera de minha partida, na qual respondia às inúmeras perguntas da tradutora americana de *Sagarana*. Foi isto mais ou menos o que ele lhe dizia sobre um parágrafo do conto "O burrinho pedrês":

> As palavras cujos sentidos a senhora me pede para explicar designam cores e raças bovinas, termos técnicos e raros, em parte regionais, que o leitor comum não compreende nem deve compreender; o que importa é o efeito musical do trecho, que procura reproduzir o ritmo de um tropel.

Mas esse é apenas um aspecto, e talvez o menos significativo, da revolução que nosso autor opera no material linguístico. Nós o vemos constantemente às voltas com a língua, cujas limitações e imprecisões ele vivencia melhor que ninguém; ele busca multiplicar seus recursos, ora se inspirando em procedimentos de outras línguas (ele conhece muitas a fundo), ora bebendo da fonte latina raízes até o momento não exploradas em português, ora desmontando expressões fixas ou até mesmo palavras compostas, recorrendo ao léxico indígena ou simplesmente criando palavras inteiramente novas. Ávido por atribuir à língua o máximo de fluidez e plasticidade, ele a renova com todos os meios, sem preocupações com a estilística nem com as regras gramaticais tradicionais. Segredos reveladores a esse respeito podem ser encontrados no único ensaio que ele publicou até o momento, seu prefácio à minha *Antologia do conto húngaro*, no qual exalta a possibilidade do húngaro de forjar palavras novas; evidentemente ele considera seus procedimentos e seu espírito próximos de sua própria concepção linguística, pela qual o idioma não constitui um sistema convencional rígido, mas antes uma espécie de corrente, em contínua transformação.

Uma parte das inovações lexicológicas e sintáticas que provocam reações nos gramáticos não são, entretanto, puramente arbitrárias. O escritor ousa criar palavras que a língua não se lembrou de forjar, mas que são perfeitamente aceitáveis, como *desesconder*, *desfixar*, *entrelembrar*, *inesperar* etc. Trata-se muito provavelmente de expressões individuais efetivamente ouvidas, que a memória do escritor, de uma capacidade de retenção extraordinária, conservou. Outros autores provavelmente hesitariam em acolhê-las, raras e atípicas demais. Ele, por sua vez, delicia-se com elas e integra-as a seu vocabulário assim como tantas outras virtualidades que só pedem para ser desenvolvidas e generalizadas. A maioria de seus numerosos neologismos existia como embriões na língua. Aqui estão alguns exemplos: substantivos como *mesmez*, *desfigura*, *sicofancia* ou verbos como os que encontramos nas seguintes frases:

"*Trevava*.

A menina *andorinhava*.

Irreconheciam-no.

Não fez modos de crer nem de *increr*".

Outras criações, um pouco forçadas, não são menos expressivas e eloquentes, tais como: *bis-ver*, *fome de perguntidade*, *jamais-jamenos*, *gestilongado*.

Existem, enfim, de tempos em tempos, casos de invenção pura e simples em que o autor se fia unicamente a sua imaginação, como nesta frase: O *mato aeiouava*, em que a onomatopeia visa reproduzir a sensação dos ruídos confusos do sertão.

Lembremos também o procedimento que consiste em manejar com uma liberdade extrema os prefixos como se eles fossem ainda elementos intercambiáveis: daí palavras como *compesar*, *descarecer*, *despreferência*, *impoder*, *intrágico*, *perpensar*, que vocês procurariam em vão nos dicionários.

Em suma, nosso narrador não deixa intacta nenhuma categoria gramatical, nenhum procedimento de derivação ou formação, nenhum meio de coordenação ou de subordinação. Não há nada, nem o uso dos sinais de pontuação, que não tenha sofrido em sua obra modificações profundas.

Basta examinar de perto qualquer setor do português para se dar conta da extensão dessas transformações. Tomemos o dos advérbios que, segundo as gramáticas, são invariáveis. Sem dúvida, as formas terminadas em *-mente* são bastante pesadas; para evitar sua acumulação, o uso permite empregar apenas uma vez o sufixo: *modesta e humildemente*. Guimarães Rosa rompe a rotina ao suprimir a conjunção: *Ingente universalmente era preciso um milagre*; combinando adjetivos que se surpreendem por se encontrarem juntos: *milenar e animalmente o odiavam*; ou, ainda, restituindo ao sufixo sua função ancestral de substantivo: *Já que com concentrada e distraidamente me encontrava*. Acontece também de ele derivar seus advérbios em adjetivos que habitualmente não convêm a esse tipo de derivação: *Ia desconhecidamente, dispostamente, convidadamente, olhos empalidecidamente azuis*; de acrescentar o sufixo a diminutivos — *justinhamente* — ou a adjetivos não qualificativos: *Os mil e mil homens muitamente trabalhavam*, ou, ainda, a substantivos: *A vaquinha se fugira madrugadamente*; *viver em ponto de parar, coraçãomente*. O sufixo às vezes tem uso tautológico: *Almoçou-se comfomemente*. Quanto ao advérbio, ele pode ser empregado como substantivo: *A velhinha batia com a cabeça nos docementes* e até mesmo, por uma heresia ainda maior, concordar com o sujeito: *Outros homens (chegavam), mas de esconso, em tão sutilmentes que não se avistavam nem notavam*. Guardemos por último exemplos de emprego assimétrico, como *sempre e agudamente olhava* e *olhou-o sem medida e entregadamente* e poderemos ter uma ideia da desenvoltura com a qual nosso autor maneja seu instrumento.

O último trabalho de Guimarães Rosa, publicado há algumas semanas, é uma novela sobre a soberba feita sob encomenda para uma coletânea intitulada *Os sete pecados capitais*. Assistimos ao óbito de um velho déspota que, depois de ter tiranizado sua família, quer lhe pregar uma peça mesmo depois de morto. Ele exige que o enterrem no cemitério dos pobres para não ter que dividir o sono eterno com sua mulher. Com o orgulho ferido e, ao mesmo tempo, sem coragem de contrariar a última vontade do pai, seu herdeiro resolve o impasse mandando cobrir de vermelho a inscrição humilhante na entrada do cemitério: "Volta para o pó, mísero, ao barro de que Deus te fez!"

Evidentemente, esse é apenas o núcleo das trinta e tantas páginas em que o autor, narrando o velório, encontra a maneira de desenrolar toda a vida do defunto, de nos fazer entrever as relações complexas ou grotescas de uma família patriarcal em pleno declínio, e de sugerir ao mesmo tempo uma intriga amorosa, provavelmente para nos fazer sentir melhor a mescla da vida e da morte, ou o contraste entre o desaparecimento do indivíduo e a continuação da espécie. Exemplar notável do tragicômico, gênero que ele aprecia particularmente, essa novela acentua a tendência à originalidade do estilo. Todas as características observadas anteriormente se confirmam com cada vez mais força: Guimarães Rosa se torna cada vez mais Guimarães Rosa, como em cada novo livro Ramuz se tornava cada vez mais Ramuz.

Alguns exemplos colhidos ao acaso vão convencê-los facilmente disso. Em primeiro lugar, no domínio da prefixação: A cara *imperturbava-se*; Já vos digo, *retroconsciente*...; *Onipoético*; *sôbre-reptício*; agora no domínio da sufixação: *Franzibundo*; *admiracundo*; *tossiturno*; Vovó Olegária tivera gentil sepultura, declaradas na lápide nossas filiais saudades, *cujamente*; enfim, no da formação de palavras novas: o *cosmicômico*; *voz desdentadurada*; *um zerodes*; *ventralhão regiportante* (por alusão à expressão *estar com o rei na barriga*); *bufarfar* (fusão de *bufar* e *arfar*); *cemiteriar* (discutir a escolha do cemitério); epitafinalmente (fusão de epitáfio e de finalmente) etc.; em que se acentua cada vez mais a tendência ao neologismo por meio do trocadilho.

A mescla inextricável de seriedade e de humor que é notável nessa novela, como em praticamente toda a obra de Guimarães Rosa, não deve nos impedir de vislumbrar o conteúdo espiritual profundo encoberto pela fraseologia divertida, as imagens frequentemente jocosas e absurdas. Quando ouvirem, em *Grande sertão: veredas*, Riobaldo, o antigo chefe dos bandidos, declarar com a maior seriedade do mundo: "Muita religião, seu moço! Eu cá, não perco ocasião de religião. Aproveito de todas. Bebo água de todo rio...".

Não interpretem como um gracejo do autor o que é, na verdade, uma manifestação da sede de absoluto que existe no fundo das almas mais grosseiras. Como o Fausto da lenda, todos esses seres rústicos buscam descobrir o avesso dos acontecimentos, a *sobrecoisa*; eles gostariam de "navegar por trás das coisas", mesmo arriscando suas vidas e sua salvação; mesmo sabendo que a vida é pouco *entendível* (acessível ao entendimento), eles não desistem de sua busca. O que importa não é encontrar; mas é preciso ter buscado. Somos joguetes, mas acreditamos participar do jogo.

Viver é muito perigoso — essa frase, que ressurge frequentemente na boca do jagunço Riobaldo, poderia servir de lema a todos os heróis de Guimarães Rosa. Eles não deixam, contudo, de enfrentar com uma coragem admirável a grande aventura humana que a eles se apresenta sob suas formas ancestrais, quase pré-históricas. Sejamos gratos a seu criador.

Palavras apenas mágicas

Se me perguntarem qual das obras de João Guimarães Rosa me toca mais de perto, indicaria – apesar da profunda admiração que me inspiram outros trabalhos do autor – a novela "Campo geral", pelo que nela sinto de dolorosamente vivido e enternecidamente lembrado; pela maestria com que o escritor cata nos olhos escancarados de uma criança os reflexos do mundo misterioso, absurdo e cruel dos adultos; pela pintura perfeita de uma micro sociedade marginal e fechada, de paixões, costumes e ritos arcaicos; pela arte com que nos faz sentir o escorrer do tempo, enquanto acompanhamos o menino Miguilim na sua trabalhosa iniciação; pelo sortilégio da linguagem individualizadora que permite ao narrador ver a sua personagem por dentro sem formalmente identificar-se com ele. Por tudo isso, eu a escolhera para comentário num curso dado em 1967, na Universidade da Flórida, a um grupo de estudantes interessados em nossa literatura.

Este curso deu-me a oportunidade para nova leitura, mais meticulosa que as anteriores, desta obra-prima a um tempo límpida e densa. Verifiquei então que, apesar da minha familiaridade com o

Texto originalmente publicado no jornal *O Estado de S. Paulo*, 9 mai 1970. Posteriormente incluído em *Pois é* (1990). (N.O.)

texto, este ainda conservava mistérios para mim: palavras ou acepções não-dicionarizadas, expressões insólitas, regências novas. Sem dúvida o contexto sugeria quase sempre sentidos possíveis; mas, prevendo indagações dos alunos, não queria ficar reduzido a conjeturas. Isolado naquele meio de língua inglesa, sem a presença de brasileiros com quem pudesse discutir as minhas interpretações, acabei mandando um questionário ao próprio Guimarães Rosa, cuja prestativa generosidade me era conhecida de longa data.

Apesar de recebê-lo num momento difícil – ainda não tinha desadaptado o organismo das altitudes do México, onde participara de um congresso, e se encontrava em véspera de uma viagem a Brasília – o amigo respondeu-me sem demora numa carta de extrema gentileza e precisão. Depois de definir, uma por uma, as palavras e locuções que lhe submetera, concluía assim: "Naturalmente, nas respostas acima, você só tem o resíduo lógico, isto é, o que pode ser mais ou menos explicado, de expressões que usei justamente por transbordarem do sentido comum, por dizerem mais do que as palavras dizem; pelo poder sugeridor... São palavras apenas mágicas. Queira-bem a elas, peço-lhe."[2]

O que me levou a retomar esta carta foi o aparecimento de *Universo e vocabulário do Grande sertão*, de Nei Leandro de Castro, publicado na prestigiosa coleção de Documentos Brasileiros pela Livraria José Olympio. O assunto deste estudo modelar, premiado desde 1967, quando ainda estava em manuscrito, e, desde então, desenvolvido e aperfeiçoado, são precisamente estas palavras mágicas de Rosa, só que colhidas em *Grande sertão: veredas*, às quais ele soube querer bem a ponto de fazer delas objeto de longa e apaixonante pesquisa.

O jovem erudito de Natal (agora estabelecido no Rio) empenhou nesta investigação seus dotes de pesquisador, aproveitando as lições de um estágio em Portugal e de uma estada na Inglaterra para conferir os seus resultados. Tendo acompanhado o seu estudo em suas progressivas transformações, é com sincera alegria que o vejo impresso neste belo volume, documento da inegável vocação crítica do autor, apoiada numa cultura sólida e auxiliada por métodos modernos de notável eficiência.

A obra monumental de Guimarães Rosa, pioneira sob tantos aspectos, está fornecendo a ilustração brasileira mais valiosa às novas teorias do fenômeno literário. O autor do presente volume, por

2 Ver p. 55.

exemplo, integra-a na tese da "obra aberta", com base na sua intrínseca ambiguidade, por oferecer "ângulos de visão mutável a cada tomada" e aponta-lhe a importância sugestiva para a crítica literária à qual inculca "uma consciência, um esforço de autonomia como processo reinventivo".

Opondo-se resolutamente à atitude de alguns críticos que apartam os aspectos de forma e os de conteúdo, com prejuízo manifesto para estes, considera a obra dentro da perspectiva de uma estrutura unificadora. Rosa, para ele, não é criador de uma nova língua nem de um dialeto, e sim o "tradutor de uma linguagem dentro da língua" que assimilou isomorficamente o literário e o plebeu, neologismos, formas arcaicas e regionalismos, mas filtrando todo este material "pelo repalavramento pessoal do código idiomático", interpretação esta concorde com a do próprio escritor, quando afirmava tender instintivamente a desenvolver as tendências evolutivas da linguagem sertaneja ouvidas na infância.

A presença simultânea de processos de poesia e prosa, o poder verbal derivado da minuciosidade barroca, a refundição do clichê e do lugar-comum, os processos de estratégia literária conscientemente aplicados são outros itens frisados e exemplificados pelo ensaísta.

O seu objetivo, porém, não se limita a trazer exemplos para a teorização. Propõe-se ao mesmo tempo, e nisto consiste o extraordinário valor didático de seu estudo, subsídios efetivos para a leitura de *Grande sertão: veredas*, dando a interpretação de 1.800 palavras "difíceis" dessa avalancha verbal, tentando a maior aproximação possível do sentido exato, recorrendo a todas as fontes de consulta disponíveis antes de se abalançar a interpretações pessoais. Os seus resultados, somados aos de predecessores tão perspicazes como Cavalcanti Proença, Oswaldino Marques e Mary Daniel, facilitam o acesso ao mundo mágico de Rosa, e, constituindo de agora em diante verdadeiro complemento de sua obra mais importante, trazem-na ao alcance de professores e alunos, abrindo-lhes uma fonte permanente de genuína beleza. É de esperar que a amorosa paciência com que ele se dedicou à elucidação de centenas de trechos rosianos contagie mestres e discípulos.

Em mais de 130 páginas compactas, o pesquisador ordena num registro alfabético os neologismos não-dicionarizados de *Grande sertão*; cita-os de cada vez dentro do respectivo contexto, lembrando frequentemente interpretações anteriores e discutindo-as quando delas diverge. Com razão separou num apêndice cerca de 300 regionalismos e brasileirismos que, embora dicionarizados, podem causar dificuldade ao leitor. Para se ter uma ideia da soma de pesquisa e meditação representada por este livro, notemos que no volumoso acervo de nada menos de 1.800 vocábulos submetidos ao exame apenas uns dez se mostraram refratários à interpretação.

Chega-nos ao mesmo tempo uma tese defendida na Faculdade de Letras da Universidade Federal de Minas Gerais, por Ivana Versiani Galery, sobre *Os prefixos intensivos em Grande sertão: veredas*. Preparado sob a direção competente da ilustre profª Angela Vaz de Leão, o livro distingue-se vantajosamente da média dos trabalhos pela ampla perspectiva dentro da qual a sua autora sabe focalizar um aspecto circunscrito na expressão. A intenção original da autora – segundo nos revela na introdução – foi abordar todos os neologismos de *Grande sertão*, isto é, elaborar obra semelhante à de Nei Leandro de Castro, que acabamos de mencionar. Depois, verificada a extensão da matéria, restringiu o objetivo do exame da prefixação em geral. Analisadas e classificadas todas as palavras novas em que apareciam prefixos, notou que ainda assim o assunto era vasto demais para permitir uma discussão minuciosa. Foi quando resolveu ater-se apenas a um único aspecto, limitando-se aos prefixos como recursos enfáticos, isto é, aqueles "que alguma vez tiveram o valor preciso de reforçar o sentido da palavra base". Mas, com critério acertado, acessoriamente arrola também os empregos não-enfáticos dos 16 prefixos dissecados para melhor ressaltar aquela aplicação especificamente estilística.

O trabalho de Ivana Versiani Galery é bem mais que um catálogo de exemplos. Ela faz preceder a sua coleta de um breve estudo substancial onde insiste sobre o caráter oralizado de *Grande sertão: veredas*. Citando Walter Porzig, lembra, a meu ver com muita justiça, aqueles que recusam naturalidade ao estilo de Rosa neste livro, que a linguagem oral muitas vezes procura evitar palavras e rodeios correntes para utilizar formas insólitas, rebuscadas, de troça e paródia, mais de uma vez intencionalmente extravagantes. A mesma pessoa que, escrevendo, possivelmente procuraria conformar-se a padrões convencionais, recorre ao falar a processos lúdicos e gratuitos com finalidade em si mesmos, tal como o estilo literário. É esta, sem dúvida, a perspectiva dentro da qual se deve aquilatar a narrativa de Riobaldo, intelectual místico do sertão, igualmente preocupado com o sentido da vida e o das palavras, visando atrás do seu interlocutor calado a uma invisível audiência extraterrestre que há de condená-lo ou absolvê-lo.

Assinalemos ainda um capítulo interessante sobre a natureza dos prefixos em geral, onde a autora procura resolver se estes morfemas devem ser considerados como elementos de composição e derivação. Aí é que talvez coubesse uma digressão sobre a função do processo em línguas não latinas, por exemplo, o alemão e o russo, em que o prefixo possui uma mobilidade e uma elasticidade desconhecidas no português e nas línguas irmãs. A divagação justificava-se pela intenção manifesta de Guimarães Rosa de dotar a sua língua de mais este meio expressivo de elasticidade descomunal. Contentemo-nos, porém, com o muito que nos traz a tese de Ivana Versiani Galery, numa eloquente demonstração de como a pesquisa linguística universitária deve explorar domínios da literatura viva.

O conto de Guimarães Rosa

Ao perguntar a mim mesmo a razão deste honroso convite a falar dos contos de Guimarães Rosa, quando tantos outros estudiosos poderiam desincumbir-se melhor da tarefa, só encontro como explicação possível a admiração que desde cedo tenho demonstrado pela obra do escritor e a amizade com que ele me honrou em vida. Da minha admiração tenho dado provas nos artigos em que, desde 1946, saudava todos os seus livros; entre suas demonstrações de amizade apraz-me recordar o extenso prefácio escrito por ele para a minha *Antologia do conto húngaro*. Tenho tentado merecer esse galardão não somente aceitando a dolorosa tarefa de ajudar na publicação das obras póstumas do inesquecível amigo, como também não me esquivando a comentar a sua obra quando mo pedem. Assim é que se explica a minha presença neste conclave.

Ao bordar o tema "O conto de Guimarães Rosa" seria de toda conveniência definir o que Guimarães Rosa entendia por conto. Mas a pesquisa revela que ele não se preocupou em esclarecer a significação exata do termo, tantas as oscilações que descobrimos no uso que fez dos vocábulos conto, novela, noveleta, estória, romance. Para

Texto escrito para conferência e originalmente publicado no jornal *Correio do Povo*, 17 mar 1973. (N.O.)

maior facilidade, nesta palestra dividirei as narrativas em dramáticas e épicas. As dramáticas subdividem-se em noveletas (como os trabalhos reunidos em *Sagarana*) e em estórias (como os de *Primeiras estórias* e *Tutaméia*), formando os subgêneros do conto, assunto do nosso exame; as épicas, classificadas em novelas e romances, não constituirão objeto desta resenha rápida.

Chamamos, pois, de noveletas (o termo é do próprio Guimarães Rosa) as nove narrativas que compunham o primeiro volume do nosso escritor, *Sagarana*, publicado em 1946, e acolhido com aplausos unânimes pela crítica (naquela época ainda havia crítica). O que mais surpreendia era a maturidade do estreante e o alto grau de perfeição das narrativas, que lhe assegurou imediatamente um lugar importante na literatura nacional.

Soube-se depois que *Sagarana* fora escrita havia muito tempo e já concorrera ao prêmio Humberto de Campos, em 1938. A láurea foi dada ao livro de Luís Jardim, *Maria Perigosa*, cabendo ao de Guimarães Rosa apenas o segundo lugar. Em vez de publicá-lo nessa ocasião, o autor preferiu retomá-lo e refazê-lo, só lançando oito anos depois por uma editora desconhecida. A reação do público acompanhou a da crítica: uma segunda edição saiu pouco depois pela Livraria José Olympio Editora: hoje o livro está na 15ª edição.

O êxito era devido menos à novidade do livro – que de verdadeiramente revolucionário só tinha o título – do que ao fato de ele ter levado à perfeição um gênero já com antecedentes notáveis na literatura brasileira, o conto regionalista. Pormenor digno de nota: o volume premiado em 1938, *Maria Perigosa*, era também uma coleção de ótimos contos regionais, só que desenrolados noutra região. (Luís Jardim era de Pernambuco). Se relermos os dois livros, um depois do outro, encontraremos situações e motivos semelhantes. Lembro, por exemplo, a sagacidade dos caboclos rastreadores que pelo rastro do animal são capazes de dar um retrato completo dele e até a sua história: ou então, o prazer sensual que bobos, fantasistas e versejadores populares encontram em palavras raras e altissonantes. Essas coincidências permitem entrever os limites da literatura regional.

O conjunto das narrativas desdobra-se num vasto panorama da região central de Minas Gerais, terra natal de Guimarães Rosa (o nome de sua cidade, Cordisburgo, aparece na primeira narrativa). Região ainda não atingida pelo progresso tecnológico, à margem do tempo e da civilização, escassamente habitada por uma população dedicada ao pastoreio, quase toda analfabeta, ignorante das conquistas da técnica e dos requintes do conforto, aferrada a suas tradições e crenças, muito próxima à natureza, dotada de forte imaginação poética, que se manifesta numa linguagem expressa e saborosa. Graças à uma memória prodigiosa, guardiã fiel das imagens da infância, o contista conservava de seus primeiros anos uma multidão extraordinária de impressões visuais, auditivas, tácteis, olfativas, gustativas, registradas na retentiva com minuciosa fidelidade. Arrebatado pelo livro, de um bom humor contagiante e de um irresistível sopro de vitalidade, o leitor sentia por trás dele um tesouro inesgotável de reminiscências; evidentemente o autor só contara uma parte ínfima daquilo que lhe perdurava na alma.

Impressionava a substância concreta das histórias. Na base delas poder-se-ia fazer um levantamento sociológico e ecológico da região, das relações de hierarquia social, das formas de vida patriarcais, da sobrevivência de profissões primitivas, dos hábitos ancestrais de alimentação, das práticas de medicina popular. E quanta opulência de observações sobre suas superstições e crendices, manifestações de animismo e de feitiçaria, casos de sincretismo religioso. E que registro de provérbios, refrãos, anexins, frases sentenciosas, repositório de uma milenar sabedoria popular. Maior ainda, talvez, a riqueza das observações concernentes à fauna e à flora. Os animais com sua fisiologia, seus hábitos, seu habitat, sua mitologia; as plantas com suas cores, seu perfume, suas utilidades. Não esqueçamos as doenças, cujos efeitos aparecem descritos com exatidão clínica.

Mas, em primeiro lugar, ressaltava o desfile numeroso, variado, colorido, pontilhado de um rol de episódios contados pelos boiadeiros, sub-histórias dramáticas que fazem antever um desfecho trágico; como no cinema, os *spot-lights* passam de um grupo de homens para outro, deste para os animais; depois, há uma parada brusca, o ritmo acelera-se e somos levado direto à catástrofe. Não aquela que aguardávamos, porém outra: previa-se uma morte de homem por assassínio, dão-se várias mortes por obra da enchente. É este um elemento identificador de muitas histórias de Guimarães Rosa; o plano urdido, a catástrofe armada, o desfecho provável são desmontados em último instante.

"Duelo" ostenta estrutura reduzível ao mesmo tempo: é uma caçada humana, em que o perseguidor busca o perseguido durante meses. De vez em quando perde-lhe a pista, o que ocasiona paradas forçadas, quando a história se alarga com novos episódios e com a introdução de novas personagens. A fuga cessa com a morte do caçador; ele, porém, legou a sua vingança a um terceiro e este executa-a – num fim totalmente inesperado e no entanto lógico.

"A hora e vez de Augusto Matraga", o maior conto do volume e talvez de toda a literatura brasileira, relata, como todos sabem, o arrependimento e a redenção de um ex-valentão. O lento processo de sua recuperação é interrompido três vezes: são três oportunidades para o retorno de seus maus instintos, três tentações capazes de operar uma reviravolta total. São os três centros de intensidade da narrativa. Nos dois primeiros, Augusto Matraga consegue resistir; o terceiro oferece uma ocasião única de redenção, mas também, ao mesmo tempo, de obediência simultânea aos seus pendores íntimos de violência, e ele sucumbe gostosamente à tentação.

A engraçadíssima "A volta do marido infiel" é segmentada pela idas e vindas de Lalino Salathiel, um parente divertido de Malazartes, malandro jeitoso e cínico, que chega a vender a própria mulher e a retomá-la meses depois sem restituir o preço que cobrou. Cada desaparecimento e reaparecimento do simpático trapalhão anuncia uma nova safadeza e a série destas compõe um retrato dinâmico.

A essas narrativas que se estruturam ao longo de acontecimentos movimentados – como a ida da boiada e a volta dos boiadeiros, a perseguição de Turíbio Todo por Cassiano Gomes, as visitas inesperadas ao esconderijo de Augusto Matraga – opõe-se "Sarapalhada" completamente estática: numa decadente região infestada pela malária, dois doentes aguardam a morte, apáticos. Aqui a ação já aconteceu, e vai aflorando devagar à tona nas arrastadas reminiscências dos dois primos, que acabam de chofre por separá-los.

Essas histórias são relatadas pelo convencional contador onisciente, isto é, como que contam, a si mesmas: em nenhuma delas há intervenção de quem conta. Este se revela apenas de modo indireto no tom desligado, de um humorismo algo cruel, que é uma maneira de encobrir a participação sentimental do autor.

Nas demais histórias nota-se a presença direta de um narrador. Este, em "Minha gente", é um citadino que vai visitar o tio fazendeiro; em "Corpo fechado", um médico residente num lugarejo do sertão; em "São Marcos", uma pessoa não qualificada mas facilmente identificável com o autor. O visitante chega à roça com prevenções de civilizado, mas a sua repente paixão pela prima lhe faz descobrir os encantos da vida rústica; o médico tenta em vão resolver por meios racionais um impasse, no qual um feiticeiro tosco logra dar jeito; e o alter ego do autor, que começou por debicar de um bruxo, tem de reconhecer-lhe o poder, depois que se vê vencido por suas práticas da baixa magia. Estas três novelas podem ser reduzidas ao mesmo esquema: o meio anacrônico e mágico, de grande impermeabilidade, exerce irresistível ação absorvente em quem vem de fora.

À primeira vista, o volume constitui exemplo insuperável do regionalismo realista. A impressão é confirmada pela coexistência de duas linguagens: a das personagens, detonadora exata de seu status social e intelectual, reproduzida fielmente em toda a sua irregularidade expressiva, e a do narrador. Este ainda que não se identifique inequivocamente com o autor, utiliza linguagem literária e culta, que, criando distância entre ele e as demais personagens, o aproxima mais dos leitores. Mas como classificar "Conversa de bois"?

É uma novela lúdica e estilizada, onde o autor se apresenta de vez com sua personalidade de escritor, admitindo ter retocado e enfeitado a estória que lhe foi contada por um capiau imaginativo, o qual, por sua vez, a teria ouvido de um papa-mel, um cachorrinho-do-mato. A reconstituição da imaginária conversa de bois atrelados a um carro é um brilhante exercício de virtuosismo, que, embora em todo o livro encontremos bichos individualizados rodeados de um autoral franciscana, destoa do realismo do resto do volume.

Trata-se, pois, de uma brincadeira. Então outra brincadeira será este período pirandelliano de "A hora e vez de Augusto Matraga": "E assim se passaram seis ou seis anos e meio, direitinho deste jeito, sem tirar e nem por, sem mentira nenhuma, porque esta aqui é uma história inventada, e não é um caso acontecido, não senhor." E uma terceira, em "São Marcos", a declaração de amor às palavras raras, "ao ileso gume do vocábulo pouco visto e menos ainda ouvido, melhor fora se jamais ousado". Outras tantas advertências de que o autor não entendia cingir-se ao realismo para sempre. Na sua concepção da literatura, uma transformação estava-se operando, cujos resultados apareceriam dez anos depois.

Antes de examinar a mudança radical sobrevinda no *modus scribendi* de Rosa a partir de *Corpo de baile*, quero lembrar mais uma novelcta da primeira fase, "Bicho mau", ao que parece, já incluída na primeira versão de *Sagarana* (aquela que participou do concurso de 1948), mas excluída do volume impresso, e que, descoberta nos seus papéis, faz parte agora do volume póstumo *Estas estórias*.

Uma enorme cobra venenosa aguarda escondida na grama perto da lata d'água que um dos trabalhadores que estão roçando uma encosta venha beber água. Os seus homens são-nos representados um por um em rápidos flagrantes, que os integram na vida deles. Aguardamos em suspenso que a morte escolha a sua vítima, depois assistimos à lenta agonia do eleito, para cuja morte conspiram a ignorância do meio, a indiferença dos familiares, a fatalidade. A composição quase musical, com três mudanças de ritmo ditadas pela marcha da ação, aparenta esta história antiga às de *Sagarana*.

Os produtos da literatura regional conseguem sair de um âmbito circunscrito somente quando a universalidade de sua psicologia lhes infunde validez geral. Os camponeses de Grazia Deledda, os pescadores de Giovanni Verga desempenham, ante o fundo da paisagem sarda ou siciliana, papéis do drama humano que são de todos os tempos e de todas as latitudes pelo que os seus conflitos íntimos têm de comum e de convincente. Da mesma forma, o ódio, o amor, o arrependimento das personagens de *Sagarana*, seus planos baldados pela fatalidade, tocam a sensibilidade dos nacionais de qualquer país. O fato foi ressaltado pelos primeiros críticos, que não hesitaram em caracterizar o livro como produto de um regionalismo universal.

Depois de uma pausa de anos, foi um outro Guimarães Rosa quem arremessou ao público o monumental *Corpo de baile*, que não pretendo analisar amiúde, porque suas sete narrativas, todas extensas (em geral o dobro das histórias de *Sagarana*) merecem antes o nome de romances do que de novelas. Com eles, o leitor de *Sagarana* reencontrava-se no mesmo mundo, porém transformado num labirinto. O título, propositadamente obscuro, permitia entrever a existência de ligações íntimas entre as peças do conjunto, de um plano oculto que as unia; epígrafes, extraídas de Platão e de Ruysbroek, exortavam à busca de um ou vários sentidos escondidos. Era a irrupção da poesia na ficção, com seu hermetismo.

Tentando-se resumir qualquer uma dessas histórias, mutilam-se a riqueza de seus motivos, o emaranhamento de fios, a secção de planos múltiplos, o jorrar contínuo do fluxo poético. "Uma estória de amor", por exemplo, relata uma festa, a de Manuelzão dada para inaugurar a capelinha que ele acaba de construir em homenagem da mãe morta e em ação de graças pela sua ascensão que fez dele, menino desamparado, o encarregado de uma vasta fazenda. Correm parelhas a ação exterior (a chegada dos convidados, o cerimonial do banquete, o seu decurso) e a íntima (o embate de inquietações surdas no espírito do anfitrião, a sensação de uma vida frustrada, o pressentimento da morte). Depois as duas linhas convergem e encontram-se num remate brusco: a canção épica que brota da boca de um velho mendigo, resolvendo tensões, disparando apreensões, numa exaltação subjacente da força da poesia.

Em recente artigo, o prof. Edoardo Bizarri mostra como especialmente "O recado do morro", mas também todas as demais histórias do volume, "investem o problema mesmo da gênese da poesia, assim como o problema do valor concretamente iluminante e revelador – e, portanto, de real conhecimento – e da função atuante da poesia".

Tanto quanto a significação múltipla das novelas, surpreendiam aos leitores familiarizados com *Sagarana* as inovações da expressão. Numa evidente experimentação de características revolucionárias, o autor suprimia a diferença de nível linguístico entre narrador e personagens, abandonando a língua daquele e destes, para criar uma terceira, nitidamente oral, mas que não correspondia *in totum* à expressão de nenhuma região, calasses ou época, e representava estonteante mistura pessoal de naturalidade e artificialismo.

Não só em *Corpo de baile*, como também em *Grande sertão: veredas*, romance monumental que saiu logo depois, o autor subvertia a fala, não apenas haurindo o máximo na rica fonte da língua popular mineira, mas explorando a fundo as virtualidades desta última. Obedecia, ao mesmo tempo, às exigências de uma expressividade infinitamente matizada e de um sensualismo brincalhão, que se comprazia em novas sonoridades. Resultado: uma verdadeira atomização da língua. Prefixos e sufixos permutados e alterados, regimes verbais contrariados, mudanças de função gramatical, a reformulação de locuções desmontadas, algumas de suas estonteantes arbitrariedades, mais de uma vez inspiradas na prática de outras línguas. Palavras mortas ressuscitavam, outras nasciam, outras eram submetidas a transformações violentas, até os limites da compreensibilidade e, às vezes, além. A criação de novas palavras por meio de combinações inéditas não só revelava falhas até então não percebidas da língua, mas fazia admitir a possibilidade de noções ainda não formuladas por falta de expressão adequada. A adoção maciça de certos processos da linguagem oral surpreendia e perturbava. Alguns críticos aplaudiam, outros censuravam essa recriação tão radical da linguagem que fazia dela uma das matérias-primas da ficção.

Alguém poderia perguntar por que Guimarães Rosa depois de ter conquistado de chofre um público considerável, se arriscava a perdê-lo obrigando-o a enfrentar uma ficção bem menos acessível do que a de *Sagarana*. A resposta a essa pergunta não é fácil. Talvez tenha razão Gaetan Picon ao afirmar que o escritor não escreve para comunicar-se e sim para escrever.

Ao desejo de ressuscitar o mundo da infância, de evocar-lhe as personagens toscas com sua fala, seus costumes e suas crenças, acrescentara-se o de abordar através delas os grandes mistérios da vida. Para tanto não bastavam os caminhos comuns do pensamento racional, nem tampouco as palavras de que este se serve, dicionarizadas e definidas. Todo entregue à excitação da sondagem, Guimarães Rosa, se não esquecia o leitor, submetia-o a testes contínuos, fazia-o pagar caro o prazer que lhe havia de dar a decifração da mensagem.

É sabido que, apesar das dificuldades da abordagem, o impacto de *Grandes sertão: veredas* venceu as resistências e que essa obra reputada intraduzível hoje está vertida nas línguas de maior significação cultural. Sua análise não cabe dentro dos limites desta palestra. Quero lembrar apenas que aí também a estrutura, o enredo e a mensagem formam um todo inseparável. O romance assume a forma de uma única narrativa ininterrupta feita pelo fazendeiro Riobaldo, ex-jagunço, a um forasteiro. Embora o ouvinte se mantenha silencioso do princípio ao fim e sua presença se perceba apenas pelas apóstrofes periódicas do narrador, essa presença determina os meandros da narrativa oral, explicáveis pelo emergir fragmentado das reminiscências ao sabor das associações, as hesitações iniciais do narrador, que só abandona a sua reserva depois de ver fixo o interesse do ouvinte, a dramaticidade direta, o esmiuçamento meticuloso de incertezas e de ansiedades. Riobaldo, inspirado pela atenção com que seu relato é ouvido, desce cada vez mais profundo em si e enfrenta mistérios mais altos, tais como a existência de Deus e do Diabo, a diferença do Bem e do Mal, o sentido da vida. Mas toda a audácia da construção, toda a complexidade da fabulação, toda a profundeza da mensagem, não nos subjugariam, se o sertão de Guimarães Rosa, fosse apenas uma abstração simbólica de significação múltipla e não fosse, também, o cenário real de casos, encontros, acontecimentos e cenas de grande autenticidade, vistos da perspectiva do ex-jagunço filosofante; e se a interferência do sobrenatural não fosse tramada com arte das mais sutis, de modo a nunca entrar em choque com o realismo psicológico.

Voltemos, porém, aos contos. Antes de passarmos a examinar *Primeiras estórias*, em que Guimarães Rosa aborda a *short story* propriamente dita, detenhamo-nos um instante numa noveleta magistral, de total originalidade, "Meu tio, o Iauaretê", publicada pela primeira vez em revista durante o intervalo entre *Grande sertão* e *Primeiras estórias*. Nota-se logo uma semelhança estrutural com o grande romance épico. A narrativa aqui também é constituída por um monólogo, falado na presença de um ouvinte que se limita a escutar. As confidências do onceiro, embrenhado na mata, a léguas de qualquer habitação humana, são provadas pela curiosidade de um visitante não identificado. A linguagem é o espelho fiel de uma vida de solitário reduzido a uma existência quase animal; nela abundam as onomatopeias; grunhidos e gemidos substituem os vocábulos; as palavras não chegam a coordenar-se em sentenças. O visitante que se finge de doente ouve o monólogo deitado numa rede e de tempos em tempos oferece cachaça a seu hospedeiro. Este, à medida que vai engolindo mais copos, desata cada vez mais a língua e acaba contando os próprios crimes, tudo o que deveria esconder. A narrativa acaba no momento em que o onceiro nada mais tem a confessar. O interlocutor mudo, de posse de todas as informações de que carecia para julgá-lo, elimina-o com um tiro de revólver.

Chegamos agora a *Primeiras estórias* em cujo título o escritor fazia questão de indicar ser aquele seu primeiro contato com o conto curto. O tamanho médio de cada uma das vinte narrativas é de oito páginas, enquanto a das noveletas de *Sagarana* era cinco vezes maior. O cenário da maioria dos contos é o mesmo dos volumes anteriores, mas seu papel é menos dominante. Nem sei se cabe ainda falar em regionalismo, pois a primazia do exótico foi substituída pela do maravilhoso. Nesta obra labiríntica, onde a perspectiva, a atmosfera e a temperatura emocional mudam com cada peça, há, no entanto, uma inegável unidade devido a uma concepção personalíssima da vida e da literatura. Querendo estabelecer a tipologia dos contos, quase diríamos serem eles relatos de hagiografia *sui generis*, pois todos focalizam milagres, contanto que o termo se entenda como designativo de acontecimento nem sempre público nem nitidamente definível. "Quando nada acontece – diz Guimarães Rosa – há um milagre que não estamos vendo." Mesmo as narrativas mais anedóticas prolongam-se num plano que não é do real. Todas elas são pluridimensionais, carregadas de significados ocultos. Todos os protagonistas são excepcionais, pouco ou nada integrados na sociedade organizada e, por isso mesmo, mais acessíveis ao chamado do irracional: crianças, anciães, mentecaptos. O livro lembra *Sagarana* apenas pela maneira, porque a narração é conduzida através de suspenses para um desfecho que deixa de se produzir.

Parte das histórias é apresentada com reminiscência do autor: porém o grau diferente de sua participação pessoal determina a diversidade do enfoque. O máximo de sua presença ativa nota-se em "Pirilimpsiquice", história de uma festa escolar onde os meninos atores em vez da peça do programa, passam a representar, sem combinação prévia, outra peça, que eles aos poucos foram inventando no decorrer dos ensaios para despistar os curiosos. Aqui, o narrador participa na qualidade de um dos membros de uma coletividade; alhures desempenha papel de figurante passivo, presenciador inconsciente ou testemunha casual.

À primeira pessoa da narração pode corresponder um eu que não é o do autor e cujos traços distintivos vão-se definido paralelamente ao desenrolar-se da ação. Por outro lado, nas histórias contadas em terceira pessoa, observam-se também diferenças de perspectiva devido à intensidade com que o narrador se integra no acontecimento. Há nisto tudo um brincar de esconde-esconde, uma série de substituições, procurações e disfarces, que leva o leitor a dar a volta na história, a repensá-la. Em "A terceira margem do rio", talvez a mais pungente e a mais conhecida de todas, alguém, por motivos não esclarecidos, abandona de repente a sua casa e passa a viver num barco, singrando o rio, cada vez mais esquivo, até perder todo o contato com as demais pessoas. O caso é contado por seu filho mais velho, aquele que continua a vigiar o pai louco por mais tempo e, contagiado pela sua demência, por um triz não lhe partilhou o destino, tomando sobre si a penitência que ele está pagando. Sente-se que o autor nos deu apenas uma das variantes possíveis do caso, sugerindo que imaginemos outras; aquela vista por alguém que não o vivesse, mas o visse de fora, com a indiferença de um observador objetivo; ou ainda a narrada com a chistosa crueldade que os casos de loucura frequentemente provocam e de que temos um exemplo noutro conto, "Darandina", ou ainda a explicada como efeito de determinados antecedentes. Assim, de certa maneira, o próprio relato transforma-se em ação e enredo. No conto "O cavalo que bebia cerveja" o mistério macabro do refugiado de guerra seu Giovanni é tão importante quanto a evolução dos sentimentos do seu criado em relação a ele, à medida que lhe vai intuindo o segredo, enquanto conta a história.

Já se vê que é comum nestes contos a presença de enigmas, cuja solução, porém, não é necessariamente fornecida ao leitor numa elucidação final. Ela pode estar escondida no título, numa ou outra frase ambígua no meio da narrativa, ou deixada em suspenso. De qualquer maneira, o leitor é forçado a sair de sua inércia, a fazer-se colaborador em vez de mero espectador.

O processo de revolucionar a linguagem, começando em *Corpo de baile*, atinge o ápice em *Primeiras estórias*. De certa maneira, Guimarães Rosa trata a língua como os ficcionistas manejam a realidade que lhes serve de matéria-prima, quando a desagregam e reconstituem a seu bel-prazer, inventando personagens novas compostas com pedaços e traços de várias pessoas vivas, fundindo num enredo novo parcelas de acontecimentos da própria vida. Essa experimentação, cada vez mais ousada, dava nova força a palavras a que o uso contínuo fizer perder o vigor primitivo e tornava possível exprimir sensações e matizes até então não fixados devido à insuficiência da língua. O resultado é uma linguagem ainda predominantemente oral, que embora conserve o sabor popular, choca por inovações nada espontâneas de caráter excessivamente especulativo.

Nessas tentativas de dinamização da língua, Guimarães Rosa, como já dissemos, em parte deixou-se inspirar pelas próprias tendências do idioma, fazendo largo uso de todos os seus processos de derivação e de composição. Em particular imitava fenômenos considerados ou como vícios de linguagem ou como meras curiosidades, ou então, completamente negligenciados pelos gramáticos: frases inacabadas, neologismos individuais ou familiares, deformações devidas ao pernosticismo, à ignorância, a estados de alma excepcionais, onomatopeias, até inovações da gíria publicitária e comercial. Além disso, a familiaridade com outras línguas, que ele tinha maior e mais variada do que qualquer um dos nossos escritores, levou-o a incorporar em sua prosa recursos que lhe são peculiares: ao francês pediu de empréstimo o particípio presente, ao alemão o mecanismo ágil da composição vocabular, ao húngaro a mobilidade dos provérbios – sem falar em número razoável de empréstimos léxicos e sintáxicos em que recorria além destas línguas ao grego, ao latim, ao inglês, ao italiano, ao russo, ao árabe, ao cigano, e, naturalmente, aos falares indígenas.

Afinal, mais de uma vez deixava agir as tendências lúdicas do seu espírito que tanto se comprazia em brincar com palavras. Já num dos contos de *Sagarana,* "São Marcos", o seu alter ego não se divertia em rabiscar nos bambus da mata, em resposta às quadras de um poeta anônimo, uma relação de nomes de reis assírios, unicamente pelo prazer que lhe dava a sua estranha sonoridade?

Enumerar e exemplificar os processos linguísticos de Guimarães Rosa requeria outra palestra. Digamos apenas que essa reelaboração do vocabulário, acrescida à obscuridade em que o escritor propositadamente parecia envolver a sua complexa mensagem, acabou funcionando como um instrumento de filtragem e afastando de suas últimas obras parte do público entusiástico de *Sagarana*. Consciente do fenômeno, Guimarães Rosa recusou-se a fazer concessões para assegurar uma maior acessibilidade a sua obra. Numa de suas poucas entrevistas extensas, dada a um jornalista alemão, afirmou que era impossível revolucionar não só a literatura, mas o mundo, sem revolucionar a linguagem.

Em janeiro deste ano coube-me a experiência curiosa de fazer uma palestra sobre a obra de Guimarães Rosa em Tóquio, para professores japoneses de literatura portuguesa e brasileira. No debate final, um deles perguntou-me se achava que a língua de Guimarães Rosa era a língua brasileira do futuro. Respondi pela negativa. Existe, no meu entender, uma parcela tão forte de contribuição pessoal na língua rosiana, tanto reflexo de um temperamento, uma sensibilidade, uma cultura excepcionais e, ao mesmo tempo, tanto capricho, brincadeira, ironia e intencionalidade, que ela há de, necessariamente, permanecer ligada à obra de um único homem. A criação coletiva que é um idioma só aceita contribuições individuais relativamente modestas e que se diluam sem dificuldade no fluxo comum. Há uns dez anos, ao ler os trabalhos apresentados a um concurso de contos, fiquei ainda surpreendido pelo grande número de estreantes cujo estilo ostentava forte influência roseana e que me deixavam uma impressão de imitadores desajeitados. Minhas leituras dos últimos anos dão-me a impressão de que a tendência regrediu bastante e que os novos contistas em sua maioria tentam fugir conscientemente a essa influência.

Em todo o caso, e disse isto ao meu interlocutor japonês, se Guimarães Rosa não criou a língua de amanhã, muito fez para liberar-lhe a evolução, acostumando os seus usuários a não considerá-la como uma coletânea de fórmulas fixas e invariáveis, mas como uma matéria-prima fluida, soldável e flexível ao extremo.

Ao dar a *Tutaméia* o subtítulo de *Terceiras estórias*, Guimarães Rosa deixou entender claramente que assemelhava as narrativas deste volume às de *Primeiras estórias.* Só que elas são de extensão bem menor, devido provavelmente ao fato de se destinarem, em sua maioria, para determinada seção de uma revista, de espaço limitado. Daí uma condensação ainda maior e, também, maior hermetismo, além de certa singularidade rebuscada que, mesmo entre os livros do nosso autor, destaca esse volume.

Ele abrange quarenta e quatro estórias se lermos o índice inicial, quarenta, se lermos o do fim, que o escritor batiza de índice de releitura. É que quatro das peças espalhadas pelo volume valem como prefácios. São na realidade confidências do autor, que, avesso a intimidades, mas acuado pela necessidade de explicar-se, recorreu a essa maneira inédita de fazê-lo. Mas o fez com toda a espécie de cautelas, atenuando o lirismo de suas confissões pela ironia e pelo sarcasmo.

Num desses prefácios, "Hipotrélico", responde pilhericamente aos que o acusavam de violentar a língua inventado desnecessariamente palavras novas; noutra, "A escova e a dúvida", também sob forma de gracejos, mostra as raízes profundas de seu inconformismo e de sua aversão a modelos, assim como responde a outra acusação que correntemente lhe faziam, a de alheamento. Num terceiro, o que inicia o livro, dá uma teoria disfarçada daquilo que entende por estória, isto é, conto curto, assimilando-o às anedotas de *nonsense*. Estas deixam entrever aquele avesso da realidade, que é impossível conceber de modo racional. "Nós os temulentos", o quarto prefácio, acrescenta uma série de *boutades* de um bêbado, que em seu estado semiconsciente alcança uma visão poética por esquecer-se das relações lógicas das coisas e estabelecer entre elas novos laços surpreendentes.

Outra curiosidade, a arrumação alfabética dos contos pelos títulos, com apenas duas quebras da ordem, parece uma brincadeira do autor, a querer submeter a um teste a argúcia de críticos e leitores. E também um artifício para sublinhar a unidade do volume.

Essa unidade manifesta-se de muitas maneiras. Outra vez o cenário é o mesmo mundo arcaico do interior de Minas e as personagens seres instintivos e incultos: vaqueiros, caçadores, pescadores, barqueiros, pedreiros, guias de cego, capangas, bandidos, mendigos, ciganos, prostitutas. Até o fim o narrador manteve-se fiel à sua infância; suas andanças pelas capitais da civilização, sua familiaridade com tantas culturas, sua erudição não o abasteceram de motivos de ficção, apenas aguçaram a sua capacidade de captar as mensagens daquele mundo primitivo.

Uma olhada para os casos que formam o núcleo das estórias leva à conclusão de que nelas não funcionam nem as leis da causalidade nem a da lógica. Por entender de través uma frase de um pregador, Grande Gedeão para de trabalhar e, daí em diante, a sua sorte melhora. A João Porém, o criador de perus, tanto falam numa moça inexistente que ele acaba por apaixonar-se dela; depois que as mesmas pessoas lhe contam a morte da moça, ele continua fiel àquela memória. No conto "Reminisção" a adoração do sapateiro Romão pela mulher infiel, feia e má, opera o milagre de por um instante embelezá-la aos olhos de todos no momento em que ele morre com os olhos fixos nela.

Em resumo, em todos os contos, o imaginário atua como motivo e mola. Ora querendo materializar-se; ora influindo naquilo que é; ora entremostrando-se como possível alternativa trágica. E o conjunto dos contos aparece, nessa releitura que o autor sugere e exige, como que o rastreamento dessas linhas tortas com que se diz que Deus escreve certo. Aliás o enredo é mais entremostrado que contado; o autor dá a entender que conhece toda a história a fundo, mas só libera dela uma parte. Escrevia cada vez mais para si mesmo. Cada vez mais místico, timbrava em aproximar sua sintaxe à dos simples e dos ingênuos, mas para expressar intuições e percepções cada vez mais complicadas. Explorava o pendor da fala sertaneja para o lacônico e o sibilino, o sentencioso e o pedante, o tautológico e o elíptico, a sua tendência para enfatizar, singularizar impressionar. Suas sentenças carregavam-se de um sentido excedente pelo que não diziam, num jogo de anacolutos, reticências e subentendidos. E o vocabulário, cada vez mais frondoso, exuberante, matizado, enriquecido pelas escavações no fundo antigo e regional e pelas antecipações de neologismos ousados confirmava a impressão estonteante de originalidade genial e solitária, consignada em relação a este volume por Tristão de Athayde.

Quanto aos dois volumes póstumos de nosso autor, já nos referimos *en passant* a duas novelas do primeiro, *Estas estórias*. Embora dado pelo próprio escritor ao manuscrito inacabado, o título não designa o conteúdo com propriedade, pois as narrativas se assemelham mais às noveletas lineares de *Sagarana*, do que aos contos de *Primeiras estórias* e *Tutameia*. É verdade que o termo de estória nem sempre é empregado por Guimarães Rosa como designativo do gênero: haja vista de "Estória de Lélio e Nina", que, no índice de *Corpo de baile*, é qualificada de romance. No que diz respeito ao segundo livro póstumo, *Ave, palavra,* quase todo o seu conteúdo é não-ficcional e formado principalmente de reminiscências, notas de diário, comentários a fatos do dia e notas de viagem. Há, contudo, alguns exercícios de estilo, no mais alto sentido, que se poderiam considerar como contos: assim a página intitulada "Uns inhos engenheiros", relato da construção de um ninho por um casal de passarinhos, feito com tamanho deslumbramento e carinho como se fosse o primeiro ninho feito no mundo e com tamanho frescor de expressão como se o idioma saísse do forno naquele momento; ou outra miniatura intitulada "As garças", que, pela mágica da recordação infantil e pelo virtuosismo da linguagem, transforma um incidente banal num quadro de inexcedível beleza.

Na estrutura, na expressão, na mensagem de seus contos, Guimarães Rosa foi um inovador, o maior que já apareceu entre nós. Aos escritores seus colegas sua obra atrai, sobretudo, como uma experimentação consciente e incessante, um esforço permanente de auto-superação na tentativa audaciosa de dar voz ao inexprimível.

Guimarães Rosa contista

Parece inacreditável que já se tenham passado dez anos desde a morte de João Guimarães Rosa. Ao coração de quantos o conheciam, a sua personalidade singular, tão atraente pelo que tinha de enigmático e de encantador, continua presente. Ao relembrá-lo parece-nos ouvir ainda o acento patético das palavras do seu discurso de posse na Academia Brasileira de Letras que precedeu a sua morte de apenas três dias: "A gente morre é para provar que viveu."

Esta palestra quer ser uma modesta homenagem à memória do grande amigo desaparecido.

No decurso destes dez anos a obra foi estudada, examinada, esmiuçada. Enquanto falamos, estão sendo realizadas inúmeras pesquisas sobre ela, no Brasil e no estrangeiro, revelando novas riquezas, aspectos até hoje não percebidos.

Não é este o objetivo da minha palestra, muito mais circunscrita. Ela quer apenas dar uma visão de conjunto da obra de contista de Guimarães Rosa, geralmente menos focalizada que os romances.

Conferência pronunciada na Caja Municipal de Ahorros de Vigo, Espanha, 15 nov 1977. Texto posteriormente publicado in: Separata nº 59 da revista *Grial*. Espanha: Galícia, jan, fev, mar 1978. Apesar de abordar mesmo tema e algumas ideias presentes em "O conto de Guimarães Rosa", análises originais e o próprio conjunto iluminador que representa justificam a inclusão deste ensaio. (N.O.)

Lembremos que a obra com que o escritor obteve seu primeiro êxito foi um volume de contos *Sagarana*. O estranho título que juntava a um radical escandinavo outro, indígena, representava já um programa: a fusão da cultura erudita e cosmopolita com a cultura popular e a reelaboração de linguagem, programa que se tornaria mais explícito nas obras seguintes.

O que se patenteava no volume, e de maneira indiscutível, eram os extraordinários dotes de fabulação, de caracterização e de narração do escritor, mas sem nenhuma nota revolucionária. Por isso, os primeiros comentaristas apontavam-no como continuador da linha regionalista, que já contava representantes notáveis antes do modernismo nos contos de Afonso Arinos, Valdomiro Silveira, Simões Lopes Neto, Alcides Maia e Hugo de Carvalho Ramos. Ele ia contribuir para essa herança com um afresco amplo e matizado da parte central de Minas Gerais, próxima de Cordisburgo, sua cidade natal. Como, por sua vez, Minas Gerais ocupa posição central no mapa do Brasil, era o próprio coração do Brasil que ele descobria aos leitores.

Contrariamente à Europa onde a situação central corresponde desenvolvimento maior, no Brasil ela indica uma região em grande parte economicamente atrasada, ainda não atingida pelo progresso tecnológico, à margem do tempo e da civilização, escassamente populada por um povo dedicado ao pastoreio, analfabeto, ignorante dos requintes da civilização, muito próximo da natureza, agarrado a suas tradições, crenças e crendices, dotado de uma imaginação fértil que se manifesta numa linguagem expressiva e saborosa.

Graças à sua memória prodigiosa, o contista, apesar de ter deixado a sua cidadezinha ainda criança, conservara de seus primeiros anos uma multidão extraordinária de impressões visuais, auditivas, tácteis, olfativas, gustativas. Tudo isso dava a seu livro um irresistível sopro de vitalidade. O leitor era arrebatado pelo volume, de uma verve exuberante e saborosa, que fazia entrever no autor uma inesgotável força criadora.

É deveras impressionante a substância concreta dessas nove narrativas. Na base delas se poderia fazer um levantamento sociológico e ecológico da região, de seus recursos naturais, suas relações de hierarquia social, suas formas de vida patriarcais, da sobrevivência de profissões ancestrais, da persistência de antigos hábitos de alimentação, e de práticas de medicina popular. Com isso, quanta abundância de observações sobre superstições, vestígios de feitiçaria e animismo, sincretismo de crenças primitivas com o cristianismo. Ao mesmo tempo, o texto é verdadeiro repositório da milenar sabedoria popular, cristalizada em provérbios, refrães, anexins. Ainda maior, talvez, a riqueza de observações concernentes à fauna e à flora: os animais com sua fisiologia, seu habitat, seus costumes, sua mitologia; as plantas com suas cores, seu perfume, suas utilidades. Não esqueçamos as doenças, descritas com exatidão clínica, e as práticas de medicina popular, amplamente exemplificadas.

No meio dessa paisagem, o primeiro plano é ocupado pela psicologia dos habitantes, representados através de numeroso e colorido desfile de variados espécimes, tipos e indivíduos ao mesmo tempo. Aí estão os coronéis, senhores feudais astutos e incultos, de um paternalismo arbitrário, entregues à inércia de uma vida estagnada, eletrizados apenas pelos lances da politicagem local; os padres, acomodados, tentando conciliar antagonismos; os delegados de polícia, oportunistas e prudentes; os poucos intelectuais, médicos, inspetores, funcionários, quase sempre esquisitões; os capiaus, os homens do povo, ignorantes e desconfiados; as mulheres confinadas em casa, numa sujeição atávica do homem; os bandidos ou cangaceiros, encarnações deformadas de um desejo deformado de justiça social; enfim, as visitas da cidade, mensageiros de outra civilização, que não conseguem alterar as práticas de uma rotina milenar.

Tudo isso é a matéria-prima que se torna literatura graças aos processos sutis de estruturação.

Um deles é a integração dos dados da realidade na ficção: eles não sobrenadam na superfície da narrativa como meros elementos de informação, nem constituem blocos independentes. A paisagem desempenha papel importantíssimo, entretanto não encontramos as descrições tão frequentes na literatura romântica e na regional. O panorama resulta de um mosaico vivo que vem a compor-se de flagrantes colhidos no decorrer de uma viagem, como em "Minha gente", ou surge como o resíduo de uma série de acontecimentos climáticos, geológicos e demográficos como em "Sarapalha". As superstições não são contadas e explicadas; são representadas através de sua ação na vida das personagens.

Outro processo rosiano é o principiar dinâmico da história. O autor lança-nos bruscamente, às vezes agressivamente, *in medias res*: planta-nos em meio a uma cena; faz-nos pegar o fio de uma conversa, e pronto; não nos podemos desvencilhar mais, a narrativa prendeu-nos de uma vez.

Iniciado o conto, a estrutura funciona não como uma moldura imposta por fora, mas como uma decorrência natural da história ou, como diz Guimarães Rosa, da *estória*.

Assim, a novela "O burrinho pedrês" custa a engatilhar-se. O assunto é a viagem de uma boiada. Enquanto ela é reunida, a narrativa amontoa uma porção de cenas tumultuadas que se desenrolam em torno de um burrinho parado. Afinal, sai a boiada. O seu progresso é pontilhado de uma série de episódios, contados pelos boiadeiros, sub-histórias dramáticas que fazem pressentir um desfecho violento. Como no cinema, os *spotlights* passam de um grupo de homens para outro, deste para um grupo de animais; depois, há uma parada brusca, o ritmo acelera-se e leva-nos direto à catástrofe. Ela, porém, não é a que esperávamos, mas outra: prevíamos a morte de um homem por assassínio, dão-se várias mortes devido à uma enchente. É este um elemento identificador de muitas narrativas de Rosa: todos os sinais fazem prever um desfecho, e sobrevém outro, ou então a história fica em suspenso.

Semelhante estrutura encontramos em "Duelo", que conta uma dessas caçadas humanas em que o perseguidor busca o seu inimigo durante meses e anos. De vez em quando perde-lhe o rasto, o que ocasiona paradas forçadas, quando a história se alarga em novos cenários, pela introdução de novas personagens. Morre o caçador, o que deveria automaticamente pôr fim à caçada; ele, porém, legou a sua vingança a um terceiro, o qual, em obediência a um ancestral código de honra, executa a sua obrigação.

"A hora e vez de Augusto Matraga", talvez o maior conto de toda a literatura brasileira, é a história do arrependimento e da penitência de um ex-valentão. O processo de sua recuperação é lento; três vezes surgem ocasiões para ele cumprir a sua vingança. Vence a si mesmo as duas primeiras vezes; na terceira, ele pode afinal praticar o bem cedendo a seus instintos de violência, e o faz gostosamente.

Estrutura e assunto são inseparáveis na engraçadíssima "A volta do marido infiel". Esta narrativa é segmentada pelos desaparecimentos e reaparecimentos de um malandro jeitoso e cínico, parente divertido de Malazartes, que chega a vender a própria mulher e a retomá-la sem restituir o preço que recebeu. Cada ressurgir de Lalino Salatiel anuncia uma nova safadeza, e da série destas surge um retrato de corpo inteiro.

A essas quatro narrativas que se estruturam ao longo da ação opõe-se "Sarapalha", relato completamente estático. Numa região infestada pela malária, dois doentes aguardam apáticos a morte. As arrastadas reminiscências desses dois primos de repente evocam um acontecimento antigo, cuja lembrança acaba por opô-los em ódio mortal.

Essas histórias são relatadas pelo convencional narrador onisciente, isto é, como que contam a si mesmas; em nenhuma delas há uma intervenção sequer de quem as conta. A presença dele apenas se revela, indiretamente através de um humorismo cruel, destinado a encobrir a sua participação sentimental. Noutras três histórias há uma participação direta do narrador. Ora é um visitante que chega à roça com prevenções de civilizado, mas a sua repentina paixão pela prima lhe faz descobrir os encantos da vida rústica; ora um médico que não logra resolver por meios racionais um impasse no qual o feiticeiro local consegue dar um jeito; ora é um citadino que se vê derrotado pelas práticas de baixa magia de um bruxo. ("Minha gente", "Corpo fechado", "São Marcos").

Viu-se nestes contos um punhado de excelentes episódios realistas. Com efeito, a linguagem das personagens era registrada com culta fidelidade, enquanto a do narrador pertencia a um nível superior.

Havia, porém, no volume uma narrativa inclassificável, "Conversa de bois", novela lúdica e estilizada, em que o autor afirma estar reproduzindo, com alguns enfeites, uma história que lhe foi contada – por um cachorrinho do mato. E essa história é a conversa de dois bois atrelados a um carro. Nas outras novelas havia também bichos individualizados, rodeados de uma auréola franciscana, mas sem nada de sobrenatural; mas aqui saímos do realismo e entramos em plena magia. O autor deu largas à fantasia, à vontade de brincar.

Aliás ele bem que coloca, aqui e ali, algumas leves advertências para que não o qualifiquem de realista. Em "A hora e vez de Augusto Matraga" observa: "E assim se passaram seis ou seis anos e meio, direitinho deste jeito, sem tirar e nem pôr, sem mentira nenhuma, porque esta aqui é uma história inventada, e não é um caso acontecido não Senhor." Em "São Marcos", por outro lado, faz uma declaração de amor às palavras raras, "ao ileso gume de vocábulo pouco visto e menos ainda ouvido, melhor fora se jamais usado". Através dessas aberturas podia pressentir-se a mudança que ia operar-se nas obras seguintes.

Antes de analisar essa mudança, quero lembrar mais uma novela da fase de *Sagarana*, que, retirada desse volume, só encontraria lugar em *Estas estórias*, coletânea publicada depois da morte do autor, sob o título de "Bicho mau".

Uma enorme cobra venenosa, escondida na grama perto da lata de água de um grupo de seis trabalhadores da roça, espia-os. Esses seis homens são apresentados um por um em flagrantes rápidos que os mostram enquadrados cada um na vida deles. Ficamos em suspenso à espera que a morte escolha a sua vítima, depois assistimos à lenta agonia do eleito, para cuja morte conspiram a ignorância do meio, a indiferença dos familiares, a fatalidade. A composição, quase musical, com mudanças de ritmo ditadas pela marcha da ação, aparenta essa história às de *Sagarana*.

Como me estou ocupando de Guimarães Rosa contista, pouco vou falar dos seus romances, que incluem as sete narrativas de *Corpo de baile* e o grande romance épico *Grande sertão: veredas*, todos publicados no mesmo ano, em 1956. É preciso notar, porém, que com a publicação dessas obras a imagem do autor modificou-se radicalmente.

Com toda a sua riqueza e o seu acabamento perfeito, os contos de *Sagarana* eram relativamente simples, acessíveis ao leitor comum. Já não era este o caso de *Corpo de baile* e de *Grande sertão: veredas*. Narrativas ambíguas, de uma forte carga simbólica e filosófica, representavam experimentações das mais ousadas e complexas.

Os leitores notaram que o autor suprimira a diferença de nível linguístico entre narrador e personagens, abandonando a língua daquele e destes para criar uma terceira, nitidamente oral, mas que não correspondia *in totum* à fala de nenhuma região, época, classe ou indivíduo, e sim representava uma mistura estonteante de naturalidade e de artificialismo. Ele hauria muito na língua popular mineira, utilizava-lhe as possibilidades virtuais, mas acabou por criar uma nova linguagem, obedecendo às exigências de uma expressividade infinitamente matizada e às de sensualismo brincalhão. Resultava daí uma verdadeira atomixação da língua. Prefixos e sufixos alterados e permutados, regimes verbais contrariados, mudança da função gramatical das palavras, reformulação de locuções e frases feitas, eram algumas de suas arbitrariedades mais de uma vez abonadas pela prática de outros idiomas. Palavras mortas ressuscitavam, outras nasciam, outras sofriam transformações violentas até os limites da compreensibilidade e, às vezes, além. A adoção maciça de certos processos da linguagem oral inculta chegava a perturbar; neologismos revelavam na língua lacunas até então não percebidas. À vontade de ressuscitar o mundo da infância e de evocar-lhe as personagens toscas em sua língua pitoresca acrescentara-se o desejo de abordar através delas os grandes mistérios da vida. Para isso já não bastavam os caminhos comuns do pensamento racional, nem tampouco as palavras de que ele se serve, dicionarizadas e definidas. Todo entregue à excitação da sondagem, Guimarães Rosa, se não esquecia o leitor, submetia-o a contínuos testes que lhe faziam pagar caro o prazer de decifrar a mensagem.

Corpo de baile e *Grande sertão: veredas* marcam, pois, uma vertente na produção de Guimarães Rosa. Depois deles não voltou mais ao romance, mas mesmo nos contos de sua segunda fase não era mais o narrador relativamente acessível de antigamente.

Aquelas duas obras monumentais deram a entender ao leitor atento que o pretenso regionalismo de Guimarães Rosa não era um fim em si. Ele se aproveitava das personagens rudes do meio rústico que tão bem conhecia para sondar os grandes temas universais da literatura: o amor, a paixão, o ciúme, a fatalidade, o arrependimento, a dúvida, a fé, a morte.

Entre *Grande sertão* e *Primeiras estórias* saiu numa revista uma novela magistral, de total originalidade. "Meu tio o Iauaretê" (que depois seria incluído em *Estas estórias*). Como naquele, a narrativa é constituída por um monólogo que um ouvinte limita a escutar. Quem fala é um onceiro embrenhado no mato, a léguas de qualquer habitação humana. Suas confidências são provocadas pela curiosidade do ouvinte não identificado. A linguagem é o espelho fiel de uma vida de solitário, reduzido à existência quase animal; nela abundam onomatopeias, grunhidos e gemidos que substituem as palavras. O visitante, que se finge de doente, deitado numa rede, enquanto escuta o monólogo, vai embriagando com copos de cachaça ao falante, até que este desata a língua e confessa uma série de crimes que cometeu. De posse de todas as informações de que carecia para julgá-lo, o visitante mata-o com um tiro de revólver.

Chegamos agora a *Primeiras estórias*, publicadas em 1962. São vinte e oito narrativas, de uma extensão média de oito páginas, cinco vezes menor que a das novelas de *Sagarana*. O cenário dos contos é o mesmo dos volumes anteriores, a Minas eterna, mas desempenha papel menos dominante, pois a primazia do regional foi substituída pela do maravilhoso. É uma obra labiríntica em que a perspectiva, a atmosfera e a temperatura emocional mudam vinte vezes. Entretanto os contos têm certa unidade, nisso que todos eles relatam milagres. Mas essa palavra tem que ser entendida num sentido especial:

"Quando nada acontece – diz Rosa – há um milagre que não estamos vendo." Todas as histórias prolongam-se num plano que não é de real, todas são pluridimensionais carregadas de significados ocultos. Todos os protagonistas são seres excepcionais, mal ou não integrados na sociedade, e, por isso mesmo, mais acessíveis aos chamados do irracional: crianças, anciães, mentecaptos. O livro lembra *Sagarana* apenas pela maneira por que a narração é conduzida através de suspenses para um desfecho que deixa de se produzir.

Parte das histórias é apresentada como reminiscência pessoal do autor, mas o grau de sua participação é diferente; às vezes toma parte ativa na ação, às mais vezes é apenas um figurante passivo ou uma testemunha casual. Frequentemente o *eu* da narração corresponde ao *eu* de Guimarães Rosa. Mas nas histórias contadas em terceira pessoa a sua presença tampouco tem a mesma intensidade. Há nisto um brincar de esconde-esconde, uma série de precurações, substituições e disfarces, que obrigam o leitor a dar a volta à história, a repensá-la. Característico a esse respeito é "A terceira margem do rio". Alguém, por motivos não esclarecidos, abandona de repente a sua casa e passa a viver num barco, singrando num rio próximo cada vez mais esquivo até perder todo contato com os demais homens. O caso é contado por seu filho mais velho. Este continua a vigiar de longe o pai louco e, contagiado pela sua demência, por um triz não lhe assume o destino, tomando sobre si a penitência que ele está pagando. Sentimos que o autor nos deu apenas uma das possíveis variantes do caso, sugerindo que imaginemos outras. Ela poderia ser narrada por um estranho divertido que a visse inteiramente de fora, ou com a chistosa crueldade que os casos de loucura provocam, e de que temos exemplo noutra narrativa do volume. Assim, de certa maneira, a forma da narrativa transforma-se em ação e enredo. Notemos também que sem explicar o motivo da estranha atuação da personagem, o autor deixa entrever mais de uma razão deixando-nos a escolha.

É comum nessos contos a presença de enigmas, cuja solução porém não é necessariamente fornecida no fim. Ela pode estar escondida no título, numa ou outra frase meio ambígua, num jogo de palavras. De qualquer maneira, o leitor é forçado a sair da sua inércia, a fazer-se colaborador em vez de mero expectador.

Talvez seja esse, aliás, o principal objetivo da incessante experimentação verbal em que Rosa aplica a casos novos os processos de derivação e de composição da língua; usa vícios de linguagem, locuções raras, rodeios de sintaxe negligenciados pelos gramáticos; frases inacabadas, neologismos devidos ao pernosticismo, à ignorância, a estados de alma excepcionais, onomatopeias, até a inovações da gíria publicitária. A cada uma das muitas línguas que estudou pede emprestado um e outro processo sintático. Isto sem falar de empréstimos léxicos a duas dúzias de línguas cujo inventário está por fazer. Numa de suas poucas entrevistas, dada a um jornalista alemão, declarou que era impossível revolucionar não só a literatura, mas o mundo, sem antes revolucionar a linguagem.

O terceiro e último volume de contos publicados em vida de Rosa chama-se *Tutaméia* com o subtítulo de *Terceiras estórias*, o que parece estranho, pois não houve segundas. Os contos deste volume são ainda menores, talvez pelo fato de terem sido escritos para determinada seção de uma revista, de espaço limitado. Daí uma condensação ainda maior e, também, maior hermetismo, além de certa singularidade rebuscada que, mesmo entre os livros do nosso autor, se faz notar.

Uma das curiosidades do livro são os dois índices: um no início, e outro, de releitura, no fim. No primeiro figuram quarenta e quatro histórias, no segundo quarenta: as quatro não relacionadas neste são prefácios espalhados pelo livro, na realidade confidências do autor, avesso a intimidades, mas acuado pela necessidade de explicar-se. Ele o faz, porém, com toda a espécie de cautelas, numa verdadeira criptografia, atenuando o lirismo das confissões pela ironia. Outra curiosidade é a arrumação alfabética dos contos, com apenas duas quebras da ordem, mais um teste para a argúcia dos críticos; talvez sirva também a sublinhar a unidade do volume. Outra vez o cenário é o mesmo mundo arcaico do interior de Minas e as personagens seres primários e instintivos: vaqueiros, caçadores, pescadores, barqueiros, pedreiros, guias de cego, capangas, bandidos, mendigos, ciganos, prostitutas. Nisto o narrador mantêm-se fiel à sua infância: suas andanças pelas capitais da civilização, sua familiaridade com tantas culturas, sua erudição, não lhe ofereceram, ou quase, assuntos de ficção, apenas aguçaram a sua capacidade de captar as mensagens daquele mundo primitivo.

Nessas estórias ou estorinhas não funcionam as leis da causalidade nem da lógica. Um dos personagens, por entender de través a palavra de um pregador, para de trabalhar e daí sua sorte melhora. A um outro tanto falam de uma moça inexistente que ele acaba por apaixonar-se dela e lhe continua fiel mesmo depois que lhe anunciam a sua morte. Um terceiro adora de tal forma sua mulher infiel, feia e má, que, no momento em que ele morre com os olhos fixos nela, a moça torna-se bonita aos olhos de todos.

Em suma é o imaginário que atua em todos como motivo e mola. Ora querendo materializar-se; ora influindo naquilo que existe; ora entremostrando-se como possível alternativa. E, na releitura que o autor sugere, o conjunto desses contos aparece como que o rastreamento dessas linhas tortas com que no provérbio se diz que Deus escreve. O enredo geralmente não é contado, apenas entremostrado; o autor dá-nos a entender que conhece toda a história, mas dela só libera uma parte. Escrevia cada vez mais para si mesmo. Cada vez mais místico, timbrava em aproximar a sua sintaxe da dos simples e dos ingênuos, mas para exprimir intuições e percepções cada vez mais complicadas. Explorava o pendor da fala sertaneja para o lacônico e o elíptico, a sua tendência para enfatizar, singularizar, impressionar. Suas sentenças carregavam-se de um sentido excedente pelo que não diziam, num jogo de reticências, anacolutos e subentendidos. E o vocabulário, cada vez mais frondoso, exuberante e matizado, enriquecido pelas escavações no fundo antigo e regional, pelas contribuições de outras línguas, pelas antecipações de neologismos ousados, confirmava aquela impressão estonteante de originalidade genial e solitária de que falou Tristão de Athayde a propósito desse volume.

Depois da morte do escritor, saíram dois volumes póstumos de sua obra: *Estas estórias* e *Ave, palavra* (cuja edição tive o doloroso dever de preparar). Apesar do título de *Estas estórias*, as peças que o compõem são novelas longas, do tipo das de *Sagarana*, e não contos como os de *Primeiras estórias*. Delas já citei as duas mais importantes, "Bicho mau" e "Meu tio o Iauaraté". O volume *Ave, palavra*, por sua vez, quase nada tem de ficção: contém reminiscências, notas de diário, comentários a fatos do dia, notas de viagem. Há, contudo, alguns exercícios de estilo, no mais alto sentido, aos quais talvez se possa aplicar a palavra conto. Citarei uma única, "Uns inhos engenheiros," em que o autor relata a construção de um ninho por um casal de passarinhos, com tamanho deslumbramento e carinho como se assistisse a construção do primeiro ninho no mundo, e com tamanho frescor como se o idioma saísse do forno naquele momento.

À morte inesperada de Guimarães Rosa, o Brasil de repente percebeu quão pouco conhecia o seu grande escritor. O poeta Carlos Drummond de Andrade exprimiu o sentimento geral de espanto num magnífico poema "Um chamado João", que começa assim: João era fabulista? / fabuloso? / fábula? / Sertão místico disparando / no exílio da linguagem comum?" e termina com estas palavras: "Ficamos sem saber o que era João / e se João existiu / de se pegar."

O tempo que passou depois de sua morte confirma essa impressão de mistério. Tanto mais por Guimarães Rosa constituir um cume solitário dentro da literatura brasileira. Apesar de seu alto exemplo de dedicação à arte, não deixou discípulos. Não obstante certas tentativas de imitação, já ocorridas enquanto vivia, permanece inimitável, único, sem mestres nem discípulos.

As gerações futuras deverão invejar-nos pelo privilégio de tê-lo conhecido em carne e osso e de ter testemunhado a sua grandeza.

Seleta
Guimarães Rosa { 1973

O livro *Seleta Guimarães Rosa* foi organizado por Paulo Rónai, diretor e orientador dos 26 volumes da Coleção Brasil Moço – Literatura Viva Comentada (editora José Olympio), da qual a obra faz parte. O objetivo da iniciativa editorial era apresentar a literatura nacional aos jovens e familiarizá-los com o melhor da produção dos escritores brasileiros vivos à época – início dos anos 1970. Rónai argumenta, porém, que apesar de Guimarães Rosa ser falecido, pela importância e representatividade de sua obra, ele não poderia deixar de figurar na coleção.

Tal qual todos os volumes dessa série, a *Seleta Guimarães Rosa* apresenta um panorama da obra do autor escolhido, reunindo informações biográficas, cronologia e excertos representativos de sua produção literária, acompanhados de pequenas apresentações e comentários críticos elaborados pelo organizador. Como o propósito aqui é reunir a fortuna crítica de Paulo Rónai sobre Guimarães Rosa, encontra-se a seguir uma seleção desses trechos de crítica literária, finas análises das obras do escritor mineiro, o que podemos verificar também nas várias notas remissivas adicionadas à edição por Rónai, a maior parte delas também apresentadas neste capítulo. (N.O.)

Perfil de João Guimarães Rosa

João Guimarães Rosa nasceu em Cordisburgo, Minas Gerais, onde viveu aproximadamente até a idade de dez anos. "Era o lugar mais formoso, devido ao ar e ao céu, e pelo arranjo que Deus caprichara em seus morros e suas vargens; por isso mesmo, lá, de primeiro, se chamara Vista Alegre... Ah, e as estrelas de Cordisburgo, também... eram as que brilhavam, talvez no mundo todo, com mais agarre de alegria" – diria ele muitos anos mais tarde pela boca de uma das personagens de "O recado do morro". Não temos motivos para supor que a sua infância tivesse decorrido particularmente feliz; mas foi um período incrivelmente fecundo, cujos feitos e fatos se gravaram na mente do menino com extraordinário relevo e um halo mágico que os anos da maturidade não chegariam a apagar.

O filho daquele lugarejo perdido percorreria uma trajetória que ninguém, entre seus familiares e conhecidos, poderia prever; formar-se-ia médico, praticaria com probidade a profissão por alguns anos e depois abraçaria outra, ingressando mediante concurso na diplomacia. Aí, galgaria um posto depois de outro até alcançar o fastígio da carreira. Simultaneamente realizaria outro caminho, íntimo, em que o esforço e o estudo, aliados ao gênio inato, o tornariam um

Publicado em *Seleta*, p. 17. (N.O.)

renovador da literatura de seu país. Sua fama de artista transporia as fronteiras do Brasil, seus livros seriam traduzidos, lidos, discutidos pelo mundo afora.

No decorrer de sua vida acontecer-lhe-iam coisas memoráveis. Mais de uma vez a sua existência individual ficaria engrenada nas rodas da História. Veria de perto o surgimento apocalíptico do regime nazista (cujas atrocidades combateria com todos os meios a seu alcance, protegendo perseguidos e salvando inocentes); assistiria à volta do pêndulo do Tempo, presenciando a Conferência da Paz em Paris; achar-se-ia em pleno centro de uma rebelião furiosa na Colômbia, desencadeada quando ele participava ali de outra conferência internacional. Devido aos postos que ocupava, e às amizades que tinha com figuras dominantes da época, veria de dentro o funcionamento das molas da política, o jogo dos interesses.

Tudo isso, porém, quase não deixou vestígios numa obra que, substancialmente, reflete o sertão mineiro, seus costumes, homens, bichos e plantas, assim como seus mitos, medos, assombros e superstições – dentro da perspectiva da meninice, nas proporções desmedidas da visão infantil. Luis Jardim disse certa vez que a pátria era a infância, tese de que o caso de João Guimarães Rosa constitui a melhor ilustração. Diversas vezes o escritor voltou à terra natal: à sua cidade e ao seu Estado. Sem falar nas férias de colegial, convém citar seus anos de médico em Itaguara, Belo Horizonte e Barbacena e, já em 1952, a grande viagem a cavalo no meio dos vaqueiros que levavam uma boiada de Andrequicé a Araçaí. Em todas as ocasiões, segundo depoimentos fidedignos, adotava atitude de observador, indagando, tomando notas, juntando material; mas a experiência, se reavivou e atualizou impressões, não empanou o frescor das reminiscências do menino.

Os que o conheciam no desempenho de suas funções de diplomata relatam que as exercia até nos menores detalhes com meticulosa inteligência e eficiente paixão. Os que tiveram a sorte de privar da sua amizade confirmam que praticava essa arte com todos os requintes da sensibilidade e da gentileza. Os que apenas cruzavam com ele, num ou noutro encontro casual, lembram-lhe a finura, o tato, a graça do espírito. Era um raro exemplar de homem civilizado, companheiro sedutor, conversador cativante. Poder-se-ia citá-lo, na verdade, como um paradigma da cordialidade brasileira. Aberto, prestativo, interessado nos problemas mesmo de simples conhecidos.

Resguardava, porém, o seu cantinho íntimo – onde nem tudo eram rosas – sob uma serena e pudica reserva. "Cordialíssimo – escreve a esse respeito um de seus poucos amigos íntimos, Franklin de Oliveira – como homem que tinha de pagar tributo e imposto ao inevitável conviver na labuta ordinária do cotidiano, ele, que era um ser necessitado de calor humano, e para quem a afeição era o bem soberano, evadia-se, ileso e arisco, quando os que dele se aproximavam o faziam tentando a indiscreta escalada. Então abrigava-se nas 'solidões fortificadas'."

Anos depois de sua morte assisti nesta casa[2] – que era a sua também, não por ter publicado todos os seus livros, mas também por fortes motivos afetivos – a um primeiro encontro entre dois grandes amigos dele que apresentei um ao outro acentuando-lhes a credencial: – "Então conhecia de perto o nosso Guimarães Rosa, esse grande extrovertido?" – perguntou o primeiro. "Não, eu conhecia de perto era o grande introvertido" – foi a resposta. Os dois Rosas eram igualmente autênticos.

Foi também o nosso escritor um espécime notável de estudioso, de humanista no melhor sentido da palavra. Bebia saber em todas as fontes. Completou as lições de coisas multicores da infância mágica com estudos sérios de ecologia, zoologia, botânica. Sua memória prodigiosa guardara intactas as noções do curso de medicina. Sentia atração especial pelos idiomas. Nos cafundós de Minas do seu período larvar aprendia grego, russo, alemão, japonês. Conhecia, mais do que isto, sentia o latim a fundo. Guardo como preciosa relíquia a gramática em que ele se iniciou nos mistérios do húngaro. E lia sofregamente literatura, guardando para sempre o enredo, as situações, os caracteres, até frases e páginas inteiras de seus autores favoritos. Mas a sua curiosidade não se restringia à literatura; um impulso ardente de penetrar além dos fenômenos do mundo percebível fazia-o debruçar-se sobre tomo de filósofos, esmiuçar teologias, perscrutar as respostas das religiões às inquietudes do espírito.

O escritor tinha consciência do seu valor e no entanto guardava certa timidez. Os êxitos de seus livros proporcionavam-lhe alegrias de criança; nas críticas – que as houve também – doía-lhe menos a restrição à sua arte do que a falta de amor que nelas julgava perceber. Seus íntimos sabem que a períodos de muita segurança interior

2 Referência à Livraria José Olympio Editora. (N.O.)

sucediam nele fases de dúvida e de abatimento, quando tudo lhe carecia de importância, afora o destino reservado à sua alma imortal.

Suas relações com o idioma têm todas as características de uma ligação pessoal, quase física. Com um universo de seres e coisas de inesgotável riqueza a espicaçar-lhe os sentidos, e outro, não menos infindável, a extrair de dentro de si, constante de milhões de sensações nunca formuladas e de pensamentos ainda não expressos, a língua não lhe bastava em sua riqueza estática: ele a amolgava, forçava-a, torcia-a, submetia-a a experiências as mais audazes. Desejava dotá-la das opulências de todos os idiomas, transformá-la – paradoxalmente – num idioma só dele, mas entendida, saboreada, apreciada de todos. "Eu quero tudo: o mineiro, o brasileiro, o português, o latim – talvez até o esquimó e o tártaro. Queria a língua que se falava antes de Babel" – escrevia a Mary L. Daniel, *scholar* norte-americana, autora de uma tese sobre *Grande sertão: veredas*.

Os resultados conquistados nesse campo, tanto quanto as resistências encontradas, agiam como estimulantes sobre o seu espírito lúdico: o "exprimendo" passava por vezes a segundo plano, devido à força com que o "expressor" se impunha à atenção. Embora sequioso de repercussão, não transigia no que lhe parecia o seu "*apport*" mais original. Vi-o espreitar, com malícia brincalhona, as reações da crítica a certas inovações explosivas, assim como exultar ante a agudeza de alguns intérpretes que conseguiram captar-lhe as mensagens, muitas vezes propositadamente veladas.

Entretanto, nunca respondia a críticas, nem condescendia em explicar os seus escritos. Não que não estivesse armado para isto: naquelas páginas densas e hirtas, tudo, absolutamente tudo, correspondia a intenções, era calculado, funcionava como parte integrante de um sistema de expressão e de uma estrutura narrativa. Não conheci criador mais consciente. Algumas das nossas conversas já me davam essa impressão; depois de ele morto a impressão transformou-se em certeza à vista da volumosa correspondência do escritor com cada um de seus tradutores, epistolário de imenso valor que, quando publicado, há de constituir-se numa exegese única e num monumento sem analogia em quaisquer literaturas.

Ainda que seu lugar excepcional em nossa literatura já não possa sofrer contestações, estamos muito perto dele para podermos avaliar já tudo o que lhe devemos. Sem dúvida alguma ampliou inesperadamente a nossa visão do Brasil: por trás dos cenários do nosso dia a dia, submetidos às mudanças constantes impostas por um progresso excessivamente rápido, ele nos revelou outro país, imutável, intemporal, uma população que só aparentemente é nossa contemporânea, mas gravita em volta de mitologias ancestrais, em obediência a códigos atávicos sem por isso viver com menos intensidade os grandes problemas do homem. O diplomata impecável, o pensador erudito, o escritor genial, sentia-se realmente à vontade no meio desse povo interiorano, marginal, esquecido, em comunhão constante com a terra e com os bichos; ele se sentia realizado quando, em férias, podia misturar-se à vaqueirama e acompanhar por semanas a lenta marcha de uma boiada pelo sertão. Seu desaparecimento brusco, prematuro, inesperado de todos, menos dele mesmo, golpeou o Brasil como poucos outros. Ao relermos hoje seu discurso de posse, pronunciado na Academia Brasileira de Letras três dias antes da sua morte, é difícil não vermos nele um adeus. O escritor sentia que pouco lhe restava de vida e esperava com a morte "provar que viveu".

Para essa demonstração, porém, lá estavam seus volumes espessos, tangíveis, materializados, já vivos de uma vida transcendental. Aquela morte descerrou, antes, o que houvera de secreto, de misterioso na vida do escritor. Carlos Drummond de Andrade, num famoso poema escrito ainda sob o impacto da notícia, soube, com a intuição dos poetas verdadeiramente grandes, captar a atônita reação de todos:

> Ficamos sem saber o que era João
> e se João existiu
> de se pegar.

Duas palavras ainda a respeito das notas que acompanham os trechos [apresnetados a seguir]. Não desconheço o risco que se assume tentando explicitar palavras e frases de um escritor cuja grande inovação (ou pelo menos uma delas) consiste em confiar à linguagem uma mensagem extra lógica, uma carga sentimental muito mais forte do que a intelectual. Como poderia esquecer o que o próprio Guimarães Rosa escreveu numa carta a seu tradutor alemão Curt Meyer-Clason a respeito de *Corpo de baile*, mas que se referia a toda a sua obra?

"O *Corpo de baile* tem de ter passagens obscuras. Isto é indispensável. A excessiva iluminação, geral, só no nível do raso, da vulgaridade. Todos os meus livros são simples tentativas de rodear e devassar um pouquinho o mistério cósmico, esta coisa movente impossível, perturbante, rebelde a qualquer lógica, que é chamada "realidade", que é a gente mesmo, o mundo, a vida. Antes o óbvio, que o frouxo. Toda lógica contém inevitável dose de mistificação. Toda mistificação contém boa dose de inevitável verdade. Precisamos também do obscuro."

Entretanto, para fazer da obra do autor matéria viva da escola, a que tanto se procura infundir sangue novo e palpitação comunicativa, era indispensável facilitar aos jovens o acesso a esse universo em tantos passos hermético. A tarefa paradoxal exigia solução urgente. A Coleção Brasil Moço, que se subtitula Literatura Viva Comentada, não podia dispensar um volume de João Guimarães Rosa. Na qualidade de orientador da série, recorri a vários conhecedores da obra, espíritos atilados de extrema sensibilidade artística. Aceitaram o convite com entusiasmo, mas algum tempo depois escusaram-se por motivos vários; e o orientador, embora sabedor da própria insuficiência, teve de fazer-se apresentador e comentador. Na esperança de um julgamento compreensivo, ficará satisfeito se o presente volume, com todas as suas imperfeições, prestar algum serviço a professores e alunos, além de recrutar novos amigos para Miguilim, Riobaldo e as demais criaturas maravilhosas de João Guimarães Rosa.

Devo consignar meus agradecimentos aos amigos que quiseram dar uma olhada aos originais e ajudar-me com sugestões e conselho: em primeiro lugar, a dona Maria Augusta de Camargo Rocha, amiga e secretária de Guimarães Rosa, profunda conhecedora de sua obra, por ter-me ajudado na interpretação de grande número de trechos duvidosos, e ao prof. Gilberto Mendonça Teles, por ter lido os originais de todo o volume e contribuído para melhorá-lo com muitas observações agudas; a dona Aracy, viúva do escritor, ao sr. Vicente Guimarães, seu tio, e a dona Vilma Guimarães Rosa por haverem prestado auxílio na confecção da cronologia; afinal, aos críticos e ensaístas, de cujos trabalhos e ensinamentos tentei tirar o maior proveito possível.

Sagarana

"Duelo"[1]

Esta novela bastaria para explicar sozinha o extraordinário impacto do volume de estreia de G. R. Impõe-se por surpreendente multiplicidade de valores: ação cheia de peripécias, de intensidade crescente; episódios caracterizadores, ao mesmo tempo que criadores de ambiente e de estrutura; protagonistas descritos e analisados com arte persuasiva, em perfeita interligação dos fatores físicos e psíquicos (veja-se a influência do papo no comportamento de Turíbio Todo, os efeitos da cardiopatia no de Cassiano Gomes); comparsas numerosos, individualizados, cada qual com a sua contribuição para o desenrolar da história; abundância de observações valiosas, organicamente integradas em vez de meramente ornamentais ou informativas, sobre fauna e flora, condições sócio ecológicas, gênero de vida, costumes, crendices, superstições. "A um enredo apaixonante se junta a revelação do caráter de uma região", notou com justiça Álvaro Lins, primeiro comentador da novela.

O autor adota atitude neutra, não toma partido, não se espanta, sem pestanejar registra como naturais atos pouco compatíveis com a

1 *Seleta*, p. 3. (N.O.)

convivência civilizada. Sua presença trai-se, porém, num humor incisivo que, enquanto ressalta o grotesco das situações, tempera o patético do drama. O estilo já revela um narrador de mão cheia, conhecedor de todos os segredos do idioma e que, por enquanto cautelosamente, o enriquece aqui e ali com uma palavra ou uma expressão novas.

[*Nota 1 – espaço para outro crítico, sobre as epígrafes de Guimarães Rosa em* Sagarana – Seleta, p. 30] [2] As epígrafes de João Guimarães Rosa, segundo aguda observação de Franklin de Oliveira, "descobrem ou indicam o ideário do autor astuciosamente oculto na trama da narrativa". Esta, que segundo tudo indica, é da invenção do autor, resume e prefigura o destino das personagens através da conversa dos três peixes.

[*Nota 3 – sobre o termo "estória"* – Seleta, p. 30] Variante popular de "história", adotada por crescente número de ficcionista com uma das acepções dessa palavra, a de narrativa, conto (em inglês, *story*). Rosa daria a seu quarto livro, de contos breves, o título de *Primeiras estórias*, e insistiria na distinção entre "estória" e "história" no primeiro prefácio de seu livro *Tutaméia*: "A estória não quer ser história. A estória, em rigor, deve ser *contra* a História. A estória, às vezes, quer-se um pouco parecida à anedota".

[*Nota 16 – crédito de Rónai a outros críticos de Guimarães Rosa* – Seleta, p. 31] "No conto "Duelo", trágico equívoco – um desinfeliz, morto a tocaia por causa da grande semelhança com o irmão, esse sim a jurada vítima – fato ocorrido e ainda não esquecido em Itaguara, é o que inspira o escritor na intriga dos motivos, na reinvenção da espera homicida e na bem construída busca do vingador atrás do assassino em fuga, obsessão que termina em imprevisto e emocionante desfecho" – segundo afirmação de Mário Palmério, que foi procurar em Itaguara dados sobre os anos de aprendizagem do futuro escritor João Guimarães Rosa.

[*Nota 21 – sobre o estilo de Guimarães Rosa* – Seleta, p. 31] Nada melhor para mostrar o amor ao detalhe exato em nosso autor do que a sua maneira de apresentar as montarias de suas personagens. Nunca ele fala simplesmente em cavalo: descreve o animal, caracteriza-o de

2 Esta nota 1 refere-se à epígrafe do conto "Duelo", ver *Seleta*, p. 3. (N.O.)

modo inconfundível. Aliás não só os cavalos, como também os burros, os cachorros, e, sobretudo, os bois têm individualidade em seus livros.

[*Nota 42 – associação do autor Guimarães Rosa com sua obra* – Seleta, p. 32] A respeito do próprio autor, quando médico de roça, revela-nos Renard Perez no "Perfil de Guimarães Rosa", incluído no livro *Em memória de João Guimarães Rosa* (1968), editado por esta casa[3], e na quarta edição já póstuma de *Primeiras estórias*, em 1968: "Cobrava as visitas que fazia como médico pelas distâncias que, a cavalo, tinha de percorrer. Nem podia ser de outra forma, porque, quando chegava ao local, o dono da casa, a fim de baratear a consulta, aproveitava-lhe a presença para uma revisão geral da saúde da família...".

3 Referência à Livraria José Olympio Editora. (N.O.)

Corpo de baile

"Campo geral" e "Primeiras lembranças de Miguilim"[1]

"Campo geral" é a história de um menino de oito anos, nascido e crescido num lugarzinho perdido do interior, até o momento em que é levado à escola da cidade. Contada na terceira pessoa, ela é apresentada do ponto de vista desse menino, Miguilim; a realidade que o rodeia chega até nós vista pelos olhos dele. "Esse recurso era necessário – observa pertinentemente Dante Moreira Leite – pois a história não pode ser narrada pelo herói, a não ser como evocação, e isso... destruiria o seu núcleo fundamental, que é a perspectiva da criança. A narrativa através do romancista onisciente também destruiria o elemento básico da novela, pois fatalmente eliminaria o fato de as pessoas e as coisas serem vistas e compreendidas pelo menino." De forte curiosidade e sensibilidade aguda, Miguilim pouca orientação recebe do ambiente tosco: ele próprio tem de interpretar o mundo, auxiliado pela sua inteligência intuitiva e de formular em sua linguagem colorida e concreta o sentido de suas experiências. O escritor conseguiu

1 *Seleta*, p. 32. (N.O.)

reconstituir o mundo íntimo do menino, sem misturar-lhe noções e representações alheias à sua idade e a seu meio; ele nos faz sentir o ingênuo frescor das descobertas de Miguilim e os espantos que acompanham a sua penetração progressiva no universo turvo dos adultos.

A ação desenrola-se como presente vivido pelo menino e evolui com ele durante um período de aproximadamente dois anos. Seus antecedentes são relatados casualmente à guisa de reminiscências no decorrer da narrativa; suas condições familiares esclarecem-se aos poucos através das situações a que assistimos. Por meio de uma construção calculadamente artística, mas de perfeita naturalidade, o autor evita uma síntese retrospectiva e nos integra imperceptivelmente no contexto ambiental da família, da região, da classe social.

O cenário é uma fazenda isolada, autossuficiente por força das circunstâncias, conservadora de formas de vida ancestrais, métodos de trabalho primitivos, com código vetusto de honra, resíduos disparatados de religião e crendices. Nele se movimenta o povo da fazenda, uma galeria numerosa de personagens. Não só os homens, mas também os bichos, e até as plantas, são individualizados, têm nome, sensibilidade, virtudes medicinais. A educação do menino, indireta, é dada pela contemplação dessa multidão colorida, pelo contato com os fenômenos de uma natureza exuberante e brutal. Ela envolve experiências e observações diretas, assim como superstições e ritos vindos do fundo dos tempos, gestos rituais, práticas profiláticas e expiatórias.

A história de Miguilim é um verdadeiro romance de iniciação. O ambiente, apesar de limitado, fornece-lhe uma exemplificação completa dos dramas misteriosos, dos acasos inesperados e inexplicáveis que perturbam a vida dos homens. A riqueza e conteúdos e de motivações encerrada na novela é quase inesgotável. A opulência da linguagem não lhe fica nada a dever. Flagrantes esplêndidos da linguagem popular e da linguagem infantil, exploração de todas as virtualidades do idioma e a criação de novos recursos expressivos, resultam num estilo altamente pessoal e comunicativo.

E tem razão Dante Moreira Leite, já citado, ao considerar como uma das conclusões de "Campo geral" que a percepção ingênua e pura da criança é instrumento mais apropriado para a compreensão do mundo que a experiência adulta.

Encontrando-me na contingência de comentar a novela num curso de literatura brasileira da Universidade da Flórida, dirigi-me ao autor submetendo-lhe certo número de consultas a respeito de palavras não dicionarizadas ou usadas num sentido diferente do que os dicionários registram. Com sua costumeira generosidade, após uma série de respostas precisas e luminosas, ele concluiu assim a sua carta:

"Naturalmente nas respostas acima você só tem o resíduo lógico, isto é, o que pode ser mais ou menos explicado de expressões que usei justamente por transbordarem do sentido comum, por dizerem mais que as palavras dizem; pelo poder sugeridor. Em geral, são expressões catadas vivas, no interior, no mundo mágico dos vaqueiros. São palavras apenas mágicas. Queira bem a elas, peço-lhe".

Este mesmo pedido faríamos aos leitores desta *Seleta*, se o julgássemos necessário. Mas a história da educação sentimental de Miguilim, de espantosa força comunicativa, há de conquistá-los automaticamente, desde as primeiras linhas. E depois de lê-la, ainda que apenas em parte (mas esperamos que os trechos incluídos aqui os levem a procurar ler na íntegra esta obra-prima das letras universais), compreenderão porque, interrogado por uma aluna de Belo Horizonte, Rosa deu a seguinte resposta: "É difícil dizer qual o livro (da gente) preferido. A gente sempre gosta mais de um livro futuro, que se pensa ainda escrever. De qualquer modo, entretanto, posso dizer sinceramente que, de tudo o que escrevi, gosto mais é da estória de Miguilim... Por quê? Porque ela é mais forte que o autor, sempre me emociona; eu choro, cada vez que a releio, mesmo para rever as provas tipográficas. Mas o porquê mesmo a gente não sabe, são mistérios do mundo afetivo". (Comunicação de Mário Palmério)

[*Nota 1 – relativa ao termo Miguilim* – Seleta, p. 39] O autor usa frequentemente o sufixo im (em vez de inho, inha, zinho, zinha), com valor diminutivo, de acordo com o emprego que dele se faz na sua região: ver noutros trechos beijim, passarim, cabelim, partim, sozim, lugarzim, etc.; às vezes também em vez de ino, ina, ali já sem conotação diminutiva: patavim, assassim. A respeito do uso e da importância desse sufixo em Rosa, há uma curiosa análise de Augusto de Campos ("Guimarães Rosa em três Dimensões").

[*Nota 4 – sobre frase incompleta em Guimarães Rosa* – Seleta, p. 39] Frase incompleta, no sentido de "de nada servia". Observando a fala de pessoas de poucas letras ou de todo analfabetas, podemos notar a frequência com que elas deixam a frase inacabada, como que suspensa, completando o sentido com o silêncio da pausa. Nos textos do autor essas orações fragmentárias desempenham papel importante: nelas palpita a emoção do discurso desinibido.

[*Nota 5 – sobre associação do personagem com o autor* – Seleta, p. 39] Lemos em "Perfil de Guimarães Rosa", de Renard Perez, uma entrevista com João Guimarães Rosa, em que ele recordava alguns divertimentos da sua infância, entre eles "o de armar alçapões para apanhar sanhaços – e depois tornar a soltá-los". No resto da novela, aparecem outros traços comuns entre Miguilim e o menino João Guimarães Rosa: além da incipiente vocação de ficcionista, nota-se pelo fim (aqui não reproduzido), a miopia ignorada que atrapalhava a vida de ambos até que um dia é descoberta por acaso.

Tempo-do-ruim no Mutum[2]

O desentendimento cada vez mais grave entre seus pais, a hostilidade entre o pai e o tio, colocam Miguilim em situações delicadíssimas. Os conflitos a que assiste, sem querer, no seu ambiente imediato, abrem-lhe o espírito à meditação sobre problemas gerais: o da justiça e da injustiça, da vida e da morte, do amor, de Deus. Misticozinho em potencial, quando está sob a ameaça de uma doença grave, ele chega a concluir um pacto com Deus (como mais tarde sua imortal personagem Riobaldo em *Grande sertão: veredas* concluiria também um pacto – mas com o Outro).

Em seu trabalho de exploração do universo, Miguilim só pode contar com um aliado, o irmão menor, Dito, seu confidente e amigo, dotado de inteligência precoce, quase de sabedoria infusa. Sua intuição, que tem algo de sobrenatural, permite-lhe orientar-se com mais segurança no meio dos adultos.

[*Nota 15 – associação do personagem "Seu Aristeu" com personagem da mitologia* – Seleta, p. 53] Roceiro amigo da família, alto, alegre, "desusado de bonito", brincalhão, "também assisava de aconselhar remédios", e, além disto, notável criador de abelhas (como aquele outro Aristeu, filho de Cirene e Apolo, o primeiro homem, segundo a Mitologia antiga,

2 *Seleta*, p. 40. (N.O.)

a tirar o mel das abelhas, e a quem os gregos honravam como deus). Quando Miguilim pensava em Seu Aristeu e em suas estórias vinha-lhe "vontade de poder fazer uma estória, muitas".

[*Nota 24 – sobre neologismos e crédito a outro crítico* – Seleta, p. 53] Em vez de usar derivados comuns (no caso "senhoril"), João Guimarães Rosa emprega frequentemente outro insólito formado com outro sufixo, mas de sentido mais ou menos igual; outros exemplos: "ousoso", "perversia", "casacão", "velhez". "Haverá de causar espécie que, muitas vezes, o autor recorra a neologismos quando já conta a língua com palavras de uso corrente que expressem o mesmo conteúdo... Sua função primordial é descondicionar os nossos hábitos verbais e levar-nos a reexperimentar as ideias ou sensações veiculadas. A comoção que nos agita arranca-nos por assim dizer à nossa letargia mental e nos obriga a repensar os objetos". (Oswaldino Marques)

[*Nota 28 – sobre topônimos e antropônimos* – Seleta, p. 53] O que se disse antes dos topônimos do autor aplica-se também a seus antropônimos. Nomes pitorescos, apelidos, alcunhas, vulgos, epítetos designativos de gente, tinham nele um colecionador divertido e incansável. Notemos também o seu amplo inventário de nomes de bichos: cachorros, gatos, bois, cavalos, burros, também "criaturas de Deus com seus nomes que tinham". O nome é que confere individualidade aos seres; por senti-lo é que o povo gasta tanta invenção, tanta poesia em excogitar apelativos, cada qual mais expressivo.

[*Nota 31 – indícios no texto levam à concepção de arte do autor* – Seleta, p. 54] Confirmação da vocação literária de Miguilim, já acenada antes. No impulso que o menino experimentava de "ressofrer", de decorar as palavras que a dor arrancava às pessoas, de guardá-las para que algo de muito grave e necessário não se perdesse, o autor define a própria arte.

[*Nota 36 – rito ancestral perpetrado por personagem* – Seleta, p. 54] Miguilim e Mãitina estão reinventando um rito imemorial, comum entre os Antigos, o de erguer cenotáfios, monumentos funerários levantados em memória de mortos cujo corpo repousava em lugar ignorado.

Grande sertão: veredas

Embora sem trazer a definição no frontispício, *Grande serão: veredas* é romance, constituído pela narrativa de um ex-jagunço, recolhido a uma vida de descanso e paz. A visita de um forasteiro, homem da cidade (supostamente o autor), leva-o a relembrar episódios de seu movimentado passado de bandoleiro. As reminiscências vão tomando corpo, juntam-se organicamente e acabam formando uma narração poderosa sem igual em nossa literatura. Segundo escreveu com acerto M. Cavalcanti Proença, "grande parte do livro se estrutura em duas linhas paralelas: a objetiva, de combates e andanças – criadoras da personalidade do jagunço que termina chefe do bando – e a subjetiva, marchas e contramarchas de um espírito estranhamente místico, oscilando entre Deus e o Diabo".

Em nossa seleção procuramos dar trechos significativos de ambas as linhas. O saudoso crítico aponta também a existência de um terceiro plano, o mítico, onde, por trás dos homens que se enfrentam, se entreveem conflitos das forças da natureza: rios e ventos, terra e mar. O que não quer dizer que não se possam distinguir no livro outros níveis ainda, lendo-o por exemplo, como um romance de amor, ou ainda como uma vasta odisseia terrestre, a revelar aos homens do

Publicado em *Seleta*, p. 54. (N.O.)

litoral um Brasil oculto e intemporal, de costumes e formas de vida ancestrais, ainda não atingida pela civilização técnica.

Que esta obra imensa, de árdua compreensão mesmo para brasileiros, tenha atraído o interesse dos maiores editores estrangeiros e aparecido em versões inglesa, alemã, francesa, italiana, castelhana, é prova inequívoca de sua atraente originalidade. O escritor manteve copiosa correspondência com seus tradutores, procurando facilitar-lhes a espinhosa tarefa. "O que deve aumentar a dor de cabeça do tradutor é que: o concreto é exótico e mal conhecido; e, o resto, que devia ser brando e compensador, são vaguezas intencionais, personagens e autor querendo subir à poesia e à metafísica, juntas, ou com uma e outra como asas, ascender a incapturáveis planos místicos", escreveu a um deles, o professor Edoardo Bizzarri, responsável pela magistral tradução italiana. Na mesma carta, de 11 de outubro de 1963, explicava o sentido da palavra-chave veredas num trecho que me parece tanto mais interessante reproduzir porque Rosa mandou-a também a Curt Meyer-Clason, seu grande tradutor alemão e grande amigo:

"Você sabe, desde grande parte de Minas Gerais (Oeste e sobretudo Noroeste), aparecem os "campos gerais", ou "gerais" – paisagem geográfica que se estende, pelo Oeste da Bahia, e Goiás (onde a palavra vira feminina: as gerais), até ao Piauí e ao Maranhão.

"O que caracteriza esses GERAIS são as chapadas (planaltos, amplas elevações de terreno, chatas, às vezes serras mais ou menos tabulares) e os *chapadões* (grandes, imensas chapadas, às vezes séries de *chapadas*). (Brasília é uma típica chapada...) É tão poroso que, quando bate chuva, não se forma lama nem se veem enxurradas, a água se infiltra, rápida, sem deixar vestígios, nem se vê, logo depois, que choveu. A vegetação é a do *cerrado*: arvorezinhas tortas, baixas, enfezadas (só persistem porque têm longuíssimas raízes verticais, pivotantes, que mergulham a incríveis profundidades). E o capim, ali, é áspero, de péssima qualidade, que, no reverdecer, no tempo das águas, cresce incrustado de areia, de partículas de sílica, como se fosse vidro moído: e adoece por isso, perigosamente, o gado que o come. Árvores, arbustos e má relva, são, nas chapadas, de um verde comum, feio, monótono.

"Mas, por entre as chapadas, separando-as (ou, às vezes, mesmo, no alto, em depressões no meio das chapadas) há as *veredas*. São vales de chão argiloso ou turfo-argiloso, onde aflora a água absorvida.

Nas *veredas*, há sempre o buriti. De longe, a gente avista os buritis, e já sabe: lá se encontra água. A vereda é um oásis. Em relação às chapadas, elas são, as veredas, de belo verde-claro, aprazível, macio. O capim é verdinho-claro, bom. As veredas são férteis. Cheias de animais, de pássaros.

"As encostas que descem das chapadas para as veredas são em geral muito úmidas, pedregosas (de pedrinhas pequenas no molhado chão claro), porejando aguinhas: chamam-se *resfriados*. O *resfriado* tem só uma grama rasteira, é nítida a mudança de aspecto da chapada para o resfriado e do resfriado para a vereda. Em geral, as estradas, na região, preferem ou precisam ir, por motivos óbvios, contornando as chapadas, pelos resfriados, de vereda a vereda. (Aí, talvez, a etimologia da designação: *vereda*.)

"Há *veredas* grandes e pequenas, compridas ou largas. Veredas com uma lagoa; com um brejo ou pântano; com pântanos de onde se formam e vão escoando e crescendo as nascentes dos rios; com brejo grande, sujo, emaranhado de matagal (*marimbu*); com córrego, ribeirão ou riacho. Por isso, também em certas partes da região passaram a chamar também de *veredas* os ribeirões, riachos e córregos – para aumentar nossa confusão. (No começo do *Grande sertão: veredas* Riobaldo explica.)

"Em geral, os moradores dos "gerais" ocupam as veredas, onde podem plantar roça e criar bois. São os *veredeiros*. Outros, moram mesmo no alto das *chapadas*, perto das veredinhas ou veredas altas, que, como disse, também há, nas dobras das chapadas: estes são os "geralistas" propriamente ditos (com relação aos *veredeiros*, isto é, em oposição aos *veredeiros*). Mas o nome de *geralista* abrange, igualmente, a todos: os *veredeiros* e os *geralistas* propriamente ditos. Quem mora nos gerais, seja em vereda ou chapada, é geralista. Eu, por exemplo. Você, agora, também.

"Nas veredas, há às vezes grandes matas comuns. Mas, o centro, o íntimo vivinho e colorido da vereda, é sempre ornado de buritis, buritiranas, sassafrás e pindaíbas, à beira da água. As veredas são sempre belas!".

Não sei contar direito[1]

A forma de contar em *Grande sertão: veredas* tem importância transcendental de elemento construtor. Ela brota de modo espontâneo, sem premeditação, e é conduzida livremente, com longos desvios ao sabor das associações momentâneas do narrador Riobaldo. Daí a ausência de um desenvolvimento linear (e certa dificuldade inicial para o leitor). A infância de Riobaldo é contada depois de o vermos agora homem feito; vimos a saber como virou jagunço depois de o vermos acompanhado numa série de atos de jagunçagem. O próprio contador, no decorrer da narração, percebe-se disto e tenta corrigir-se retomando o fio dos acontecimentos. Com essas retificações, aumenta a impressão de autenticidade do relato. Por outro lado, cada elemento informativo que nos é fornecido no meio da história aumenta o nosso interesse na ação, ao passo que, se fizesse parte de uma introdução ordenada, poderíamos tê-lo lido distraidamente ou, talvez, sequer notado.

[*Nota 2 – relativa à estratégia estilística do autor* – Seleta, p. 58][2] Riobaldo dirige-se ao forasteiro que o visita e lhe ouve a história. A presença deste serve de elemento ordenador do romance, que é uma extensa narrativa de Riobaldo. O ouvinte a quem ele se dirige aqui não diz uma palavra no decurso de toda a narração. Entretanto, pelas pausas na fala do narrador, pelas suas respostas a perguntas não formuladas mas que o jogo da fisionomia do "interlocutor" lhe deve sugerir, não deixamos de sentir-lhe a presença atenta e participante.

Um encontro decisivo[3]

Riobaldo, o jagunço "aposentado", ao reconstituir a própria história, depara-se com um acontecimento inesperado e crucial que lhe

1 *Seleta*, p. 57. (N.O.)

2 Apesar do texto selecionado pelo resenhista ter apenas oito linhas, com a nota 2 o leitor de *Seleta* é levado a perceber tratar-se de um típico exemplo da estilística de Guimarães Rosa. Rónai fará referência a esta nota em diversos outros trechos da *Seleta*. (N.O.)

3 Neste trecho, Rónai faz referência à nota 2 da página 58 da *Seleta*, onde havia descrito o estilo narrativo de Guimarães Rosa. Muitas notas de pé de página da *Seleta* são desta natureza. (N.O.)

mudou todo o curso da vida. Todos nós, na verdade, ao olharmos para trás, costumamos descobrir eventos assim, os chamados acasos, que nos desviam de itinerários previamente traçados. Essas descobertas retroativas levam alguns ficcionistas a imaginarem destinos paralelos dependentes da escolha feita pelo personagem em determinado momento. Porém Riobaldo, alma essencialmente religiosa, detém-se ante a ideia da possibilidade de uma escolha e da responsabilidade pessoal que ela envolveria: é-lhe mais simples imaginar que uma fatalidade predeterminada nos impõe de antemão o rumo a seguir. Para ele o acaso aparente não é senão a intervenção manifesta de uma força superior no momento oportuno.

O evento decisivo é o encontro do narrador com Zé Bebelo, personalidade de líder, que haverá de desempenhar papel importante em seu destino.

O julgamento de Zé Bebelo[4]

Admitido como professor na casa de Zé Bebelo, mesmo depois de acabadas as aulas, Riobaldo não é dispensado; o seu ex-aluno retém-no como uma espécie de secretário. É nessa qualidade que o nosso herói, depois de passar uma temporada na fazenda, acompanha Zé Bebelo para sua guerra contra a jagunçagem; mas não tarda muito a enfarar-se e, não resistindo a uma atração irresistível, foge, para ele próprio juntar-se a um dos bandos de jagunços, o de Joca Ramiro. Daí a algum tempo, quando ele já está completamente identificado com o seu novo estado, dá-se um encontro armado entre o bando de Joca Ramiro e os homens de Zé Bebelo. Vencem os cangaceiros e Riobaldo reencontra o seu antigo patrão na qualidade de prisioneiro de guerra.

[*Rónai faz acompanhar* O Julgamento de Zé Bebelo *por 82 notas elucidativas sobre vocábulos, estilo e gramática aplicada por Guimarães Rosa não somente a este texto, mas a toda sua obra.*] (N.O.)

[*Nota 40 – associação com estratégias de guerra romanas* – Seleta, p. 84] O combate singular proposto por Sô Candelário lembra costume de guerra dos mais antigos, o de resolver pendências entre dois

4 *Seleta*, p. 64. (N.O.)

exércitos por um duelo singular ou alguns duelos singulares; lembre-se o combate tão famoso entre os Horácios e os Curiácios, que pôs fim à rivalidade entre Roma e Alba Longa.

[*Nota 82 – cena final do julgamento é associada à Ilíada* – Seleta, p. 85] Não é sem razão que Pedro Xisto chama esta reunião de "assembleia homérica". Dentro da economia do romance, ela não tem relevância menor do que a reunião dos chefes gregos (*Ilíada,* Canto I) em que estoura a briga de Agamêmnon com Aquiles, pondo em perigo a vitória sobre Tróia. A cena que acabamos de ler não apenas põe em destaque a ponderação e a generosidade de Joca Ramiro, opostas à perversidade vingativa de Hermógenes, assim como a valentia e o senso psicológico de Zé Bebelo; ela mostra a existência de duas facções dentro do exército dos jagunços e faz entrever o seu choque inevitável. Assim a cena, que ocupa lugar central no livro, é o ponto de partida da grande luta desencadeada daí a pouco pelo assassinato de Joca Ramiro por Hermógenes. Luta terrível, que transformará Riobaldo e seus companheiros em paladinos de uma causa justa; luta fatal, que ele só conseguirá ganhar recorrendo a um pacto misterioso e perdendo o seu amigo Diadorim.

Crime e castigo de Aleixo[5]

Grande sertão: veredas é muito mais que uma simples história. É a relação de uma vida por quem, contando-a, quer ver claro em si mesmo e compreender o sentido da própria existência. O narrador, volta e meia, abandona o fio da meada e envereda por caminhos laterais: subestórias, episódios, casos da sua experiência. Para ele, sertanejo tosco, embora com laivos de educação, essa é a única maneira de enfrentar os grandes problemas da moral e da metafísica. Tais episódios proliferam especialmente na parte inicial em que Riobaldo ainda parece indeciso sobre se pode expandir-se livremente, se deve abandonar as precauções em face da pessoa que o ouve. Daí as divagações que aparentemente nos afastam do enredo principal, mas sumamente oportunas, pois todas giram em redor dos grandes problemas que se reduzem a um só: o que é o Bem, o que é o Mal? Aquele é recompensado, este é castigado? Existe uma justiça divina? A vida tem sentido?

5 *Seleta*, p. 86. (N.O.)

"É pela cabeça, realmente, que as personagens de Guimarães Rosa se distinguem. Na capacidade de formular em termos de vida subjetiva a sua luta". (Guilhermino César)

[*Nota 5 – a presença "neutra" do interlocutor continua afirmando o estilo rosiano* – Seleta, p. 87] Apóstrofe ao "interlocutor", que ouve todo o relato sem interromper o monólogo do narrador uma única vez; entretanto, com a sua simples presença comunica periodicamente novo alento à narrativa (cf. nota 2 da p. 58).[6]

[*Nota 17 – explica o personagem Quelemém com base na épica antiga* – Seleta, p. 88] Personagem do romance cujo papel se assemelha ao dos oráculos da épica antiga. Filósofo e teólogo rústico, adepto do espiritismo, parece às vezes ser porta-voz do autor. "Homem de mansa lei, coração tão branco e grosso de bom, que mesmo pessoa muito alegre ou muito triste gosta de poder conversar com ele" – escreve a seu respeito João Guimarães Rosa. Pelo visto, não se trata de personagem inventada. "Os curiosos de saber de que pele o autor vestiu a inesquecível figura do compadre Quelemém de *Grande sertão: veredas*... talvez encontrem resposta em Itaguara. Mas é preciso que se vá a um grotão enfurnado entre morros, lugar conhecido por Sarandi, de muitas fazendas parentes. Uma delas chama-se o Mambre – 'morada, seio de Abraão', o dono explica. A graça do fazendeiro é Manuel Rodrigues de Carvalho, de todos conhecido por Nequinha. Espírita, estimado e bom remedista..." – lemos a seu respeito em Mário Palmério.

Consequências de uma brincadeira[7]

Outra das subestórias inseridas no rico tecido de *Grande sertão: veredas*, dessas anedotas pitorescas com uma pitada de absurdo que tanta atração exercem sobre Riobaldo e o seu criador. "Uma anedota é como um fósforo: riscado, deflagra, foi-se a serventia. Mas sirva talvez a outro emprego a já usada, qual mão de indução ou por exemplo instrumento de análise, nos tratos da poesia e da transcendência. Não será sem razão que a palavra "graça" guarde os sentidos

6 São inúmeras as referências cruzadas ao longo da *Seleta*. (N.O.)
7 *Seleta*, p. 88. (N.O.)

de "gracejo", de "dom sobrenatural" e de "atrativo" – ensina Rosa. – "Não é o chiste rasa coisa ordinária; tanto seja porque escancha os planos da lógica, propondo-nos realidade superior e dimensões para mágicos novos sistemas de pensamento."

[*Nota 15 – associa atitude dos filósofos do sertão com as pitonisas da antiguidade* – Seleta, p. 90] As respostas dos filósofos do sertão aos que lhes pedem a elucidação de uma dúvida, de um caso de consciência ou de um problema de moral, são geralmente tão sibilinas como as das pitonisas da Antiguidade. A do dr. Hilário é uma destas: ninguém deve assumir identidade alheia ainda que possa e deva encobrir a própria em certos casos extremos.

Deus ataca bonito[8]

Em *Grande Sertão: Veredas* vários enredos correm inseparavelmente entremeados, como fios multicolores, sobressaindo-se ora este, ora aquele. Enquanto acompanhamos com a respiração contida a dura luta entre os jagunços com as tropas do governo ou de facções de jagunços entre si, desenrola-se outra guerra em que o indivíduo é participante, cenário e parada de um jogo entre dois parceiros misteriosos e eternos. Os dois falam ao homem pela linguagem dos símbolos, deixando-lhe o cuidado de decifrar as suas mensagens.

8 *Seleta*, p. 90. (N.O.)

Primeiras estórias

Famigerado [1]

Episódio banal, em que nada acontece, mas que impressiona pelo que poderia ter acontecido; exemplificação grotesca do poder da expressão através de uma palavra mal entendida e interpretada. Um dos raros contos do autor em que o "eu" do narrador se identifica com o próprio escritor. Este, como sabemos, logo depois de formado em medicina, foi exercer a profissão no interior de Minas Gerais; é bem possível que lhe tenham feito consulta igual à descrita aqui. Note-se como ele soube, a partir de pergunta tão frívola, estruturar um ambiente, erguer a personalidade do jagunço, deixar perceber atrás da cena uma ponta de tragédia, outra de comédia.

Os leitores hão de notar nesta página e nas seguintes tendência manifesta para um tratamento mais lúcido e mais autoritário da linguagem do que encontramos até aqui. A partir de *Primeiras estórias* vemos João Guimarães Rosa torcer o sentido e as formas das palavras, alterar locuções, quebrar estruturas convencionais como que numa febre de experimentação jocosa. Já suas inovações nem sempre obedecem a tendências características da língua; mais de uma

1 *Seleta*, p. 91. (N.O.)

vez surpreendemos nele a vontade de impor a esta um jeito novo, vocábulos e rodeios inventados para alargar-lhe ilimitadamente os recursos expressivos.

A menina de lá[2]

No universo de Guimarães Rosa aparecem numerosas crianças que formam "uma curiosa estirpe de personagens... à qual pertencem infantes de extrema perspicácia e aguda sensibilidade, muitas vezes dotados de poderes extraordinários" (Benedito Nunes). Que estejam tropeçando ainda nos pedregulhos da palavra ou já se deslumbrem com a sua cintilação, é com olhos virgens que se embrenham nos mistérios do mundo para depois voltarem com descobertas excitantes. Nessa estória, Nhinhinha, "um tanto parada", brotada no isolamento da roça e, por isso mesmo, isenta da visão convencional dos fenômenos, vislumbra lhes os segredos em acenos que, para uma testemunha culta podem constituir manifestações elementares de lirismo ou fenômenos parapsicológicos enquanto os parentes simplórios veem neles emanações de santidade. Os pais, espantados ante os poderes da filha e ao mesmo tempo desejosos de tirar proveito deles, são retratados ao natural.

2 *Seleta*, p. 97. (N.O.)

Tutaméia

"Melim-Meloso"[1] (Sua apresentação)

À maneira do argentino Jorge Luis Borges, seu grande contemporâneo, tão diferente dele em todo o resto, mas a quem se assemelhava na erudição e na tendência à mistificação brincalhona, o nosso autor inventa, desta vez, não só um herói com a sua biografia, mas também sua bibliografia: umas quadras populares de sentido propositadamente oculto, espécie de adivinhações. E desta maneira surge uma autêntica personagem folclórica, mestre de habilidades que chega a seus fins por meios indiretos, sem nunca recorrer à violência; seu jeito simpático e sua veia inventiva permitem-lhe deixar amigos os que conseguiu engambelar. Herói popular do tipo de Pedro Malazartes, não menos inesgotável em artimanhas, mas bem mais simpático, tem aqui sua figura apenas esboçada; através de reticências insistentes vimos a saber que os "causos" relatados não passam de amostras de um ciclo maior; talvez houvesse aí o núcleo de uma verdadeira saga que o autor elaboraria se a morte repentina não lhe tivesse cortado todos os planos.

1 *Seleta*, p. 102. (N.O.)

[*Nota 21 – compara Guimarães Rosa com Rabelais* – Seleta, p. 108] Uma dessas relações de apelidos grotescos e expressivos que Guimarães Rosa – à maneira de Rabelais – gostava de intercalar em suas ficções, de puro deleite auditivo.

Estas estórias

Bicho mau[I]

Esta novela, incluída no *Sagarana* original (que concorreu ao Prêmio Humberto de Campos, em 1938), não figura no livro publicado sob esse título em 1946. Só depois de retrabalhá-la profundamente dispôs-se o autor, quase quarenta anos depois, a admiti-lo no volume *Estas estórias* que, afinal de contas, sairia póstumo. Relata fato bastante comum na vida da roça, alargando-lhe infinitamente a perspectiva pela sugestão constante de fatalidade. Sente-se a presença de uma sétima personagem, a morte, a fazer seus cálculos, a vacilar demoradamente antes de escolher uma vítima. Aumenta a pungência do drama pelo fato de existirem recursos da ciência para evitá-lo, mas inoperantes porque a mentalidade sertaneja não chegou ainda a incorporá-los em sua concepção da realidade. Repare-se na terrificante precisão da descrição da cascavel; nos retratos diferenciados dos seis trabalhadores, obtidos com um mínimo de traços; num drama familiar, antes insinuado que contado; na relação rigorosamente autêntica de práticas e crendices populares ligadas ao incidente.

I *Seleta*, p. 108. (N.O.)

O conto evoca outras narrativas de assunto semelhante; ocorrem-me especialmente *Portas fechadas*, de Moreira Campos, e *Dureza*, de Manuel Lobato, ambas de valor literário certo. Embora nenhuma das três histórias tenha intenção didática, patenteiam o atraso das populações do interior, que a pobreza e a ignorância impedem de se integrarem na sua época.

[*Nota 11 – desvenda estratégia gramatical do autor* – Seleta, p. 125] Desta vez em que não aconteceu nada. Trocadilho baseado nos homônimos "feita" (=vez) e "feita" (part. de "fazer"), com uso sugestivo do advérbio de negação com valor adversativo; outros exemplos em João Guimarães Rosa: "em não tais condições"; "sua não-rapidez"; "satisfazer-se com não-explicações"; "olhar na direção do não"; "acontecia o não-fato, o não-tempo" (cf. a expressão popular "tão bom como tão não").

[*Nota 18 – esclarece tabu popular* – Seleta, p. 126] O grifo confirma a intenção, manifesta desde o título, de pôr em destaque um tabu popular, encontradiço no folclore e nas religiões primitivas: o de evitar pronunciar o nome do ser maléfico cujo contato se receia.

Ave, palavra

Minas Gerais[1]

Tentativa de definição ao mesmo tempo que declaração de amor, esta página de João Guimarães Rosa, mineiro exilado no Rio de Janeiro e com saudades perpétuas da terra natal, constitui autêntico verbete de uma inexistente Enciclopédia do Coração. Segundo Fábio Lucas, seu conterrâneo, "é um dos melhores trabalhos de observação da paisagem e da gente mineira, um esforço de conhecedor seguro da ondulante fisionomia do mineiro. É o conhecimento agudo pela lei do afeto, muitas vezes a ciência do inenarrável".

Temos aqui uma evocação sentimental, mas exata, dos atributos de Minas Gerais: geográficos, históricos, étnicos, ecológicos e psicológicos. Há de se notar a estrutura da página, cada vez mais enumerativa, composta de uma sucessão de epítetos cada qual dos quais encerra uma qualidade essencial da região e de seus habitantes, condensando, em fulgurantes achados verbais, múltiplas experiências vividas.

[*Nota 1 – elucida estratégia gramatical do autor* – Seleta, p. 145] Inclinado, oblíquo, torto. Observa-se a contradição entre o adjetivo e o substantivo

1 *Seleta*, p. 139. (N.O.)

qualificado por ele tanto nesta definição como na precedente e na seguinte; expediente eficaz para salientar a fusão de elementos opostos e a conciliação dos antagonismos, característica essencial, aos olhos do autor, tanto da paisagem quanto da alma mineiras.

[Nota 4 – *elucida como o autor cria palavras-valise, que Rónai chama de "'montagem' linguística tipicamente rosiana"* – Seleta, p. 145] Composição tipicamente rosiana, a palavra sugere uma planície só abrangível quando vista de avião. Outras de suas composições semelhantes: "*funebrilho*" (fúnebre + brilho), "*maquiavelhaco*" (maquiavélico + velhaco), "*falsimilhança*" (falsa + semelhança), etc.

[Nota 5 – *comenta gosto especial do autor por determinado tipo de palavra* – Seleta, p. 145] O escritor saboreava os nomes próprios raros, pitorescos e expressivos com verdadeiro deleite; colecionava-os, citava-os, inspira-se neles para formações analógicas. A sua obra é o maior repositório poético que temos de topônimos e antropônimos estranhos.

[Nota 6 – *identifica e explica poliptoto, uma estratégia retórica usada pelo autor* – Seleta, p. 146] Observe-se que cada período de parágrafo principia com o mesmo verbo, mas noutro tempo. Na sintaxe figurada dá-se ao processo o nome de poliptoto (repetição da mesma palavra sob diversas formas).

[Nota 11 – *explica um hábito da antiguidade* – Seleta, p. 146] Antigamente, para selar um acordo não havia necessidade de carta ou contrato: como garantia, bastava um fio de barba dos contratantes.

[Nota 12 – *destaca a estratégia estrutural usada pelo autor* – Seleta, p. 146] Como dissemos, a enumeração forma o elemento estrutural do trecho. Neste exemplo especial, entrevê-se uma intenção brincalhona, algo satírica, na ordenação alfabética dos atributos.

[Nota 15 – *esclarece informações sobre a mitologia grega* – Seleta, p. 146] Na mitologia grega, mulher que profetizava o futuro, muitas vezes em fórmulas ambíguas.

[Nota 16 – *continua dando detalhes sobre história da antiguidade grega* – Seleta, p. 146] Isto é, as vitórias que custam muito sangue, como a de Pirro sobre os romanos em Heracléia, em 280 a.C.

[*Nota 22 – informa leitor sobre fatos literários da península ibérica* – Seleta, p. 146] Pedro Malazarte(s), herói de histórias populares da península ibérica, tipo do plebeu astucioso. No Brasil teve o ciclo de suas aventuras enriquecido de novos episódios.

[*Nota 31 – fornece informações históricas* – Seleta, p. 147] Bandeirante paulista (c. 1630-1718), genro de Fernão Dias Pais e seu companheiro na busca das esmeraldas de Sabarabuçu. Primeiro povoador e descobridor de ouro no vale do Rio das Velhas, superintendente geral das minas.

Uns inhos engenheiros[2]

Assunto dos mais tênues: a construção de um ninho por um casalzinho de pássaros. O autor leva-nos a perceber o que essa operação tantas vezes repetida tem sempre de milagroso. Em atitude de exaltado assombro reproduz os voos rápidos das avezinhas, seus pios curtos, o ruflar de suas asas em toda a fresca instantaneidade. E como o carinho dos bichinhos faz de fragmentos triviais: lasquinhas, palhas, gravetos sem serventia, um material funcional e resistente, assim o escritor cata as matérias-primas comuns da língua – raízes, prefixos, desinências, onomatopeias – e com elas teve uma nova linguagem, arbitrária, ousada, mas sumamente expressiva e que se identifica maravilhosamente com o tema. É, sem dúvida, um exercício de virtuosismo, mas muito mais do que um simples passatempo. "Tudo é sério demais, como num brinquedo". Esse brotar contínuo de palavras novas confere ao espetáculo descrito uma novidade, um frescor, um encanto nunca visto. Dir-se-ia o primeiro casal de pássaros fazendo o primeiro ninho surpreendidos pelo olhar divertido de um homem que vai criando paralelamente uma linguagem para celebrar-lhes condignamente a façanha.

[*Nota 1 – esclarece termo Inho, do título* – Seleta, p. 137] A desinência formadora de diminutivos assume valor de adjetivo autônomo com o sentido de "miúdos", "pequeninos".

[*Nota 37 – esclarece origem estrangeira do termo* – Seleta, p. 137] Segundo os etimologistas, a palavra provém do espanhol "*maleante*".

2 *Seleta*, p. 133. (N.O.)

Atribuindo-lhe jocosamente etimologia diferente, o autor a faz derivar de "mel", com o sentido de "ladrão de mel", mantendo portanto, ao mesmo tempo, o sentido verdadeiro também.

[*Nota 39 – esclarece etimologia do termo* – Seleta, p. 138] Outra sugestão jocosa de etimologia imprópria, como se o advérbio "apenas" proviesse do latim "*penna*" (pena das aves) e não do latim "*poena*" (pena, castigo).

[*Nota 62 – fornece informações históricas sobre a origem grega do termo* – Seleta, p. 138] Diminutivo de "*tânagra*", estatueta de terracota de maravilhoso trabalho e atitude elegante das encontradas na necrópole de Tânagra, na Grécia antiga – e também de "*tanagra*", nome latino científico do sanhaço, provinda por sua vez do português "tangará", nome de ave.

[*Nota 69 – citação a crítico literário* – Seleta, p. 138] O conjunto desta crônica, conto ou poema em prosa, justifica e ilustra este comentário de Pedro Xisto: "O escritor liberta e reanima a linguagem impressa, paralisada, silente. Ele insufla, tão original quanto eficazmente, valores orais, alógicos, poéticos à prosa que, assim se transfigura numa plurivalência além dos gêneros e dos lugares e dos tempos. Em tal escritura há, potencialmente, uma partitura."

As garças[3]

Conto de assunto tênue, que antes parece reminiscência infantil do que história propriamente dita, de uma delicadeza e uma ternura inexcedíveis, esta composição mostra João Guimarães Rosa empenhado em dotar a língua de uma expressividade nunca antes alcançada. Não contente de refletir a riqueza de matizes da realidade ambiente, formando palavras novas que não correspondem a coisas ou noções exatamente definíveis, ele está querendo sugerir uma "outra realidade".

O filósofo Vilém Flusser, para quem a língua é "a um tempo a mais antiga e a mais recente obra de arte", capaz de criar a realidade, escolheu precisamente este conto para ilustrar a sua tese, e afirma que a inspiração desse escrito musical é essencialmente linguística, "A natureza – afirma ele – é um subproduto da língua e o vale do

3 *Seleta*, p. 126. (N.O.)

Sirimim é um subproduto da língua por ele criada... Guimarães Rosa é a língua tornada consciente de si mesma e da sua função produtora da realidade".

[*Nota 10 – estratégia linguística do autor* – Seleta, p. 132] Neste trecho, como em muitos outros, surpreendemos o autor em ato de ressuscitar o particípio presente, tão flexível e prático em latim, que o português substituiu por orações subordinadas adjetivas, com prejuízo do laconismo. A língua conservou muitos desses particípios – "amante", "vidente", "ouvinte", "precedente" – mas reduzidos a substantivos ou adjetivos.

[*Nota 14 – apresenta informação relevante a toda obra* – Seleta, p. 132] Onomatopeia que imita o som do bater de asas; intercalado entre o verbo e o objeto, carece de função sintática, é mais uma interjeição. Note-se, aliás, o número extraordinário de onomatopeias dentro desta narrativa.

[*Nota 20 – citação a outro crítico literário* – Seleta, p. 132] Neologismo que funde num único vocábulo a ação (a dispersão) e o sujeito da ação (o cardume). "É linguisticamente que compreendemos os discardumes de peixes e não ecologicamente, e é linguisticamente que compreendemos as garças nivais e não mecanicamente. A natureza é regida primariamente pela poesia e somente secundariamente pela matemática... A função ontológica primordial da língua salta aos olhos n'*As garças*" (Vilém Flusser).

Cronologia de João Guimarães Rosa

Datas biográficas principais

1908 A 27 de junho, nasce em Cordisburgo, Minas Gerais. Filho de Flordoardo Pinto Rosa e de Francisca Guimarães Rosa.

1918 É matriculado na 1ª série ginasial do Colégio Arnaldo, em Belo Horizonte.

1925 Matricula-se na Faculdade de Medicina de Minas Gerais, em Belo Horizonte.

1929 É nomeado funcionário do Serviço de Estatística de Minas Gerais. No número de 7 de dezembro da revista O *Cruzeiro*, sai publicado o seu conto "O mistério de Highmore Hall".

1930 Casa-se com Lygia Cabral Pena, a 27 de junho.
A 21 de dezembro, forma-se em Medicina.

1931 Estabelece-se como médico em Itaguara, município de Itaúna.

Publicado em *Seleta*, p. 23.

1932 Como médico voluntário da Força Pública toma parte na Revolução Constitucionalista, em Belo Horizonte.
Ingressa por concurso no quadro de médicos da Força Pública.

1933 Oficial-médico do 9º Batalhão de Infantaria, vem residir em Barbacena, em abril.

1934 A 11 de julho ingressa, por concurso, no Ministério da Relações Exteriores.

1937 A 29 de junho, com seu livro de versos *Magma* (até hoje inédito), ganha o prêmio de poesia da Academia Brasileira de Letras.

1938 O seu livro de contos *Sagarana* obtém a segunda colocação no concurso do Prêmio Humberto de Campos, da editora José Olympio.
A 5 de maio, ocupa o posto de cônsul-adjunto em Hamburgo, Alemanha. Aí conhece Aracy Moebius de Carvalho, sua segunda esposa.

1942 Devido à entrada do Brasil na II Guerra Mundial, é internado em Baden-Baden com outros diplomatas brasileiros, de 28 de janeiro a 23 de maio.
Volta ao Rio de Janeiro.
Ocupa o posto de secretário da Embaixada do Brasil em Bogotá, Colômbia, a 22 de junho.

1944 Deixa-o a 27 de junho e volta ao Rio.

1945 Chefe do Serviço de Documentação do Itamarati, a partir de 17 de junho.

1946 Publica *Sagarana*.
Chefe de gabinete do ministro João Neves da Fontoura, toma parte, em junho, na Conferência da Paz, em Paris, como secretário da delegação do Brasil.

1948 Secretário-Geral da delegação brasileira à IX Conferência Pan-Americana em Bogotá, a 19 de março.

Ocupa o posto de 1º secretário, a 10 de dezembro (e o de conselheiro, a 20 de junho de 1949) na Embaixada do Brasil, em Paris.

1951 Deixa-o a 16 de fevereiro, retornando ao Rio.
Chefe de gabinete, pela segunda vez, do ministro João Neves da Fontoura, a partir de 29 de março.

1952 Faz uma excursão a Mato Grosso numa comitiva de vaqueiros.

1953 Chefe da Divisão de Orçamento do Itamarati, a partir de 9 de outubro.

1956 Em janeiro, publica *Corpo de baile*.
Em maio, publica *Grande sertão: veredas*.

1962 Chefe da Divisão de Fronteira do Itamarati.
Em agosto, publica *Primeiras estórias*.

1963 A 8 de agosto, foi eleito membro da Academia Brasileira de Letras.

1965 Representante do Brasil nas Reuniões Culturais (Colombiana) em Gênova, a 20 de janeiro.
Toma parte no I Congresso Latino-Americano de Escritores, realizado no México, como vice-presidente.

1967 Em julho, publica *Tutaméia*.
A 16 de novembro, toma posse na Academia Brasileira de Letras.
A 19, morre de colapso.
Deixou duas filhas: Vilma e Agnes.

1969 Em novembro, publicação do volume póstumo *Estas estórias*.

1970 Em novembro, publicação de outro volume póstumo, *Ave, palavra*.

Tabela dos escritos de Paulo Rónai sobre Guimarães Rosa

Apresenta-se a seguir uma compilação de todos os textos que Paulo Rónai escreveu sobre Guimarães Rosa ao longo de sua produção bibliográfica. A intenção é destacar, em ordem cronológica, a maneira como o crítico foi acompanhando de perto e de maneira simultânea as publicações do escritor mineiro. Por isso os textos de Rónai e as publicações de Rosa são apresentadas conjuntamente, inclusive para facilitar o leitor na identificação das obras e suas respectivas críticas, conforme foram sendo publicadas ao longo do tempo. Aqui, apresentamos as referências das publicações originais de Paulo Rónai. As inclusões posteriores desses textos em livros de sua autoria ou como introdução e/ou prefácio nas edições de Guimarães Rosa estão referenciadas ao longo deste livro. (N.O.)

1946

	João Guimarães Rosa	*Sagarana*
11 e 14 jul	*Diário de Notícias*	"A arte de contar em *Sagarana*" (ver p. 41)

1956

	João Guimarães Rosa	*Corpo de baile*
	João Guimarães Rosa	*Grande sertão: veredas*
10 jun	*Diário de Notícias*	"Segredos de Guimarães Rosa" (*) (ver p. 49)
10 jun	O *Estado de S. Paulo*	"O segredo de João Guimarães Rosa"
16 dez	*Diário de Notícias*	"Três motivos em *Grande sertão: veredas*" (ver p. 95)

(*) Em *Encontros com o Brasil*, de Paulo Rónai, o artigo sai com o título "Rondando os segredos de Guimarães Rosa", e também na edição comemorativa de 50 anos (1956-2006) de *Corpo de baile*, de Guimarães Rosa.

1957

13 jan	O *Estado de S. Paulo*	"Grande sertão: veredas"

O mesmo artigo do *Diário de Notícias* de 16 dez 1956, com outro título. (ver p. 95)

1962

	João Guimarães Rosa	*Primeiras estórias*

1965

19 set	*Diário de Notícias*	"Duas traduções de *Grande sertão: veredas* (francesa e alemã)" (parte 1) (ver p. 101)

26 set	*Diário de Notícias*	“Duas traduções de *Grande sertão: veredas* (francesa e alemã)” (parte II) (ver p. 105)
30 out	*O Estado de S. Paulo*	“Traduções do *Grande sertão* - *I*”
6 nov	*O Estado de S. Paulo*	“Traduções do *Grande sertão* - *II*”
	Caravelle: Cahiers du Monde Hispanique et Luso-Brésilien (Toulouse, França)	“L’Oeuvre de J. Guimarães Rosa” (em francês) (ver p. 189, “A obra de João Guimarães Rosa”)

1967

	João Guimarães Rosa	*Tutaméia (Terceiras estórias)*
	Primeiras estórias, Livraria José Olympio Editora, 3ª ed.	“Os vastos espaços” (ver p. 121)

1968

2 mar	*Correio do Povo*	“Os prefácios de *Tutaméia*” (ver p. 149)
9 mar	*Correio do Povo*	“As estórias de *Tutaméia*” (ver p. 153)
16 mar	*O Estado de S. Paulo*	“Os prefácios de *Tutaméia*”
23 mar	*O Estado de S. Paulo*	“As estórias de *Tutaméia*
mar	*Nagyvilág* (Hungria)	“João Guimarães Rosa” (artigo) (em húngaro) “A Folyó Második Partja” (tradução para húngaro de “A terceira margem do rio”)
17 ago	*O Estado de S. Paulo*	“Revelações de tradutor”
14 nov	*Estas estórias*, Livraria José Olympio Editora, lançado em 1969	“Nota introdutória” (ver p. 167)

16 nov	*Jornal do Brasil*	"Presença de Guimarães
30 nov	*Correio do Povo*	Rosa" (resenha)
1º dez	*Jornal do Commércio*	"A fecunda Babel de Guimarães Rosa" (ver p. 159)

1969

	João Guimarães Rosa	*Estas estórias* (*)
20 dez	*Jornal do Brasil*	"Rosa não parou" (**) (ver p. 171)
27 dez	*Correio Brasiliense*	"Guimarães Rosa não parou"

(*) Obra póstuma, organizada por Paulo Rónai, a pedido da família.
(**) Mesmo artigo depois publicado como "Guimarães Rosa não parou".

1970

	João Guimarães Rosa	*Ave, palavra* (*)
3 jan	*O Estado de S. Paulo*	"Guimarães Rosa não parou"
10 jan	*Correio do Povo*	
9 mai	*O Estado de S. Paulo*	"Palavras apenas mágicas" (ver p. 207)
3º trim.	*Revista do Livro*	"Um museu inteiro sem o corredor morto" (ver p. 181)

(*) Obra póstuma, organizada por Paulo Rónai, a pedido da família. Ver p. 177, "Nota introdutória", de Paulo Rónai em *Ave, palavra*. Ver p. 179, "Advertência à segunda edição", idem.

1971

24 abr	*Jornal do Brasil*	"Palavra, visão mais íntima do mundo rosiano" (resenha) (*) (ver p. 185)

15 mai	*Correio do Povo*	"Uma mensagem para cada leitor" (resenha) (*)
27 jun	*O Estado de S. Paulo*	
25 set	*Correio do Povo*	"Guimarães Rosa e seus tradutores" (ver p. 109)
10 out	*O Estado de S. Paulo*	
16 out	*Jornal da Tarde*	
5 nov	*Correio Brasiliense*	

(*) Mesmo artigo, dois títulos.

1973

	Seleta Guimarães Rosa	"Perfil de João Guimarães Rosa" (ver p. 243) "Trajetória de uma obra" (*) (ver p. 25)
17 mar	*Correio do Povo*	"O conto de Guimarães Rosa" (ver p. 213)
31 mar	*Jornal do Brasil*	"Guimarães Rosa em italiano nas cartas ao seu tradutor" (resenha) (**) (ver N.O. p. 115)
20 mai	O *Estado de S. Paulo*	"Interesse geral de uma correspondência particular" (resenha)(**) (ver p. 115)
maio	*Revista de Cultura Brasileña*, nº 35. Madri: Embajada del Brasil en España	"Itinerário de João Guimarães Rosa"

(*) Além desses dois textos, Paulo Rónai também redigiu uma introdução para cada conto presente na *Seleta*, inúmeras notas explicativas ao final de cada conto, bibliografia e cronologia do autor, e cinco páginas de orientação de pesquisa no final do volume. Estima-se que do total de 166 páginas da obra, Rónai seja responsável pela redação de cerca de 60 páginas.
(**) Mesmo artigo com dois títulos diferentes

1974

21 dez	*Jornal do Brasil*	"Itinerário de Riobaldo Tatarana" (resenha)

1975

11 jan 22 fev	*Correio do Povo* *Suplemento Literário Minas Gerais*	"Itinerário de Riobaldo Tatarana" (resenha)

1976

21 fev	*Jornal do Brasil*	"... e na intimidade de suas cartas" (resenha) (*)
11 jul	*Correio Brasiliense*	"Pequena palavra"

(*) Publicado abaixo de um artigo de Herman José Reipert, intitulado "O escritor na força de sua linguagem" (resenha do livro de Dantas, P. *Sagarana emotiva: cartas de J. Guimarães Rosa*. São Paulo: Duas Cidades, 1975).

1978

jan-mar	*Revista Grial*, nº 59 (Vigo, Espanha)	"Guimarães Rosa contista" (separata da revista, com a transcrição da conferência apresentada na Caja Municipal de Ahorros, 15 nov 1977) (ver p. 229)

1983

	Rosiana: uma coletânea de conceitos, máximas e brocados de João Guimarães Rosa	

Obra póstuma, seleção e prefácio de Paulo Rónai, para editora Salamandra, edição não comercial.

1984

19 ago	*Folha de S. Paulo*	"Todas as fontes da sensibilidade rosiana" (resenha)

1986

Boszorkányszombat – Brazíl elbeszélök (contistas brasileiros)	"A Folyó Második Partja" (tradução para húngaro de "A terceira margem do rio")

Paulo Rónai é organizador, redige as notas biográficas dos contistas brasileiros e é o tradutor de Guimarães Rosa.

1987

Paisagens brasileiras: contos brasileiros	"A terceira margem do rio" (publicado em hebraico)

A mesma obra publicada na Hungria, em 1986, sai em Israel, em hebraico. Paulo Rónai é o organizador e redige as notas biográficas dos contistas brasileiros.

2002

Matraga, nº 14	"Notas para facilitar a leitura de 'Campo geral', de J. Guimarães Rosa" (ver p. 55)

Ana Cecilia Impellizieri Martins

Sobre Paulo Rónai

Paulo Rónai nasceu em Budapeste, em 1907. Primogênito do casal Miska Rónai e Gisela Lövi Rónai, que teria outros cinco filhos: Jorge, Clara, Eva, Catarina e Francisco. Manteve contato próximo com livros desde muito cedo, frequentando a livraria de seu pai, instalada por longo tempo no andar térreo do edifício onde a família morava, no lado leste da capital húngara. Fruto de um sofisticado e exigente sistema educacional e de um rico ambiente cultural, estudou na universidade Pázmány Péter (atualmente Universidade Eötvös Lóránt), e aos 23 anos doutorou-se em filologia e línguas neolatinas – gramática e literatura francesa, latina e italiana, após uma série de cursos em temporadas na Sorbonne, em Paris, onde aprimorou seus estudos. Fluente em francês, latim e italiano, tornou-se professor de idiomas em liceus e iniciou as atividades de tradutor dessas línguas antes dos 20 anos.

De família judia, começa a sentir o clima de hostilidade e as restrições das leis antissemitas em seu país a partir de meados dos anos 1930, iniciando uma obstinada busca por oportunidades profissionais fora da Hungria. Sempre imerso em livros e nos trabalhos de tradução, descobre a língua portuguesa a partir de uma tradução para o francês de *Dom Casmurro*, de Machado de Assis, o que o leva a buscar antologias de poesia brasileira. Inicia neste momento, como ele descreveria mais tarde, a maior aventura intelectual de sua vida.

Desenvolve o conhecimento do português de modo autônomo, com ajuda de novos livros, de um limitado dicionário alemão-português, e por meio de uma crescente correspondência com poetas brasileiros e com o diplomata (e também poeta) Ribeiro Couto, que servia na Europa naquele momento. O encantamento com a poesia brasileira o faz organizar, traduzir e publicar, na Hungria, em setembro de 1939, às vésperas da Segunda Guerra Mundial, a antologia *Brazília üzen* (Mensagem do Brasil), com 23 poetas, entre eles Cecília Meireles, Carlos Drummond de Andrade, Murilo Mendes, Jorge de Sena, Mário de Andrade, uma seleção que antecipava a consagração de grandes nomes da poesia nacional.

Com o acirramento do conflito e das ações contra os judeus, Paulo é enviado, em 1940, a um campo de trabalhos forçados, numa ilha do Danúbio, e submetido a uma extenuante rotina em condições degradantes. Seis meses depois, graças a seus esforços e conexões, recebe um convite do governo brasileiro para viajar ao país. Aproveita a licença de Natal do campo, deixa Budapeste com dinheiro emprestado em direção a Portugal, onde passaria alguns meses antes de embarcar para o Brasil.

Aporta no Rio de Janeiro em março de 1941, aos 33 anos. Se instala provisoriamente em hotéis e inicia uma série de visitas, munido de um caderno de contatos. Alguns deles seriam decisivos na sua integração, como Aurélio Buarque de Holanda, a quem dava aulas de latim, Carlos Drummond de Andrade e Cecília Meireles, que também se tornariam seus amigos próximos e fiéis, além de Ribeiro Couto, com quem mantinha relação havia alguns anos.

Em segurança no Brasil, Paulo passa a buscar meios para trazer ao país seus pais e irmãos, assim como sua noiva, Magda Péter, com quem consegue casar por correspondência, depois de demorado trâmite. Em 1945, obtém a naturalização brasileira com dispensa do tempo mínimo, um reconhecimento às suas atividades intelectuais no país. O visto para Magda chega após um longo processo, mas não há mais tempo para salvá-la. Asilada na Legação de Portugal em Budapeste, é assassinada pelos nazistas em janeiro de 1946, aos 23 anos. O saldo do ano é dramático para Paulo, com a morte de Magda, do pai e o desaparecimento do irmão caçula, episódios que o abatem profundamente. Consegue, no entanto, com uma série de empréstimos, trazer sua mãe, as três irmãs e cunhados ao Brasil, que será a terra dos Rónai até o fim da vida.

Nesse momento, Paulo Rónai já trabalhava como professor de latim e francês em colégios do Rio de Janeiro, colaborava regularmente com artigos para importantes jornais e se dedicava a uma série de traduções e publicações de livros. Em 1947, o ensaio *Balzac e a comédia humana* é publicado pela prestigiada editora Globo, de Porto Alegre, e recebe , no ano seguinte, o prêmio Silvio Romero da Academia Brasileira de Letras. Paulo já consolidava sua reputação como ensaísta e crítico literário.

Em 1946, escreveu uma das primeiras críticas de *Grande Sertão: veredas*, de Guimarães Rosa, que conhecera como diplomata (a quem fora pedir ajuda para o visto de sua família) e de quem se tornaria constante interlocutor, relação que consolidaria sua integração com o Brasil, sua língua e literatura. Para retribuir as colaborações do amigo, que passara a escrever introduções e prefácios para suas obras, Guimarães Rosa escreveria o ensaio "Pequena palavra" como prefácio à edição da *Antologia do conto húngaro*, organizada por Paulo Rónai e lançada em 1957. Com a morte de Rosa, em 1967, Rónai se tornaria, por determinação da família do amigo, o responsável por sua obra e publicações póstumas, tarefa que assumiu com a característica dedicação. Também iniciou um trabalho de organização da correspondência de Rosa com escritores, o que nunca publicou, além da edição de *Rosiana – uma coletânea de conceitos, máximas e brocados de João Guimarães Rosa*, em 1983, a pedido da editora Salamandra, para distribuição sem fins comerciais.

Alguns de seus textos sobre Guimarães Rosa foram publicados em livros como *Encontros com o Brasil* (1958). Paulo Rónai também publicou volumes sobre tradução e línguas como *Escola de tradutores* (1952), *Babel e Antibabel* (1970), *A tradução vivida* (1976); de ensaios, gênero do qual era um mestre, *Como aprendi o português e outras aventuras* (1956) e *Pois é* (1990), além de *Não perca seu latim* (1980), *Dicionário Universal de citações* (1985), e diversos livros didáticos e dicionários de latim e francês, inúmeros prefácios e artigos para jornal. Dos trabalhos de maior fôlego, se destacam a organização e tradução dos dez volumes da coleção de contos universais *Mar de histórias – antologia do conto universal* (1945-1963), projeto realizado com o amigo inseparável Aurélio Buarque de Holanda, e a coordenação da tradução dos 17 volumes de *A comédia humana*, de Balzac, sua grande paixão.

O escritor francês foi tema da tese apresentada por Paulo no concurso para professor catedrático de francês do prestigiado colégio Pedro II, no Rio de Janeiro, em 1952, depois publicada em livro: *Um romance de Balzac: A pele de Onagro.* "Escritor nas horas vagas, sou professor por vocação e destino", costumava dizer.

Um ano antes, conhecera a jovem arquiteta Nora Tausz, de origem italiana, que chegara ao Brasil fugindo do nazismo pouco tempo depois de Paulo. Casaram-se alguns meses após o primeiro encontro, em fevereiro de 1952, e tiveram duas filhas, Cora e Laura. No começo dos anos 1960, compraram um terreno em Nova Friburgo, estado do Rio de Janeiro, e deram início à construção de uma casa para a família, cercada de verde e com bom espaço para a vasta biblioteca do casal. Com projeto de Nora, o sítio ficou pronto em 1962 e ganhou o nome de *Pois é*.

Em 1964, Paulo foi convidado para uma série de conferências na Europa, incluindo a Hungria. O primeiro retorno ao país natal teve o sentido de um desagravo. Foi recebido, ao lado de Nora, com deferência e mereceu diversas homenagens. Voltou ao Brasil e para suas atividades de professor, ensaísta, crítico e tradutor. No fim dos anos 1970, mudou-se definitivamente para o sítio, após sua aposentadoria. Lá, continuou a viver entre os livros, estudos, mantendo uma intensa correspondência com escritores, produzindo artigos para jornais, prefácios e outros textos, bem acomodado em sua "Brilhoteca", como uma de suas netas carinhosamente batizou seu recanto na serra.

Paulo Rónai morreu em 1992, em decorrência de um câncer, aos 84 anos. Toda uma vida dedicada à tradução, aos livros e à literatura.

Em outubro de 1939, no início da Segunda Guerra Mundial, acuado em Budapeste, escreveu a Ribeiro Couto:

> Sim, mesmo no meio da tempestade, eu vejo como único refúgio possível o domínio da arte e do pensamento e por isso eu busco trabalhar como se nada acontecesse. É impossível crer que a barbárie se imponha sobre nossos poemas, sobre nossos livros, sobre nossa pacífica casa, sobre nossos sonhos de fraternidade.

Ideias e princípios de um homem contra Babel.

Bibliografia básica de Paulo Rónai

Brazília üzen [Mensagem do Brasil]. Budapeste: Vajda János, 1939.

Santosi versek. Budapeste: Officina, 1940. (Organização, tradução e introdução de Paulo Rónai).

Livres français à l'exposition de Rio de Janeiro e de São Paulo. Rio de Janeiro: Centre d'Études Françaises, 1945.

Balzac e A comédia humana. Porto Alegre: Globo, 1947. (Coleção Tucano); 2. ed. rev. e aum., 1957; 3ª ed., 1993; São Paulo: Globo, 4ª ed. rev. e aum., 2012. (Prêmio Sílvio Romero, da Academia Brasileira de Letras, 1948).

Um romance de Balzac: a pele de Onagro. Rio de Janeiro: A Noite, 1952. (Tese de concurso para a cátedra de francês do Colégio Pedro II).

Escola de tradutores. Cadernos de Cultura. Rio de Janeiro: Ministério da Educação e Saúde, 1952; Rio de Janeiro: Livraria São José, 2ª ed. rev. e aum., 1956; Rio de Janeiro: Edições de Ouro Culturais, 3ª ed. rev. e aum., 1967; Rio de Janeiro: Educom, 4ª ed. rev. aum., 1976; Rio de Janeiro: Nova Fronteira, 5ª ed. aum., 1987; 6ª ed. aum., 1989; Rio de Janeiro: José Olympio, 7ª ed., 2012.

Como aprendi o português, e outras aventuras. Rio de Janeiro: Ministério da Educação e Cultura, Instituto Nacional do Livro, 1956; Rio de Janeiro: Artenova, 2ª ed. rev., 1975; Rio de Janeiro: Casa da palavra, 3ª ed., 2013; Rio de Janeiro: Edições de Janeiro, 4ª ed., 2014.

Encontros com o Brasil. Rio de Janeiro: Ministério da Educação e Cultura, Instituto Nacional do Livro, 1958; Rio de Janeiro: Batel, 2ª ed., 2011; Rio de Janeiro: Edições de Janeiro, 3ª ed., 2014.

Homens contra Babel (passado, presente e futuro das línguas artificiais). Rio de Janeiro: Zahar, 1964.

A vida de Balzac. Rio de Janeiro: Edições de Ouro, 1967; 2ª ed., 1999.

Introdução ao estudo de Balzac. In: *Curso de altos estudos*, vol. v. Colégio Pedro II. Rio de Janeiro: Colégio Pedro II, 1967.

Guia prático da tradução francesa. São Paulo: Difusão Europeia do Livro, 1967; Rio de Janeiro: Educom, 2ª ed. rev. e aum., 1975; Rio de Janeiro: Nova Fronteira, 3ª ed. rev. e aum., 1983; 4ª ed. rev. e aum., 1989.

A língua francesa, sua evolução e sua estrutura. Rio de Janeiro: Delta, 1968. Separata da *Enciclopédia Delta-Larousse.*

Babel & Antibabel. São Paulo: Perspectiva, 1970.

A princesa dengosa. In: BENEDETTI, Lúcia (org.). *Teatro Infantil.* Rio de Janeiro: Ministério de Educação e Cultura, Serviço Nacional do Teatro, 1971. vol. II.

Guia do leitor – Biblioteca dos prêmios Nobel de literatura. Rio de Janeiro: Opera Mundi, 1971.

O barbeiro de Sevilha e As bodas de Fígaro: comédias de Beaumarchais recontadas em português para a juventude de hoje. Colaboração com Cora Rónai. Coleção Ediouro. Rio de Janeiro: Tecnoprint, 1972.

Seleta Guimarães Rosa. Organização, estudo e notas de Paulo Rónai. In: Coleção Brasil Moço. Rio de Janeiro: José Olympio, 1973.

Menotti Del Picchia, Seleta em prosa e verso. Organização, apresentação e notas. In: Coleção Brasil Moço. Rio de Janeiro: José Olympio, 1974.

A tradução vivida. Rio de Janeiro: Educom, 1976; Rio de Janeiro: Nova Fronteira, 2ª ed. rev. e aum.; 1981; 3ª ed., 1990; 4ª ed. Rio de Janeiro: José Olympio, 2012.

Aurélio Buarque de Holanda, Seleta em prosa e verso. Organização, estudo e notas. In: Coleção Brasil Moço. Rio de Janeiro: José Olympio, 1979; Rio de Janeiro: Nova Fronteira, 2ª. ed., 1999.

Não perca o seu latim. Rio de Janeiro: Nova Fronteira, 1980. (Revisão de Aurélio Buarque de Holanda); 2ª ed. aum., 1980; 3ª ed. aum., 1984; 4ª ed. aum., 1988; 5ª ed., 1990; 6ª ed., 1993; 7ª ed., 1994; 8ª ed., 1996; 10ª reimpr., 2002; Rio de Janeiro: Bazar do Tempo, 2017, edição revista.

O teatro de Molière. Brasília: Universidade de Brasília, 1981. (A partir de conferências feitas no Teatro Municipal do Rio de Janeiro, em 1973, tricentenário da morte do escritor francês).

Rosiana, uma coletânea de conceitos, máximas e brocados de João Guimarães Rosa. Rio de Janeiro: Salamandra, 1983.

Dicionário universal Nova Fronteira de citações. Rio de Janeiro: Nova Fronteira, 1985; 2ª ed. aum., 1985; 4ª ed., 1991; 6ª reimpr., 2004.

Pois É: ensaios. Rio de Janeiro: Nova Fronteira, 1990; Rio de Janeiro: José Olympio, 2ª ed., 2014.

LIVROS DIDÁTICOS

Curso básico de latim I: gradus primus. Rio de Janeiro: Casa do Estudante do Brasil, 1944.

Gradus primus. 2ª ed. ampl., Rio de Janeiro: Globo, 1949. (Mais recente edição: 18ª ed., São Paulo: Cultrix, 2006).

Gradus primus et secundus. Rio de Janeiro: F. Briguiet, 1951; Rio de Janeiro: Globo, 2ª ed., 1953; Rio de Janeiro: F. Briguiet, 8ª ed. aum., 1958; São Paulo: Cultrix, 1985; 2ª ed., 1986; 3ª ed., 1998. (Mais recente edição: São Paulo: Cultrix, 18ª ed., 2006).

Curso básico de latim II: gradus secundus. Rio de Janeiro: CEB, 1945. Rio de Janeiro: F. Briguiet 1955; 6ª ed. rev. e aum., 1958; São Paulo: Cultrix, 1986. (Mais recente edição: São Paulo: Cultrix, 8ª ed., 2006).

Gradus tertius. Rio de Janeiro: CEB, 1946; Rio de Janeiro: F. Briguiet, 1954; Rio de Janeiro: F. Briguiet, 3ª ed., 1955; 1959.

Gradus quartus. Porto Alegre: Globo 1949; Rio de Janeiro: F. Briguiet, 2ª ed., 1955; 1957; 1959.

Gramática completa do francês Moderno. Rio de Janeiro: J. Ozon ,1969; São Paulo: Lisa, 1973.

Mon premier livre. São Paulo: Cia. Editora Nacional, 1953, São Paulo: Cia. Editora Nacional, 25ª ed., 1965; São Paulo: Lisa, 1973. (Em colaboração com Pierre Hawelka).

Mon second livre. São Paulo: Cia Editora Nacional, 1954; São Paulo: Cia. Editora Nacional, 16ª ed., 1960.

Notre second livre de français: primeiro grau. São Paulo: Lisa, 1973. (Em colaboração com Pierre Hawelka).

Notre second livre de français: manual do professor. São Paulo: Lisa, 1973. (Em colaboração com Pierre Hawelka).

Mon troisième livre. São Paulo: Cia Editora Nacional, 1954; 12ª ed., 1959. (Em colaboração com Pierre Hawelka).

Mon quatrième livre. São Paulo: Cia Editora Nacional, 1955; São Paulo: Cia. Editora Nacional, 9ª ed., 1958; São Paulo: Cia Editora Nacional, 10ª ed., 1961. (Em colaboração com Pierre Hawelka).

Lectures, langage, littérature I: para o primeiro ano do curso colegial. Rio de Janeiro: J. Ozon, 1958; São Paulo: Companhia Editora Nacional, 1961; São Paulo: Companhia Editora Nacional, 2ª ed., 1962. (Com Roberto Corrêa e Yvonne Guillou).

Lectures, langage, littérature II: para o segundo ano do curso colegial. São Paulo: Companhia Editora Nacional, 1962. (Com Roberto Corrêa e Yvonne Guillou).

Os verbos franceses ao alcance de todos. São Paulo: Editora Didática Irradiante, 1970. (Em colaboração com Clara Gárdos).

Le mystère du carnet gris. São Paulo: Cia Editora Nacional, 1969; São Paulo: Cia Editora Nacional, 1970.

ANTOLOGIAS DE CONTOS

Mar de histórias: antologia do conto mundial. 10 v. Rio de Janeiro: José Olympio, 1945-1963. (Com Aurélio Buarque Holanda); Rio de Janeiro: Nova Fronteira, 2ª ed., 1986; 4ª ed., 1998; Rio de Janeiro: Nova Fronteira, 5ª ed., 2014.

Roteiro do conto húngaro. In: *Cadernos de Cultura*, Serviço de Documentação, Ministério da Educação e Cultura, 1954.

Antologia do conto húngaro. Rio de Janeiro: Civilização Brasileira, 1957. (Prefácio *Pequena Palavra:* João Guimarães Rosa); 2ª ed., 1958; Rio de Janeiro: Artenova, 3ª ed., 1975; Rio de Janeiro: Topbooks, 4ª ed., 1998.

Contos húngaros. Rio de Janeiro: Biblioteca Universal Popular, 1964; São Paulo: Edusp, ed. rev. e aum., 1991.

Contos ingleses. Rio de Janeiro: Ediouro, 1966. (Extraídos de *Mar de histórias*).

Contos franceses. Rio de Janeiro: Ediouro, s.d. (Extraídos de *Mar de histórias*).

Contos russos. Rio de Janeiro: Ediouro, s.d. (Extraídos de *Mar de histórias*).

Contos italianos. Rio de Janeiro: Ediouro, s.d. (Extraídos de *Mar de histórias*).

Contos alemães. Rio de Janeiro: Ediouro, s.d. (Extraídos de *Mar de histórias*).

Contos norte-americanos. Rio de Janeiro: Ediouro, s.d. (Extraídos de *Mar de histórias*).

Antologia do conto francês. Rio de Janeiro: Tecnoprint, 1966. (Coleção Universidade de Bolso). (Extraídos de *Mar de histórias*).

Antologia do conto italiano. Rio de Janeiro: Ediouro, 1982; 2ª ed., 1993. (Extraídos de *Mar de histórias*).

Antologia do conto inglês. Rio de Janeiro: Ediouro, 1988; 2ª ed., 1993.

Antologia do conto norte-americano. Rio de Janeiro: Tecnoprint, 1967; Rio de Janeiro: Ediouro, 2ª ed., 1993. (Extraídos de *Mar de histórias*).
Antologia do conto alemão. Rio de Janeiro: Tecnoprint, 1966.
Antologia do conto russo. Rio de Janeiro: Tecnoprint, 1975; 2ª ed.,1983.

DICIONÁRIOS

Pequeno dicionário francês-português. Rio de Janeiro: Larousse, 1977.
Dicionário francês-português. Rio de Janeiro: Nova Fronteira, 1978.
Dicionário francês-português, português-francês. Rio de Janeiro: Nova Fronteira, 3ª reimpr., 1989; 7ª reimpr., 2004.
Dicionário gramatical. Porto Alegre: Globo, 1953; 2ª ed., 1955; 3ª ed., 1962. (capítulos: Introdução, Francês e Latim)

Ao leitor interessado em consultar toda produção bibliográfica de Paulo Rónai, incluindo artigos de crítica literária, resenhas e ensaios, tanto no Brasil como no exterior, consultar online a dissertação de Zsuzsanna Spiry, no banco de teses da Universidade de São Paulo: http://bit.ly/bibliografia_Ronai

Sobre as organizadoras

ANA CECILIA IMPELLIZIERI MARTINS é jornalista e historiadora, doutora em literatura brasileira pela PUC-Rio, com tese sobre Paulo Rónai. Trabalhou no *Jornal do Brasil* e na TV Globo; foi editora executiva da *Revista de História da Biblioteca Nacional* e diretora de conteúdo da Casa do Saber Rio. É autora dos livros *Jean Manzon: retrato da grande aventura* e organizadora de *As descobertas do Brasil* (com Monique Sochaczewski) e *História do Brasil em 100 fotografias* (com Luciano Figueiredo). É autora do livro *O homem que aprendeu o Brasil: a vida de Paulo Rónai* (Todavia, 2020) e editora da Bazar do Tempo.

ZSUZSANNA SPIRY é economista e tradutora. É mestre pela Universidade de São Paulo (USP) em estudos da tradução com a dissertação "Paulo Rónai, um brasileiro, *made in Hungary*", em que delineia e discute a obra de Paulo Rónai desde a Hungria, concluindo com uma catalogação de toda sua produção literária. Em 2016 concluiu doutorado em estudos da tradução na USP com a tese "*Escola de Tradutores*, de Paulo Rónai, marco zero na história dos Estudos da Tradução no Brasil – a genética de uma trajetória", em que demonstra o pioneirismo de Rónai no Brasil, tanto na área de estudos da tradução, como também em literatura comparada.

Este livro foi publicado pela Bazar do Tempo
em setembro de 2020, na cidade de São Sebastião
do Rio de Janeiro, com miolo impresso em
papel Pólen Soft 80 g/m² pela gráfica BMF.
Foram usados os tipos Requiem Text e Display.